KULINARISCHES ÖSTERREICH

SO KOCHT ÖSTERREICH

150 Köche präsentieren ihre Lieblingsrezepte aus den österreichischen Genussregionen.

Herausgeber

BÖG

Residenz Verlag

1. Auflage 2006

IMPRESSUM
Für den Inhalt verantwortlich:
Bundesgeschäftsführer Christian Bayr

Speisenköche: Leonard Cernko
Mario Imann, Stephan Waldbauer

Speisenfotografie: Ulrike Köb
Cover: Ulrike Köb
www.koeb.at
Peoplefotografie: Peter Ehringer
www.studio-ehringer.at
Porzellan designed by Vera Purtscher

BÖG-Projektmanagement :
Christian Bayr, Mag. Karoline Eyberg
www.boeg.at
Regionentexte: Herbert Hacker
Rezepttexte : Andrea Karrer

Gestaltungskonzept und Umsetzung:
Ultramarin | www.ultramarin-design.at
Elke Zellinger, Harald Ströbel, Doris Seyser, Ursula Meyer
Illustration der Landkarten: Peter Jani
Lektorat: Martin Ross
Reproduktion: CSP Werbewerkstatt
Christian Stoces, Michael Otto

Druck und Produktion: Druckerei Berger
www.berger.at

erschienen im Residenz Verlag
www.residenzverlag.at

ISBN-10: 3-7017-3014-8
ISBN-13: 978-3-7017-3014-8

INHALTSVERZEICHNIS

DANKSAGUNG VON TONI MÖRWALD

Für die kreativen Beiträge und die geopferte Freizeit bei der Vorbereitung dieses Buches bedanke ich mich ganz herzlich bei allen Köchen und ihren Teams, meinen Mitarbeitern und Freunden, insbesonders bei

Bundesminister Josef Pröll
dem Präsidium „Kulinarisches Österreich“
dem Bundesvorstand der BÖG
AMA
Österreich Werbung
den zuständigen Tourismus-Büros
Teresa Karl und meinem Sekretariat
Leonard Cernko
Mario Imann
Stephan Waldbauer
Herbert Hacker
Andrea Karrer
Ulrike Köb
Peter Ehringer
Vera Purtscher
Christian Bayr
Karoline Eyberg
Elke Zellinger
Harald Ströbel
Ursula Meyer
Doris Seyser
Martin Ross
Peter Jani
Michael Otto

Toni Mörwald

GELEITWORT VON TONI MÖRWALD
Präsident
Beste Österreichische Gastlichkeit

Liebe Genießer und liebe Kochende,

am Anfang jeder Kochkunst steht die Natur – denn eine Küche kann nicht besser sein als die Produkte, von denen sie ausgeht. Diese einfache, geradezu banale Aussage birgt jedoch die Grundlagen der jeweiligen Persönlichkeit, der Arbeit und des Erfolges aller Spitzenköche Österreichs in sich.

Wir haben von den 150 Besten je ein Rezept in diesem Reise- und Genuss-Atlas für Sie ausgewählt, nachgekocht und optisch prachtvoll präsentiert. Als Organisation „Kulinarisches Österreich“ und „Beste Österreichische Gastlichkeit“ sehen wir uns dem Sammeln, Präsentieren und Kultivieren von Kochkunst, Tradition und Passion verpflichtet.

Früher gab es mehr Spitzenprodukte auch bei uns. Wer in älteren Kochbüchern liest, muss feststellen, dass die dort geschilderten Qualitätsmerkmale heute allzu oft nicht mehr zu finden sind. Die nach dem 2. Weltkrieg erstellten Qualitätsnormen haben nicht den Geschmack gefördert, sondern auf Größe und Aussehen Wert gelegt. Die Beschaffung der richtigen Ware ist für jeden Koch daher das erste wesentliche Zeit-Investment. Das zweite wesentliche Element ist das Formatieren und Konfigurieren der Produkte wie etwa das feine Ansetzen von Basics und Grundsaucen. Das letzte Drittel des Kochens ist dem Auf-den-Punkt-Bringen und Garen, dem Abschmecken und Anrichten sowie der Präsentation für den großen Genuss gewidmet.

Jede gute Küche braucht Abwechslung und eine perfekte und genaue Dosierung, die interessant macht und auch Nachhaltigkeit beim Genießer erzeugen kann. Ich wünsche Ihnen viel Spaß und Freude beim Schmökern, Kochen und Genießen und möchte Ihnen noch meine Philosophie des Kochens kurz wiedergeben: „Kochen Sie nur mit Produkten, die Sie gerne selber essen. Versuchen Sie dabei all Ihre fünf Sinne voll einzusetzen und bauen Sie mit den Lebensmitteln eine Beziehung auf. Garen Sie diese mit höchster Sorgfalt und Präzision, schmecken Sie sie nach Ihrem Geschmack und Empfinden ab und gewinnen Sie dafür möglichst viele Freunde und Fans Ihrer ganz persönlichen Küche.

Wenn Sie dann so viele Freunde Ihrer Küche und Ihres Geschmackes gewonnen haben und Ihr Küchentisch zu Hause zu klein wird – dann machen Sie einfach ein Restaurant auf!“

Mit den besten gastfreundlichen Grüßen

Toni Mörwald
BÖG-Präsident
Vorstand „Kulinarisches Österreich“

Christian Bayr

GELEITWORT VON CHRISTIAN BAYR
Bundesgeschäftsführer Beste Österreichische Gastlichkeit

50 Jahre schon steht nun die BÖG für hochwertige Küche made in Austria, für frische, regionale Produkte, für saisonale Spezialitäten – und nicht zuletzt für hohe Gastfreundschaft und den unverwechselbaren österreichischen Charme, dessentwegen viele tausende Gäste alljährlich in die heimischen Familienbetriebe pilgern. Denn dass dies keineswegs selbstverständlich ist, davon können sich die Gäste auf der ganzen Welt immer wieder überzeugen.

Hochwertige Produzenten heimischer Lebensmittel und deren „Veredler" – also die Wirte – zusammenzuführen, das ist eine der Hauptaufgaben der BÖG. Dieses Konzept der gemeinsamen Vermarktung einer österreichweiten Genussplattform ist beispielgebend und braucht den Vergleich mit anderen Kulinarik-Destinationen wie der Toskana, dem Elsass oder den spanischen Küstenlandstrichen keineswegs zu scheuen.

Im Gegenteil: Wohl kaum ein Land verfügt über eine derartige Vielfalt von kleinen, feinen Produzenten, die in Manufakturqualität unverwechselbare Produkte herstellen, deren Rohstoffe in unverfälschter Natur nach ökologischen Gesichtspunkten gedeihen. Ganz zu schweigen von der Vielfalt der familiengeführten Landgasthöfe und Gourmetrestaurants, die in unvergleichbarer Dichte das Land überziehen und unverfälschte Regionalküche mit authentischem Service verbinden – Beste Österreichische Gastlichkeit (BÖG) eben. Kein Wunder, dass viele Gäste allein schon wegen dieser kulinarischen Vielfalt unser schönes Land immer wieder bereisen.

Dieses Buch soll Ihnen helfen, sich im kulinarischen Reigen des Landes zurechtzufinden, in die Regionen einzutauchen, ihre Eigenheiten und die der darin lebenden Menschen ein bisschen kennen zu lernen – und sich dem Genuss hinzugeben. Ein kulinarischer Ratgeber, ein Reise- und Genussatlas, aber auch ein Kochbuch mit den besten Regionalrezepten des Landes – das alles erwartet Sie, wenn Sie dieses Buch durchstudieren.

Lassen Sie sich von der Vielfalt der Produkte verzaubern, von der Freundlichkeit der Menschen überraschen, nehmen Sie sich Urlaub vom Alltag – egal, ob nur für ein paar Stunden bei einem Restaurantbesuch oder einem Gourmetwochenende in der Südsteiermark oder der Wachau. Und kochen Sie die Rezepte zu Hause nach und denken Sie dabei schon wieder voller Vorfreude an Ihren nächsten Besuch – bei einem der rund 400 BÖG-Betriebe in ganz Österreich.

Mit kulinarischen Grüßen

Christian Bayr
BÖG-Geschäftsführer

Josef Pröll

GELEITWORT VON JOSEF PRÖLL
Bundesminister für Land- und Forstwirtschaft, Umwelt und Wasserwirtschaft

Österreich ist gekennzeichnet durch seine zahlreichen, unverwechselbaren und abwechslungsreichen Regionen. Zu den Stärken Österreichs zählen seine einzigartigen Kulturlandschaften und die darin produzierten kulinarischen Spezialitäten. Regionaltypische Lebensmittel bedeuten nicht nur Genuss, sondern auch Identität und Zugehörigkeit.

Unter diesem Aspekt habe ich als österreichischer Landwirtschaftsminister gemeinsam mit der Agrarmarkt Austria Marketing GmbH und den Bundesländern die Initiative Genussregion Österreich ins Leben gerufen. Unsere gemeinsamen Aktivitäten lassen Region und Produkt zu einer unverwechselbaren Marke verschmelzen. Die Leistungen unserer Bäuerinnen und Bauern, der verarbeitenden Betriebe und der Gastronomie in den Regionen werden für die KonsumentInnen sichtbar. So leistet die Genussregion Österreich einen wichtigen Beitrag zur Steigerung der Wertschöpfung und damit zur Stärkung des ländlichen Raums. Ich lade Sie auch recht herzlich ein, auf unserer Homepage vorbeizuschauen: www.genuss-region.at.

Regionale Rezepturen und Spezialitäten sind Bestandteile einer gelebten Esskultur. Es ist von großer Bedeutung, aus traditionellen Rezepten innovative zeitgerechte Gerichte zu kreieren, ohne die gewachsenen Wurzeln zu vernachlässigen. So war es nahezu logisch, dass die „Beste Österreichische Gastlichkeit" (BÖG) von Anfang an Partner der Genussregion Österreich war und diese Idee mit Engagement unterstützt hat. Das nun vorliegende Kochbuch der Regionen der BÖG ist ein wertvoller Beitrag für die Weiterentwicklung und Verbreiterung der Genussregion Österreich.

Ich wünsche Ihnen viel Spaß bei der Zubereitung der regionalen Köstlichkeiten, gutes Gelingen und einen guten Appetit!

Mit den besten Grüßen

Josef Pröll
Bundesminister für Land- und Forstwirtschaft,
Umwelt und Wasserwirtschaft

NEUSIEDLERSEE UND HÜGELLAND

„Sie führen das allerkümmerlichste Leben, da sie weder guten Boden noch günstigstes Klima haben und kein Öl ..., Gerste und Hirse ist ihre Speise zugleich und ihr Trank“, stöhnte einst Cassius Dio, römischer Statthalter der Provinz Pannonien.

Heute, 2000 Jahre später, sieht die Sache etwas anders aus. Während die römischen Soldaten neben der öden Kost auch den Mangel an Rebensäften monierten, ist der Wein im Burgenland heute so etwas Ähnliches wie ein Nationalgetränk. In kaum einer anderen Weinregion Österreichs hat sich die Winzerszene so eindrucksvoll entwickelt, sind derart viele Spitzenproduzenten bemüht, großartige Weine herzustellen. Vor allem aus den Anbaugebieten „Neusiedlersee Seewinkel" und „Neusiedlersee Hügelland" stammt eine Vielzahl von begnadeten Weinmachern, die inzwischen jeder passionierte Weintrinker in Österreich kennt. Es sind Namen wie Alois Kracher, Ernst Triebaumer, Engelbert Prieler, Anton Kollwentz, Josef Umathum oder Heinz und Roland Velich, die für das so genannte „Burgenländische Weinwunder" stehen.

So wie andere Weinbau-Regionen Österreichs hat auch das Burgenland Mitte der 80er Jahre einen dramatischen Wandel durchlebt: von der Massenweinproduktion zur Herstellung von herausragenden Qualitätsweinen.

Dabei haben es manche Winzer, wie etwa der aus Illmitz stammende Alois Kracher, sogar zu Weltruhm gebracht. Kracher ist längst zu einem Star der internationalen Weinwelt aufgestiegen und hat mit seinem Erfolg eine Vielzahl an jungen und aufstrebenden Winzern motiviert.

1. **LANDGASTHOF ALTES BRAUHAUS, Frauenkirchen**
2. **GASTHOF ZUR TRAUBE, Neckenmarkt**
3. **LANDGASTHOF AM NYIKOSPARK, Neusiedl**
4. **GASTHAUS ZUR DANKBARKEIT, Podersdorf**
5. **ZUR BLAUEN GANS, Weiden am See**
6. **DER REISINGER, Pöttsching**
7. **RESTAURANT TAUBENKOBEL, Schützen am Gebirge**
8. **INAMERA, Rust**
9. **MOOSLECHNERS BÜRGERHAUS, Rust**
10. **HEILIGENKREUZERKELLER, Winden am See**
11. **PANNONIA – HOTEL/RESTAURANT, Podersdorf am See**

Betriebe restliches Burgenland:

12. **GASTHOF PANNONIA, Bernstein**
13. **BRENNEREI UND WELLNESSHOTEL LAGLER, Kukmirn**

Im Sog des burgenländischen Weinwunders hat sich aber auch die Küche und die Gastronomie verändert, ist eine neue regionale Küche entstanden, die entweder in bekannten Hauben-Restaurants modern und kreativ interpretiert wird oder in „einfachen" Landgasthäusern bewusst bodenständig zu Tisch kommt. Das Burgenland ist das jüngste Bundesland Österreichs und kam erst 1921 zur Republik. Deshalb gehen viele kulinarische Einflüsse noch auf das Königreich Ungarn zurück.

Doch die pannonische Küche ist weit mehr als nur ein Ableger der ungarischen, die meist mit so typischen Grundprodukten wie Paprika, Knoblauch und Gänseleber in Verbindung gebracht wird. Die Pannonier stammen nämlich nicht von den Magyaren ab, sondern von Bauern aus Bayern und dem alemannischen Gebiet, den so genannten „Heanzen," die zur Karolingerzeit eingewandert sind und damit auch die späteren Ernährungsgewohnheiten beeinflusst haben.

Aus dieser Zeit stammt etwa die Vorliebe für alle möglichen Suppen, weshalb die Burgenländer in früheren Zeiten auch gerne etwas spöttisch als „Suppenschwaben" bezeichnet wurden.

Dennoch ist der ungarische Einfluss in der pannonischen Küche nicht zu übersehen. Weshalb erst die Mischung aus westlicher und östlicher, aber auch jüdischer Bevölkerungsgruppen zu einer Art burgenländischen Landesküche führte. Zu den bekanntesten Traditions-Gerichten zählen etwa das Szegediner Krautfleisch, die paprizierte Fischsuppe „Halaszlé", gegrillter Fogas (Zander), viele Arten von Kraut- und Bohnenstrudeln, die jüdische Hühnerleber oder die bekannt üppigen Somloer Nockerln.

Die pannonische Küche, wie sie sich heute präsentiert, wurde aber in den letzten Jahren auch von internationalen Strömungen beeinflusst. Vor allem in den gastronomischen Hochburgen entstand dadurch eine spannende Neuinterpretation einer Küche, die mit der einstigen „Arme-Leute-Kost" kaum noch etwas gemein hat. Köche, die diesem neu entstandenen Küchenstil frönen, verwenden vorwiegend Edelprodukte aus allen Bereichen – egal ob Gemüse, Fleisch, Geflügel oder Fisch.

Diese Entwicklung sorgte wiederum für eine neue Generation an Produzenten, die zuweilen alte Traditionen aufleben lassen. So stammt etwa das „graue, ungarische Steppenrind" aus dem 1993 gegründeten Nationalpark Neusiedlersee-Seewinkel, wo heute überdies auch noch weiße Esel, Mangalitza-Schweine und Przewalski-Pferde weiden. Aus den einst vom Aussterben bedrohten Graurindern erzeugen heute Fleischhauer wie etwa der aus Pamhagen stammende Martin Karlo Spezialitäten wie Rindersaftschinken, luftgetrocknete Nationalparkswürstel und diverse Selchwaren, die nach alten Hausrezepten gepökelt und geräuchert werden.

Auch der aus Loipersbach stammende Fleischer Otmar Tschürtz hat sich einer uralten Tradition verschrieben. In Loipersbach hieß der Schweineschlögel in früheren Zeiten „Hammer", weshalb Tschürtz heute seinen luftgetrockneten Schinken „Hammerfleisch" nennt. Diese regionale Köstlichkeit wird nach einem speziellen Verfahren erzeugt. Tschürtz verwendet für seinen „burgenländischen Prosciutto" nur Meersalz, Knoblauch und Buchenholz zum Räuchern. Die Reifezeit beträgt 12 Monate.

Auf Fleischspezialitäten von rarer Qualität hat sich auch der Podersdorfer Hans Schwarz verlegt. Neben Zigeunerwürstel, Kochbratwürstel und getrockneten Rindfleischspezialitäten erzeugt der innovative Fleischer zusammen mit Alois Kracher und dem nach Kalifornien ausgewanderten Manfred Krankl auch großartige Weine. Den Rosé nennt er in Anlehnung an seinen Hauptberuf „the butcher".

Die Liste der Edelproduzenten im Burgenland ist mittlerweile lang geworden, darunter Fischereibetriebe, Obstproduzenten, ja sogar „hausgemachte Seewinkler Eierteigwaren" werden inzwischen hergestellt. Zu den berühmtesten Edelproduzenten des Burgenlandes zählt aber vor allem Erich Stekovics, der in Frauenkirchen über ein wahres „Paradeiserparadies" wacht. Nicht weniger als 3000 Sorten hat er angebaut, die er nach optimaler Reife in Gläser füllt und mit edlem Weinessig konserviert.

Stekovics eingelegte Paradeiser sind zu einer namhaften Delikatesse geworden. Sein unerschöpflich scheinendes Sortiment beinhaltet aber auch Apfelpaprika, Weingartenknoblauch, gebratene Zwiebeln, Salzgurken und Chili. All das findet der Konsument nicht in den normalen Supermärkten, eher schon in Feinkostläden oder eben in Frauenkirchen, wo Stekovics jedes Jahr ein großes „Paradeiserfest" veranstaltet. Da werden dann uralte Sorten angeboten, die ohne den ehrgeizigen Burgenländer längst niemand mehr kennen würde und die er unter so liebevollen Bezeichnungen wie „Grandmama Olivers Green" oder „Die verlorene Goldkugel des Froschkönigs" verkauft.

Seewinkel-Lamm im Ofen gebraten auf Paradeispolenta mit Paprikastreifen

ZUTATEN für 4 Portionen

640 g Lammkarree mit Knochen

Marinade:
3–4 Rosmarinzweige
4 Knoblauchzehen, geschält
1/16 l Olivenöl

Salz, Pfeffer aus der Mühle

Paradeispolenta:
300 ml Milch
100 g Butter
2 EL Kristallzucker
120 g Maisgrieß
60 g Weizengrieß
1 EL Paradeisermark
4 Paradeiser

Salz, Pfeffer aus der Mühle

Paprikastreifen:
2 rote Paprikaschoten
2 gelbe Paprikaschoten
3 Knoblauchzehen
2 Esslöffel Olivenöl zum Braten

ZUBEREITUNG:

Marinade: Öl mit Knoblauch und Rosmarin vermengen. Fleisch in eine Schüssel geben und mit der Marinade bestreichen; zugedeckt 2 Tage im Kühlschrank marinieren lassen.

Lammkarree aus der Marinade nehmen, gut abtropfen lassen, salzen und pfeffern. In einer hitzebeständigen Pfanne rundum kurz anbraten und im vorgeheizten Rohr bei 180 °C etwa 8 Minuten braten. **Hinweis:** Fleisch soll innen noch rosa sein.

Polenta: Milch mit Butter, Zucker, beiden Grießsorten sowie Paradeismark aufkochen, bei geringer Hitze etwa 20 Minuten ziehen lassen. Paradeiser kreuzweise einschneiden, in Salzwasser blanchieren, kalt abschrecken, schälen, vierteln, entkernen und in kleine Würfel schneiden. Paradeiswürfel beifügen und unter Rühren noch etwa 2 Minuten dünsten. Mit Salz und Pfeffer abschmecken.

Paprikaschoten waschen, putzen, entkernen und in feine Streifen schneiden. Knoblauch schälen, feinblättrig schneiden und mit den Paprikastreifen in erhitztem Öl unter Schwenken glasig braten. Lammkarree mit Paradeispolenta und Paprikastreifen anrichten.

Weinempfehlung:
Sauvignon blanc 2003 von Sepp Wurzinger aus Tadten oder Haideboden 2000 von Josef Umathum aus Frauenkirchen.

LANDGASTHOF ALTES BRAUHAUS, Ilona Püspök, Kirchenplatz 27, 7132 Frauenkirchen

Denkmalgeschütztes Gebäude mit prachtvollem Arkadenhof im Seewinkel. Die Küche hat sich auf pannonisch-burgenländische Schmankerln aller Art spezialisiert. Dazu werden Weine aus dem Burgenland kredenzt.

Ilona Püspök

Rahmsuppe mit Bohnensterz

ZUTATEN für 4 Portionen

Rahmsuppe:
250 g speckige Erdäpfel
¼ l Sauerrahm
2 EL Mehl (glatt)
4 Knoblauchzehen, geschält
1 Lorbeerblatt
Salz
Pfeffer aus der Mühle
Thymian (gemahlen)

Sterz:
300 g weiße Bohnen
Salz
500 g Weizenmehl (glatt)
150 g Schweineschmalz

ZUBEREITUNG:

Rahmsuppe: Erdäpfel schälen, würfelig schneiden. 1 l Wasser mit Erdäpfeln, ganzen Knoblauchzehen, Lorbeerblatt bei geringer Hitze etwa 15 Minuten kochen. Rahm mit Mehl glattrühren, mit einer Schneerute in die heiße Suppe einrühren und noch bei geringer Hitze etwa 5 Minuten kochen. Lorbeerblätter entfernen und die Suppe mit Salz, Pfeffer sowie Thymian abschmecken.

Sterz: Bohnen über Nacht in reichlich kaltem Wasser einweichen. Einweichwasser abgießen und die Bohnen in leicht gesalzenem Wasser etwa 40 Minuten weich kochen. **Hinweis:** Fertig gekochte Bohnen sollen gerade noch mit Wasser bedeckt sein, eventuell etwas Wasser abgießen. Mehl salzen und in einer Pfanne ohne Fett unter ständigem Rühren trocken rösten (= linden), bis das Mehl sehr heiß und gelblich ist. Bohnen samt Kochwasser nach und nach unter ständigem Rühren zum Mehl geben. **Hinweis:** Das Bohnenwasser soll langsam das trockene Mehl durchdringen, bis eine klumpenartige Masse entsteht. (Achtung: Es darf nicht patzig werden!) Schmalz sehr stark erhitzen, über die Masse verteilen und durchrühren. Bohnensterz locker anrichten.

So wird's gegessen:
Sterz auf Fleischtellern, Suppe in Suppentellern anrichten – man isst abwechselnd Sterz und Suppe oder man vermengt im Suppenteller die Suppe mit dem Sterz.

Hinweis: Zum Bohnensterz reicht man auch sehr gerne statt der Suppe ein Glas kalte Milch.

GASTHOF ZUR TRAUBE, Anna Glatz, Herrengasse 42, 7311 Neckenmarkt

Im Gasthof zur Traube werden die Gäste seit jeher mit pannonischen Spezialitäten verwöhnt. Darunter auch viele Fischgerichte. Das stimmungsvolle Ambiente eignet sich praktisch für jeden Anlass.

László Köves

Schnitte vom Neusiedlersee-Zander mit marinierten Seewinkler Feldfrüchten und gebratenem Häuptelsalat

ZUTATEN für 4 Portionen (als Vorspeise)

Marinierte Feldfrüchte:
80 g Kristallzucker
1 EL Honig
10 Schalotten, geschält
1/8 l Paradeiseressig
½ l Olivenöl
2 Lorbeerblätter
4 Wacholderbeeren
6 Pfefferkörner
Frische Gartenkräuter
je 1 grüne, gelbe und rote Paprikaschote
1 großer Zucchini
Salz
Pfeffer aus der Mühle
5 g Ingwer, frisch gerieben

4 Zanderfilets (à 100 g)
Salz
Pfeffer aus der Mühle
3 Esslöffel Olivenöl
1 Häuptelsalat, gewaschen, geviertelt
Mehl zum Wenden

Apfel-Balsamico-Reduktion:
½ l Apfelsaft
¼ l Balsamicoessig
100 g Gelierzucker

ZUBEREITUNG:

Marinierte Feldfrüchte: Zucker mit Honig karamellisieren, Schalotten beifügen, kurz durchschwenken, mit Paradeiseressig ablöschen und mit Olivenöl aufgießen. Gewürze und Kräuter dazugeben und Schalotten bissfest kochen. Inzwischen Paprikaschoten waschen, putzen, halbieren, entkernen und in Rauten schneiden, beimengen, nochmals aufkochen lassen und von der Hitze nehmen. Zucchini waschen, putzen, in dünne Scheiben schneiden und dazugeben, mit Salz, Pfeffer sowie Ingwer würzen. Zanderfilets salzen und pfeffern, mit der Hautseite in Mehl wenden und mit der bemehlten Seite in 2 Esslöffel Olivenöl bei mittlerer Hitze knusprig braten. Aus der Pfanne nehmen, warmstellen. In Bratrückstand restliches Olivenöl erhitzen, Salatviertel darin kurz braten, mit Salz sowie Pfeffer abschmecken.
Apfel-Balsamico-Reduktion: Apfelsaft mit Essig und Gelierzucker einkochen, bis eine dickflüssige Konsistenz entsteht. Je ein Salatviertel auf Tellern verteilen, Zanderfilets darauf setzen, marinierte Feldfrüchte rundum verteilen und mit Apfel-Balsamico-Reduktion dekorativ beträufeln.

Rücken vom Heideboden-Milchlamm auf Lavendel-Polenta und Kukuruz

ZUTATEN für 4 Portionen

4 Milchlammrücken (à 150 g), zugeputzt
Salz
Pfeffer aus der Mühle
3 Esslöffel Olivenöl
1 Knoblauchzehe
1–2 Rosmarinzweige

Lavendel-Polenta:
1/8 l Milch
1/8 l Wasser
4 g Lavendelblüten
50 g Maisgrieß
Salz
Pfeffer aus der Mühle
20 g Parmesan, frisch gerieben
20 g Butter

2 Maiskolben (Kukuruzkolben), geputzt und im Ganzen gekocht
160 g Eierschwammerln, geputzt
2 Esslöffel Olivenöl
Salz
Pfeffer aus der Mühle
2 Esslöffel Petersilie, gehackt

1/16 l Lammjus (alternativ braune Soße – Fertigprodukt)
Rosmarinzweige zum Garnieren

ZUBEREITUNG:

Lammrücken mit Salz und Pfeffer würzen, in erhitztem Öl bei mittlerer Hitze rundum anbraten, Knoblauch sowie Rosmarin beifügen; im vorgeheizten Rohr bei 180 °C etwa 6 Minuten rosa braten.

Lavendel-Polenta: Milch mit 1/8 l Wasser und Lavendelblüten aufkochen, von der Hitze nehmen und etwa 5 Minuten ziehen lassen. Anschließend durch ein Sieb seihen, Lavendelmilch nochmals aufkochen, Maisgrieß beifügen und bei mittlerer Hitze unter Rühren etwa 5 Minuten einkochen lassen. Mit Salz, Pfeffer sowie Parmesan abschmecken und Butter einrühren.

Maiskolben in 1 cm dicke Scheiben schneiden und mit den Eierschwammerln in heißem Öl kurz unter Wenden braten, mit Salz und Pfeffer würzen, Petersilie unterrühren. Lavendel-Polenta in die Tellermitte geben, Kukuruz und Eierschwammerln darauf verteilen. Lammrücken zwischen den Knochen in Tranchen schneiden und daraufsetzen. Mit heißem Lammjus umgießen und mit Rosmarin garniert anrichten.

LANDGASTHOF AM NYIKOSPARK, Fritz Tösch, Untere Hauptstraße 59, 7100 Neusiedl am See

Der von dem engagierten Wirt Fritz Tösch geführte Betrieb ist ein wahres Bilderbuch-Landgasthaus. Kreative, aber auch bodenständige Küche, die sowohl in gemütlichen Gaststuben als auch in einem stimmungsvollen Wintergarten genossen werden kann.

Sascha Huber

Somloer Nockerln

ZUTATEN für 8 Portionen

50 g Rosinen
2–3 Esslöffel Rum

Biskuit:
4 Eier
1 KL Vanillezucker
160 g Kristallzucker
120 g Mehl (glatt)
1 EL Kakaopulver

Vanillepudding:
40 g Vanillepuddingpulver
½ l Milch
Staubzucker und Vanillezucker nach Geschmack

Karamellsirup:
3 EL Kristallzucker
40 ml Rum
⅛ l Wasser

Schokoladesoße, Nüsse (gerieben), geschlagenes Schlagobers zum Garnieren

ZUBEREITUNG:

Rosinen in Rum einweichen und ziehen lassen. Blech gut befetten und bemehlen und mit einer Backblechschiene oder einem mit Alufolie umwickelten Kartonstreifen in zwei Hälften teilen.

Biskuit: Eier mit Vanillezucker und Zucker sehr schaumig rühren (mindestens 10 Minuten mit dem Handrührgerät). Mehl behutsam unterheben.
Die halbe Teigmenge auf eine Blechhälfte streichen. Restliche Masse mit gesiebtem Kakao nach und nach vorsichtig vermengen und auf die zweite Backblechhälfte streichen. Im vorgeheizten Rohr bei 200 °C etwa 10 Minuten backen und auskühlen lassen. Biskuit in jeweils 2 Streifen schneiden und vom Backblech lösen.

Pudding: Aus den Puddingzutaten laut Packungsvorschrift einen Pudding zubereiten und auskühlen lassen.

Karamellsirup: Zucker in einer Pfanne karamellisieren lassen, mit ⅛ l Wasser aufgießen und bei geringer Hitze 5 Minuten kochen lassen, mit Rum abschmecken und vollständig auskühlen lassen.

Eine Lage helles Biskuit in eine eckige Form legen, mit Karamellsirup beträufeln, dünn mit Vanillepudding bestreichen und mit einigen Rum-Rosinen bestreuen. Eine Schicht dunkles Biskuit darauf legen, wieder mit Karamellsirup beträufeln, mit Vanillepudding bestreichen und mit Rum-Rosinen bestreuen. So fortfahren, bis alle Zutaten aufgebraucht sind; mit Biskuit abschließen.
Mit Folie abdecken und mindestens einen halben Tag im Kühlschrank ziehen lassen. Mit einem Esslöffel Nockerln ausstechen, auf Dessertteller anrichten und mit Schlagobers, Schokoladesoße sowie geriebenen Nüssen garniert servieren.

GASTHAUS ZUR DANKBARKEIT, Familie Josef u. Heidi Lentsch, Hauptstraße 39, 7141 Podersdorf

Wohl kaum ein Wirt hat sich um die pannonische Küche so verdienstvoll gemacht. Josef Lentsch ist ein Idealist durch und durch und bietet seinen Gästen ein großes Spektrum an traditionellen, perfekt zubereiteten Gerichten der pannonischen Küche.

Josef Roiss

Salat façon niçoise mit gebratenen Rotbarben

ZUTATEN für 4 Portionen

Saft von 1 Limette
14 EL kalt gepresstes Olivenöl
Meersalz
Pfeffer aus der Mühle
je 2 gelbe und rote Paprikaschoten
8 Wachteleier
2 gelbe Paradeiser
4 Cocktailparadeiser
4 Schalotten
4 Knoblauchzehen
1 Eisbergsalat
2 Selleriestangen, geschält, geschnitten und blanchiert
50 Keniabohnen, geputzt und kurz blanchiert
4 Sardellenfilets
8 schwarze Oliven
Thymian, Rosmarin, Basilikum und Kresse, fein gehackt
4 Rotbarbenfilets
1 Spritzer Limettensaft

ZUBEREITUNG:

Für die Marinade Limettensaft mit 4 Esslöffeln Olivenöl vermischen, mit Meersalz und Pfeffer würzen. Paprika waschen, putzen, halbieren und entkernen. Auf ein Blech legen, mit Meersalz bestreuen und mit 1 Esslöffel Olivenöl beträufeln; im vorgeheizten Backrohr bei 200 °C etwa 10 Minuten braten. Aus dem Rohr nehmen, abkühlen lassen. Anschließend mit einem kleinen Messer die Haut abziehen. Wachteleier 2,5 Minuten lang kochen, kalt abschrecken und schälen. Gelbe Paradeiser kreuzweise einritzen, blanchieren, kalt abschrecken, schälen, vierteln und entkernen. Cocktailparadeiser waschen. Schalotten und Knoblauch schälen und im Ganzen in 7 Esslöffel Olivenöl bei geringer Hitze weichdünsten. Eisbergsalat waschen, putzen, in 4 etwa 2 cm dicke Scheiben schneiden, salzen, pfeffern und mit etwas Marinade marinieren. Paprika in Streifen schneiden und jeden Streifen wie eine Schnecke einrollen. Mit dem restlichen Gemüse, Wachteleiern, Sardellenfilets, Oliven, und Kräutern vermengen. Mit Salz sowie Pfeffer würzen und mit der restlichen Marinade marinieren. Auf die Salatscheiben legen und mit gedünsteten Schalotten und Knoblauch garnieren. Rotbarbenfilets mit Meersalz und Limettensaft würzen und in 2 Esslöffel heißem Olivenöl goldbraun braten. Fischfilets auf dem Salat niçoise anrichten.

Weinempfehlung:
Weißburgunder Selection, Familie Temer, Gols; delikat, angenehm würzig im Abgang.

Tipp: Schalotten und Knoblauch kann man als Confit mit dem Olivenöl in Rexgläser füllen. Gut verschlossen, im Kühlschrank aufbewahrt, sind sie mehrere Wochen haltbar. Geschälte Paprika in Olivenöl einlegen und als Antipasti reichen.

ZUR BLAUEN GANS, Alain Weissgerber, Seepark, 7121 Weiden am See

Barbara und Alain Weissgerber-Eselböck führen in Weiden am See ein Feinschmeckerrestaurant von unvergleichlicher Art. Vor allem die Küche Alain Weissgerbers fasziniert die Gäste, die auch von weit her angereist kommen.

Alain Weissgerber

Räucherforellenmousse im Brotmantel

ZUTATEN für 10 Portionen (als Vorspeise)

Brotmantel:
100 g Vollkornbrot
100 ml Gemüsebouillon
50 ml Sauerrahm
10 g Kren, gerieben
1 EL Petersilie, gehackt
1 EL Dille, gehackt
Salz
1 ½ Blätter Gelatine

Räucherforellenmousse:
450 g Räucherforellenfilet
80 ml Fischfond
20 g Mayonnaise
2 Blätter Gelatine
50 ml Schlagobers
Salz
Sojasoße
Tabasco

ZUBEREITUNG:

Brotmantel: Brot grob faschieren. Bouillon mit Sauerrahm und Kren glattrühren, Kräuter untermengen und mit Salz würzen. Mit dem faschierten Brot gut vermengen. Gelatine in kaltem Wasser einweichen, gut ausdrücken, vorschriftsmäßig auflösen und unterrühren. Brotmasse dünn auf eine Folie streichen und kaltstellen.

Räucherforellenmousse: Fischfilets fein faschieren, mit Fischfond und Mayonnaise vermengen und gut verrühren. Gelatine in kaltem Wasser einweichen, ausdrücken, vorschriftsmäßig auflösen und unterrühren. Schlagobers steifschlagen, unterheben und die Masse mit Salz, Sojasoße sowie Tabasco würzen.
Eine Terrinen- oder Kastenform (30 cm Länge) mit Klarsichtfolie auslegen. Aus der Brotplatte zwei Streifen in der Bodengröße der Terrinenform zuschneiden und einen Brotstreifen in die Terrinenform einlegen. Räucherforellenmasse darauffüllen, glattstreichen, mit dem zweiten Brotstreifen abdecken. Mit Folie zugedeckt mindestens 2 Stunden kalt stellen. Räucherforellenmousse vorsichtig in Scheiben schneiden.

Tipp: Mit Kren-Picotta und marinierten Gurken anrichten.

Mit Gänseleber gefüllter Feldhasenrücken

ZUTATEN für 4 Portionen

2 Feldhasenrücken (à 800 g)
oder 160 g Gänseleber
20 ml Beerenauslese
Wacholder, gestoßen
Majoran (getrocknet)
Salz
Pfeffer aus der Mühle
40 ml Olivenöl
20 g Butter
1/4 l Rotwein
1/4 l Wildfond (aus dem Glas, gibt es im guten Fachhandel)

ZUBEREITUNG:

Feldhasenrücken am besten vom Wildbrethändler zu 4 Hasenrücken auslösen lassen. Die ausgelösten Hasenrücken jeweils vom dünnen Ende beginnend der Länge nach bis auf 1 cm aufschneiden und wegklappen. **Hinweis:** Nicht ganz durchschneiden, das Fleisch soll noch am dickerem Ende zusammenhalten. Von der Gänseleber Haut und Adern entfernen, Gänseleber in dünne Scheiben schneiden, mit Beerenauslese beträufeln und mit Pfeffer würzen. Ausgelöste Hasenrücken etwas flachdrücken, mit Wacholder, Majoran, Salz und Pfeffer würzen. Gleichmäßig mit der Gänseleber belegen und Hasenrücken eng einrollen.
Mit Küchengarn binden. Olivenöl mit Butter erhitzen und die Fleischrollen darin rundum anbraten. Im vorgeheizten Rohr bei 180 °C etwa 10 Minuten garen, aus dem Rohr nehmen, Fleisch aus der Pfanne nehmen und warmstellen. Überschüssiges Fett abgießen, mit Rotwein aufgießen und auf die halbe Menge einkochen lassen, mit Wildfond aufgießen und ebenfalls einkochen lassen. Mit Salz und Pfeffer abschmecken. Küchengarn vom Fleisch entfernen, Rouladen in Scheiben schneiden und mit Soße anrichten.

DER REISINGER, RESTAURANT & CATERING GESMBH,
Familie Andrea u. Gerald Reisinger, Hauptstraße 83, 7033 Pöttsching

Die Küche der Familie Reisinger in Pöttsching ist weit über die Grenzen der Region bekannt. Ein traditionsreicher Familienbetrieb, dessen Geschichte bis 1779 zurückreicht.

Akos Horvath

Zander mit Kaninchen, Erdäpfel-Parmesanpüree und Käsestangerln

ZUTATEN für 4 Portionen

500 g Zanderfilet, mit Haut
Salz
Weißer Pfeffer aus der Mühle
1 Esslöffel Limettensaft
16 Schalotten
8 Knoblauchzehen
1/8 l Olivenöl
1 Rosmarinzweig
1/8 l Hühnerbouillon
250 g Kaninchenrücken, ausgelöst und zugeputzt
1 EL Butterschmalz
Mehl zum Wenden
150 g Blattspinat, blanchiert
1 Esslöffel Butter
Muskat

Käsestangerln:
1 Fertig-Strudelteigblatt
Butterschmalz zum Bestreichen
40 g Appenzeller Käse

Erdäpfel-Parmesanpüree:
500 g mehlige Erdäpfel
Salz
150 g Butter
100 g Parmesan, frisch gerieben
1/4 l Milch
Salz
Weißer Pfeffer aus der Mühle
Muskat

ZUBEREITUNG:

Die Haut der Fischfilets in Abständen von 0,5 cm einschneiden und den Fisch in 8 Portionen schneiden. Mit Salz, Pfeffer würzen und mit Limettensaft beträufeln. Schalotten sowie Knoblauch schälen und in 1 Esslöffel erhitztem Öl rundum anbraten; im vorgeheizten Rohr bei 160 °C weichdünsten. **Hinweis:** Alle 4 Minuten wenden. Knapp vor Ende der Garzeit Rosmarin und Hühnerbouillon beifügen, salzen, pfeffern und warmstellen. Kaninchenrücken in Medaillons schneiden und in Butterschmalz auf beiden Seiten kräftig anbraten und zu den Schalotten geben. **Hinweis:** Kaninchen erst vor dem Anrichten salzen. Fischfilets mit der Hautseite in Mehl wenden und mit der bemehlten Seite in restliches erhitztes Olivenöl einlegen. Auf der Hautseite bei geringer Hitze braten. **Hinweis:** Der Zander soll innen noch glasig sein. Inzwischen Spinat in zerlassener Butter erwärmen, mit Salz, Pfeffer sowie Muskat würzen.

Erdäpfel-Parmesanpüree: Erdäpfel in Salzwasser weichkochen, abseihen, schälen und noch heiß durch die Erdäpfelpresse auf die kalte Butter drücken. Butter mit den Erdäpfeln vermengen, Parmesan beifügen und mit heißer Milch zur gewünschten Konsistenz verrühren. Mit Salz, Pfeffer und Muskat würzen.

Käsestangerln: Strudelblatt vierteln, mit Butterschmalz bestreichen und den Käse darüber reiben. Teig zusammenrollen und im vorgeheizten Rohr bei 180 °C etwa 6–7 Minuten backen.

Zander mit Kaninchen auf Erdäpfel-Parmesanpüree mit Käsestangerln anrichten.

Garnierungsempfehlung:
Anchovis-Röllchen: Blattstrunk vom Spinat entfernen, Spinatblatt eventuell zu einem Rechteck zuschneiden, Spinatblatt mit Anchovis belegen und eng einrollen. Spinatrolle mit einem Messer quer durchschneiden.

Gebratener Kürbis aus dem Ofen auf herbstlichem Spinatsalat

ZUTATEN für 4 Portionen

1 kleiner Speisekürbis (Hokkaido, etwa 700 g)
1 Knoblauchzehe
Salz
Pfeffer aus der Mühle
70 g Butter

5 Schalotten
8–10 Zwetschken
100 g rote Weintrauben
1 Apfel
40 g Walnüsse, gehackt

Vinaigrette:
3 EL Apfel-Balsamico-Essig
9 EL Walnussöl
Salz
Pfeffer aus der Mühle
4 Hände voll jungem Blattspinat

ZUBEREITUNG:

Kürbis samt Schale in gleich große Spalten schneiden und in eine Bratwanne geben. Knoblauch schälen und sehr fein hacken. Kürbis mit Salz, Pfeffer, Knoblauch würzen und mit Butterflocken belegen. Im vorgeheizten Rohr bei 160 °C etwa 40 Minuten backen. Inzwischen Schalotten schälen und in Ringe schneiden. Zwetschken waschen, halbieren, entkernen und in Spalten schneider. Weintrauben halbieren und entkernen. Apfel waschen, vierteln, entkernen und in Würfel schneiden.

Vinaigrette: Essig mit Öl vermischen und mit Salz sowie Pfeffer würzen. Schalotten, Zwetschken, Weintrauben, Apfelwürfel und Walnüsse mit der Vinaigrette marinieren. Spinat putzen, waschen und gut abtropfen lassen oder in einer Salatschleuder trockenschleudern.

Spinat auf Teller anrichten, mit marinierten Zutaten belegen und mit den Kürbisspalten anrichten.

RESTAURANT TAUBENKOBEL,
Familie Walter u. Eveline Eselböck, Hauptstraße 33, 7081 Schützen am Gebirge

Walter Eselböck zählt zur absoluten Kochelite Österreichs. Der Vier-Hauben-Starkoch verwöhnt in seinem perfekt gestalteten Restaurant mit gediegenem Hotelbetrieb Feinschmecker aus aller Welt. Seine Frau Eveline ist Österreichs bekannteste Sommeliere.

Walter Eselböck

Pannonische Gänseleber mit Bitterschokolade und Safranäpfeln

ZUTATEN für 4 Portionen

1 Gänsestopfleber (500 g)

Marinade:
60 ml Ruster Eiswein
40 ml Grand Marnier
40 ml Cognac
2 KL Salz
2 KL Pökelsalz
1 KL weißer Pfeffer aus der Mühle

Schokoladeglasur:
200 g Bitterschokolade (90 % Kakao)
1/16 l Olivenöl
1 Messerspitze Cayennepfeffer

Safranäpfel:
2 Äpfel (Cox Orange)
1 KL Butter
1 KL Staubzucker
1/8 l Weißwein (Sauvignon blanc)
1/4 l Apfelsaft
etwa 20 Safranfäden
1/2 KL Orangenschale, fein geschnitten

ZUBEREITUNG:

Die Leber Raumtemperatur annehmen lassen. Von der Leber Haut abziehen, die Leber halbieren, etwas flachdrücken und eventuelle blutige Adern mit einer Pinzette entfernen. Leber in eine Schüssel geben, mit den Marinadenzutaten vermengen und mit Frischhaltefolie zugedeckt 24 Stunden im Kühlschrank ziehen lassen. Anschließend in einen mit Alufolie ausgelegten Tortenring (Durchmesser 18 cm) geben, mit Alufolie dicht verschließen und bei 206 °C etwa 5 Minuten garen. Aus der Form lösen und über Nacht kühlstellen.

Schokoladeglasur: Schokolade über Dampf schmelzen lassen, Olivenöl beifügen und mit Cayennepfeffer würzen. Gänseleberterrine in 3 x 3 cm große Stücke schneiden und mit der Schokoladeglasur überziehen. Kühlstellen.

Safranäpfel: Äpfel waschen, schälen, achteln und entkernen. Butter mit Staubzucker schmelzen, Apfelspalten darin karamellisieren lassen, mit Wein und Apfelsaft aufgießen, Safran sowie Orangenschale beifügen, aufkochen lassen und bei geringer Hitze etwa 15 Minuten einkochen lassen. Von der Hitze nehmen und auskühlen lassen. Gänsestopfleber mit Safranäpfeln anrichten.

Weinempfehlung: Sweet moon 2001
Heribert Bayer, Kellerei in Signo Leonis

INAMERA, Andrea Waldrauch und Gerhard Weidl, Oggauer Straße 29, 7071 Rust

In dem schön und modern gestalteten Restaurant am Ortsrand von Rust wird ein fantasievoller Küchenstil gepflegt. Das Ergebnis ist eine Mischung aus pannonischen und internationalen Spezialitäten, die hier ganz eigenwillig komponiert werden.

Gerhard Weidl und Andrea Waldrauch

Neusiedlersee-Zander auf getrüffeltem Erdäpfelpüree und Rotweinschalotten

ZUTATEN für 3–4 Portionen

Rotweinschalotten:
150 g Schalotten
30 g Kristallzucker
½ l Rotwein (trocken)
2 Lorbeerblätter
10 Pfefferkörner
60 ml Grenadinesirup
40 g kalte Butter

Erdäpfelpüree:
300 g mehlige Erdäpfel
Salz
Schlagobers nach Bedarf
Trüffelöl nach Geschmack
Muskat

400 g Zanderfilet mit Haut
Mehl zum Wenden
2 Esslöffel Olivenöl
25 g kalte Butterwürfel
Salz
Pfeffer aus der Mühle
1 Esslöffel Limettensaft

ZUBEREITUNG:

Rotweinschalotten: Schalotten schälen und eventuell halbieren. Zucker in einer Pfanne hellbraun karamellisieren, Schalotten beifügen, kurz durchrühren und mit Rotwein aufgießen. Lorbeerblatt, Pfefferkörner dazugeben und die Schalotten bei mittlerer Hitze weichkochen. Schalotten aus dem Rotweinsud nehmen. Rotweinsud bei mittlerer Hitze auf ¼ l einkochen lassen. Grenadinesirup beifügen und durch Einrühren von kalter Butter binden.

Getrüffeltes Erdäpfelpüree: Erdäpfel schälen, in Würfel schneiden, in Salzwasser weichkochen, abseihen, gut ausdampfen lassen und mit dem Obers im Mixer pürieren. Mit Trüffelöl und Muskat würzen.

Zanderfilet in Portionen schneiden, mit der Hautseite in Mehl tauchen. Öl in einer Pfanne erhitzen, Fisch mit der bemehlten Seite nach unten einlegen und knusprigbraten. Fischfilets aus der Pfanne nehmen. Vor dem Servieren den Fisch in zerlassener Butter kurz erwärmen, mit Salz, Pfeffer und Limonensaft würzen. Zanderfilets mit getrüffeltem Erdäpfelpüree und Rotweinschalotten anrichten.

Garniturempfehlung: frittierte Basilikumblätter, frisch gehobelter Trüffel oder Erdäpfelchips.

MOOSLECHNERS BÜRGERHAUS, Familie Mooslechner, Hauptstraße 1, 7071 Rust

Das Bürgerhaus im Zentrum von Rust ist nicht nur ein besonders liebevoll eingerichtetes Hotel-Restaurant. Hier kocht Michael Mooslechner eine feine burgenländische Küche, Gerichte, die er mit Hingabe und Ambition zubereitet.

Michael Mooslechner

Rehfilet vom Jahrling im Schwammerl-Kräutermantel auf Zweigeltsoße

ZUTATEN für 4 Portionen

1 Schweinsnetz
800 g Rehrücken, ausgelöst
Salz, Pfeffer aus der Mühle
4 Esslöffel Sonnenblumenöl
1 Rosmarinzweig
1 Thymianzweig
2 Wacholderbeeren, zerdrückt

Schwammerl-Kräutermantel:
80 g Fasanenbrust
40 g Entenleber
70 ml Schlagobers, 1 Dotter
2 EL Petersilie, gehackt
1 Messerspitze Rosmarin und Thymian, gehackt
Salz, Pfeffer aus der Mühle
1 EL Weinbrand

4 schöne Steinpilze (ersatzweise 8 Shiitake-Pilze)
1 Esslöffel Olivenöl
5–6 Kohlblätter

Zweigeltsoße:
1 Schalotte
100 ml Zweigelt
100 ml roter Portwein
1 Zitronenthymianzweig
½ Zitrone, 1 EL Sauerrahm
2 EL geschlagenes Schlagobers

ZUBEREITUNG:

Schweinsnetz in reichlich Wasser einweichen. Rehrücken mit Salz sowie Pfeffer würzen und in erhitztem Öl mit Kräutern und Wacholderbeeren rundum anbraten, von der Hitze nehmen und kaltstellen.
Schwammerl-Kräutermantel: Fasanenbrust in kleine Würfel schneiden und im Tiefkühlschrank anfrieren lassen. Entenleber mit Schlagobers und Dotter gut vermengen und kaltstellen. Anschließend Fasanenbrust und Lebervermengung am besten in einem elektrischen Zerkleinerer (Cutter) zu einer geschmeidigen Masse (Farce) pürieren, mit Kräutern, Salz, Pfeffer sowie Weinbrand würzen. Farce etwa 30 Minuten kaltstellen. Steinpilze putzen und in 0,5 cm dicke Scheiben schneiden, in erhitztem Öl anbraten und anschließend kaltstellen. Strunk aus den Kohlblättern schneiden und Blätter in Salzwasser blanchieren, herausheben, kalt abschrecken und gut abtropfen lassen. Schweinsnetz gut ausdrücken und auf einer Arbeitsfläche ausbreiten. Die halbe Menge Kohlblätter auf das bereitgelegte Netz legen, Rehrücken auf die Kohlblätter legen und etwa 0,5 cm dick gleichmäßig mit Farce bestreichen, mit Steinpilzen belegen und die restlichen Kohlblätter darüberlegen und eingehüllten Rehrücken gänzlich mit dem Schweinsnetz umwickeln.
Hinweis: Die Enden nach unten einschlagen. Im vorgeheizten Rohr bei 180–200°C etwa 10–12 Minuten braten. **Zweigeltsoße:** Schalotte schälen, kleinwürfelig schneiden und im Bratrückstand vom Rehrücken glasig anrösten, mit Port- und Rotwein aufgießen, bei mittlerer Hitze auf die Hälfte einkochen lassen, Thymian und Zitrone beifügen und bei geringer Hitze etwa 10 Minuten ziehen lassen; Soße abseihen, Sauerrahm und Schlagobers einrühren. **Hinweis:** Die Soße darf nicht mehr kochen. Rehrücken in Scheiben schneiden und mit Zweigeltsoße anrichten. Dazu passt sehr gut Apfel-Erdäpfelgratin.

HEILIGENKREUZERKELLER, Fritz Sittinger, Kellerviertel, 7092 Winden am See

---

„Etwas mehr als ein Heuriger", das ist das Motto des Heiligenkreuzerkellers mit seinem historischen Gewölbe. Die Küche bietet tatsächlich weit mehr und verarbeitet Fleisch vom Nationalparkrind, Fische vom Neusiedler See oder Wildschweinschinken vom Leithagebirge.

Fritz Sittinger

Gebratene Seewinkler Freilandgans mit Weinkraut und Erdäpfelknödel

ZUTATEN für 4 Portionen

1 bratfertige Freilandgans (etwa 3,4 – 3,6 kg)
Salz, Pfeffer aus der Mühle
1 Esslöffel Majoran, 1 EL Gänseschmalz
2 Äpfel, Mehl (glatt) zum Stauben
Eventuell 150 ml Hühnerbouillon

Weinkraut:
1 kg Weißkraut, 1 Zwiebel
60 g Schmalz
1 EL Kristallzucker
2 EL Weißweinessig
Salz, Pfeffer aus der Mühle
Kümmel, 1/8 l Bouillon
1/8 l Trockenbeerenauslese

Erdäpfelknödel:
750 g mehlige Erdäpfel, am Vortag gekocht
100 g Mehl (griffig), 80 g Stärkemehl
50 g Weizengrieß, Mehl (griffig) zum Ausarbeiten
2 Dotter, 25 g Butter
Salz, Muskat

ZUBEREITUNG:

Gans waschen, mit Küchenkrepp trocken tupfen, innen mit Salz, Pfeffer und Majoran würzen. Äpfel waschen und in die Bauchhöhle füllen. Gans außen mit Salz und Pfeffer kräftig würzen. Schmalz in einer Bratwanne erhitzen, Gans mit den Brustseiten anbraten und wenden. Im vorgeheizten Rohr bei 180 °C etwa 2 Stunden 30 Minuten braten. Dabei immer wieder mit Bratensaft übergießen.
Hinweis: Mehrmals mit einer Gabel oberhalb der Schenkel einstechen, damit überschüssiges Fett auslaufen kann. Gans aus der Bratwanne nehmen und etwa 5 Minuten rasten lassen. Vom Bratensaft überschüssiges Fett abschöpfen, Bratensaft mit Mehl stauben, mit Wasser oder Bouillon aufgießen, aufkochen lassen und durch ein Sieb seihen.
Weinkraut: Kraut putzen und Strunk entfernen. Kraut in feine Streifen schneiden, in kochendem Wasser kurz blanchieren, abseihen und gut abtropfen lassen. Zwiebel schälen, fein würfelig schneiden und in erhitztem Schmalz glasig anrösten, Zucker einstreuen und hell karamellisieren, mit Essig ablöschen. Kraut beifügen, mit Salz, Pfeffer sowie Kümmel würzen mit Bouillon aufgießen. Kraut bei mittlerer Hitze unter mehrmaligem Umrühren etwa 30 Minuten weich dünsten. Mit Mehl bestäuben, kurz durchrühren und mit Trockenbeerenauslese aufgießen; bei mittlerer Hitze weitere 15 Minuten weichdünsten lassen.
Erdäpfelknödel: Erdäpfel schälen und durch die Erdäpfelpresse drücken oder faschieren. Mit Mehl, Stärkemehl, Dottern, Grieß sowie zerlassener Butter vermengen, mit Salz würzen und mit den Händen rasch zu einem glatten Teig verkneten. Teig auf einer bemehlten Arbeitsfläche zu einer etwa 4 cm dicken Rolle formen und diese in 8 Stücke teilen. Teigstücke zu Knödeln formen, in kochendes Salzwasser einlegen und offen bei geringer Hitze etwa 15 Minuten kochen. Gans in Portionen teilen und mit Bratensaft, Weinkraut und Erdäpfelknödeln anrichten.

PANNONIA – HOTEL/RESTAURANT, Marianne u. Hermann Wein, Seezeile 20, 7141 Podersdorf am See

Direkt am Ostufer des Neusiedler Sees bietet das Hotel alle Annehmlichkeiten für einen erholsamen Urlaub. Eine interessante Küche, ein großes Weinsortiment und eine Terrasse mit herrlichem Blick auf den See machen das Haus zu einem idealen Ort für Genießer.

Gerhard Homola

Gefüllte Putenbrust „Ödenburg“ auf Paprikarahmsoße, dazu hausgemachte Nockerln

ZUTATEN für 4 Portionen

Gefüllte Putenbrust:
120 g Bauernschinken
120 g Edamer
4 große Pfefferoni
4 Putenschnitzel
(aus der Brust, à 180 g)
Ursalz, Pfeffer aus der Mühle
Mehl (griffig) zum Wenden
4 Eier, Fett zum Ausbacken

Paprikarahmsoße:
½ Zwiebel
40 g Butter
1 KL Paprikapulver (edelsüß)
1–2 EL Mehl (glatt)
1 Knoblauchzehe, fein gehackt
Ursalz
⅛ l Sauerrahm
400 ml Rindsbouillon
Zitronensaft

Nockerln:
300 g Mehl (glatt)
3 Eier
¼ l Milch
Ursalz
Muskat
50 g Butter

Weinempfehlung:
Rotweincuvée aus Zweigelt, Blaufränkisch und Cabernet Sauvignon, genannt Ungerberg 2002, aus dem Weingut Gsellmann & Gsellmann, Gols – Neusiedlersee.

ZUBEREITUNG:

Gefüllte Putenbrust: Bauernschinken und Edamer jeweils in 4 Scheiben schneiden. Pfefferoni kleinschneiden. Putenschnitzel – am besten zwischen Frischhaltefolie – klopfen, mit Ursalz und Pfeffer beidseitig würzen und mit jeweils einer Scheibe Schinken und Käse sowie Pfefferoni belegen. Putenschnitzel in der Mitte zusammenklappen und die Ränder fest zusammendrücken. Gefüllte Putenschnitzel in Mehl wenden, durch verquirlte Eier ziehen und in heißem Fett schwimmend auf beiden Seiten jeweils etwa 4 Minuten ausbacken. Auf Küchenkrepp gut abtropfen lassen.

Paprikarahmsoße: Zwiebel schälen und feinwürfelig schneiden; in zerlassener Butter glasig anrösten, Paprika einrühren, Mehl einstreuen, durchrühren, mit Ursalz und Knoblauch würzen. Mit Rahm und Bouillon aufgießen und aufkochen lassen und einige Minuten bei mittlerer Hitze kochen lassen. Mit Zitronensaft abschmecken. Paprikarahmsoße mit einem Stabmixer pürieren.

Nockerln: Mehl mit Eiern und Milch mit einem Kochlöffel glatt rühren. Mit Ursalz und Muskat würzen. Teig mit Hilfe eines speziellen Nockerlsiebes direkt in das kochende Salzwasser hobeln. **Hinweis:** Öfter umrühren, damit keine Klümpchen entstehen. Nockerln einmal aufkochen lassen. **Hinweis:** Die Nockerln sind gar, wenn sie auf die Wasseroberfläche steigen. Nockerln abseihen, heiß abschwemmen. Butter in einer Pfanne schmelzen und die Nockerln darin schwenken.

Gefüllte Putenbrust auf Paprikarahmsoße anrichten und mit Nockerln servieren.

GASTHOF PANNONIA, Familie Manuela und Andreas Roth, Hauptstraße 58, 7434 Bernstein

Das Pannonia ist eine solide Gaststätte inmitten einer reizvollen Hügellandschaft des Südburgenlandes. Die Küche ist herzhaft bodenständig, die Verwendung regionaler Produkte wie etwa Fische aus dem Neusiedlersee obligat.

Manuela Roth

Gebackene Kukmirner Apfelravioli mit heimischen Uhudler-Erdbeerschaum

ZUTATEN für 4 Portionen (als Nachspeise)

Teig:
375 g Mehl (griffig)
90 g Butter
etwa 150 ml Eiswasser
Mehl (griffig) zum Ausarbeiten

Füllung:
2 Kukmirner Äpfel
40 g Kristallzucker
20 g Butter
40 ml Lagler Apfelbrand
80 g Semmelbrösel
6 Minzeblätter, fein gehackt
40 g Mandeln, gerieben

Erdnussöl zum Ausbacken

Uhudler-Schaum:
170 ml Uhudler
4 Dotter
6 Esslöffel passierte Erdbeeren
40 g Kristallzucker

Staubzucker zum Bestreuen
Apfelspalten, Erdbeeren und frisch Minze zum Garnieren

ZUBEREITUNG:

Teig: Mehl mit Butter und Eiswasser – am besten mit den Knethaken des Handrührgerätes – zu einem zähen Teig verkneten. **Hinweis:** Die Eiswassermenge ist vom Klebergehalt des Mehls abhängig. Teig mit Frischhaltefolie zugedeckt etwa 1 Stunde rasten lassen.

Füllung: Äpfel schälen, entkernen und in kleine Würfel schneiden. Zucker mit Butter in einer Pfanne hell karamellisieren lassen, mit Apfelbrand aufgießen, Äpfel beifügen und darin kurz wenden. Brösel, Minze sowie Mandeln unterrühren und von der Hitze nehmen und überkühlen lassen.

Den Teig vierteln und jedes Teigstück nochmals gut durchkneten. Teigstücke möglichst dünn – etwa 1 mm dick – auswalken oder mit der Nudelmaschine dünn ausrollen. Aus dem dünn ausgerolltem Teig Scheiben (7 cm Durchmesser) ausstechen, jeweils mit 1 Kaffeelöffel Füllung in der Mitte belegen, Teigränder mit Wasser bestreichen und gut zusammendrücken. In heißem Fett knusprig ausbacken, herausheben und auf Küchenkrepp gut abtropfen lassen.

Uhudler-Schaum: Uhudler, Dotter, Erdbeermark mit Zucker gut verrühren und über Dampf mit einer Schneerute schaumig aufschlagen. **Hinweis:** Das Volumen soll sich verdoppeln.

Apfelravioli mit Uhudler-Schaum dekorativ auf Tellern anrichten, mit Staubzucker bestreuen und mit Apfelspalten, Erdbeeren sowie Minze garniert servieren.

Weinempfehlung: Beerenauslese 1998 Putto
Rebsorte: Rosenmuskateller, Thomas Schwarz Purbach
Kloster am Spitz

BRENNEREI UND WELLNESSHOTEL LAGLER, Kurt Lagler, 7543 Kukmirn 137

Der Lagler ist schon lange bekannt für seine herausragenden Schnäpse. Inzwischen wird mit diesem Namen aber auch ein aufwändig gestaltetes Hotelrestaurant mit vielfätigem Wellnessbreich, einer eigenen Destillerie und einem Schnapsmuseum in Verbindung gebracht. Die Küche bietet vor allem burgenländische Spezialitäten.
Jürgen Zach

WÖRTHERSEE UND SEENGEBIET

„Auf der Sunnenseiten, da blüahn die Bleamal no amol so scheen", heißt es in einem der unzähligen wohltönenden Kärntner Volkslieder. Dabei liegt das Land zur Gänze auf der Sonnenseite, an der südlichen Flanke der Alpen. Kaum zwei Stunden Fahrt sind es von den Gipfeln der höchsten Berge Österreichs bis ins Herz der carinthischen Landschaft, wo sich in den Tälern der Drau, der Lavant, der Gurk und der Gail am Ende der letzten Eiszeit die großen und kleinen Seen gebildet haben – 1270 sind es nach akribischer Zählung, also deutlich mehr als die sprichwörtlichen „1000 Seen", die Finnland seinen Beinamen geben.

Stephan Tschemernjak, Inge Kucher, Peter Hammerschlag (v. l. n. r.).

Hier im Reich der Schwimmer, Segler und Sonnenbräuner nahm auch vor zwanzig Jahren Kärntens kulinarische Revolution ihren Ausgang.
Die Kooperation „Kärntner Wirte für Kärntner Produkte", die zunächst am Faaker See, bald überall im Land tätig war, setzte sich dafür ein, dass Qualität heimischer Bauern auf die Mittagstische der Sommerfrischen, der Restaurants und Nobelhotels kommen sollte. Bald schon machten sich ehrgeizige Köche auf Fahndung nach Lavanttaler Spargel, nach Speck und Käse aus dem Gailtal, nach Erdäpfeln und Gemüse aus dem Jauntal, nach Forellen, Saiblingen und Reinanken aus den Seen und Gebirgsbächen.

Sie trafen auf eine Generation junger Bauern, die den Ball enthusiastisch aufgriffen, froh darüber, dass sie zeigen konnten, was auf ihren Feldern und Wiesen alles gedeihen kann, sobald es die entsprechende Nachfrage dafür gibt.

„Bald schon machten sich ehrgeizige Köche auf Fahndung nach Lavanttaler Spargel, nach Speck und Käse aus dem Gailtal, nach Erdäpfeln und Gemüse aus dem Jauntal, nach Forellen, Saiblingen und Reinanken aus den Seen und Gebirgsbächen."

1. **GASTHOF URBANI-WIRT, Bodensdorf am Ossiacher See**
2. **KÄRNTNER GASTHOF TSCHEBULL, Egg am Faaker See**
3. **GASTHOF-RESTAURANT KRUMPENDORFERHOF, Krumpendorf**
4. **GASTHOF WIRT IN JUDENDORF, Warmbad Villach**

Heute findet ein neugieriger Reisender überall in Kärnten Bauernhöfe, die Edelprodukte direkt ab Hof anbieten, allen voran die Trilogie der carinthischen Deftigkeit – Glundner Käse (eine hausgemachte Spezialität aus geschmolzenem Rohmilchtopfen und Kümmel), luftgeselchter Speck und die berühmten Kärntner Hauswürste. Berühmt sind die Würste von Harald Hafner in Ferlach im Rosental, unweit von Klagenfurt. Hafners Geheimnis: glückliche Schweine aus der Umgebung, langsames Trocknen an der würzigen Luft.

Das Rosental ist auch die Heimat der Carnica-Biene. Diese lokale Art der summenden Blütenstaubsammlerinnen ist unter Imkern so beliebt, dass Stöcke und Königinnen in die ganze Welt exportiert werden. Carnica-Bienen gelten als ertragsstark und sanft. Für die Qualität des Honigs ist allerdings die Vielfalt an köstlichen Blüten, die im Rosenthal das ganze Jahr blühen, entscheidend mitverantwortlich.

Süße Verführungen ganz anderer Art finden sich in der Landeshauptstadt Klagenfurt. Mitten im Zentrum am Benediktinerplatz liegt die Schokoladenmanufaktur von Bernd Musil, der aus Edelkakao und Butter eine Vielfalt an Schokoladen zaubert, die zum großen Teil in den Export geht.

Ein Klagenfurter Geheimtipp, nicht ganz leicht zu finden, ist übrigens die Senf-Werkstatt von Gustav Wenger, der schon seit über 100 Jahren scharfe und süße Pasten in die Tube füllt. Seine Spezialität: Kirchtagssenf, besonders raffiniert gewürzt, erkenntlich am patriotischen Lindwurm auf der Packung.

Beim kulinarischen Rundgang durch Klagenfurt darf natürlich Valentin Latschen nicht fehlen, Star und Gründervater der Kärntner Schnapsbrenner-Szene, der vor einigen Jahren von seinem Obstgut Pfau in die leer stehenden Gebäude der Brauerei Schleppe übersiedelt ist. Jetzt brennt er öffentlich zugänglich köstlich duftende Essenzen aus Apfel, Zwetschke, Williamsbirne, Marille, aus den seltenen Schlehen und der noch selteneren Vogelbeere. Seit neuestem gibt es auch eine kärntnerische Interpretation des klassischen Wodka: einen Kartoffelbrand namens „Bramburus".

Rindfleischröllchen mit Spargelfülle auf zweierlei Soßen

ZUTATEN für 4 Portionen

8 Spargelspitzen
aus dem Lavanttal
1 KL Butter
Salz
1 Bund Basilikum
8 Scheiben von der niederen
Beiried (vom Kärntner
Nockalmrind) à 90–120 g
Pfeffer aus der Mühle
8 dünne Scheiben Schinkenspeck
(Gurktaler Luftgeselchtes)
1 El Olivenöl
¼ l Rindsbouillon
1 Messerspitze Kurkuma
2 EL Schlagobers
½ KL Stärkemehl

ZUBEREITUNG:

Spargelspitzen in mit Butter und Zucker versetztem Salzwasser nicht zu weich kochen. Mit einem Lochschöpfer aus dem Wasser heben und gut abtropfen lassen.

Hinweis: ¼ l Spargelfond für die weitere Verarbeitung aufheben.

Basilikum von den Stängeln zupfen. Beiriedscheiben zwischen Frischhaltefolie mit der glatten Seite des Fleischklopfers dünn klopfen. Folie entfernen und das Fleisch salzen und pfeffern. Mit jeweils einer Scheibe Schinken belegen, Basilikum darüber verteilen und jeweils 1 Spargelspitze darauf legen. Seitenlängen vom Fleisch einschlagen, Beiriedscheiben eng einrollen und Enden mit Zahnstochern fixieren.

Röllchen in einer Pfanne in heißem Öl rundum etwa 2–3 Minuten kräftig anbraten, aus der Pfanne nehmen. Überschüssiges Fett aus der Pfanne gießen, mit Bouillon aufgießen, aufkochen und etwas einkochen lassen. Zahnstocher von den Röllchen entfernen, Röllchen wieder einlegen und bei geringer Hitze etwa 30 Minuten dünsten lassen.

Hinweis: Eventuell noch mit etwas Bouillon aufgießen.

Spargelfond mit Kurkuma erwärmen, Obers beifügen und einkochen lassen. Mit Salz sowie Pfeffer abschmecken.

Röllchen aus der Pfanne nehmen. 2 Esslöffel Wasser mit Stärkemehl glattrühren und den Röllchenfond damit binden; mit Salz und Pfeffer abschmecken. Rindfleischröllchen auf den beiden Saucen dekorativ anrichten.

GASTHOF URBANI-WIRT, Johann Nindler, Bundesstraße 50, 9551 Bodensdorf am Ossiacher See

Ein Traditionsgasthof, der auch zur Vereinigung „Kärntner Spargelwirte" gehört. Die Küche bietet ein breites Spektrum der gesamten Alpe-Adria-Region an, mit vielen Produkten wie Beiried vom Kärntner Almochsen, Lavanttaler Stangenspargel oder Fischen aus heimischen Gewässern.

Johann Nindler

Kürbiskern-Kekse

ZUTATEN für etwa 50 Stück

Teig:
300 g Weizenmehl (glatt)
100 g Staubzucker
80 g Kürbiskerne, gerieben
3 Dotter
Salz
Schale von 1 Zitrone (unbehandelt), abgerieben
Prise Salz
200 g Butter
100 g Rohmarzipan
Mehl zum Ausarbeiten

1 Ei zum Bestreichen
30 g Kürbiskerne

250 g Haselnuss-Nougatcreme
60 g Kürbiskerne, gerieben

ZUBEREITUNG:

Teig: Mehl auf eine Arbeitsfläche sieben und eine Vertiefung machen. Zucker in die Mulde sieben. Dotter, Prise Salz, Zitronenschale und Kürbiskerne dazugeben.

Butter mit Rohmarzipan weich verkneten und mit allen Teigzutaten – außer dem Mehl – vermengen. Anschließend alles mit dem Mehl rasch zu einem glatten Teig verarbeiten. In Frischhaltefolie wickeln und kühl stellen.

Teig auf einer bemehlten Arbeitsfläche etwa 0,5 cm dick ausrollen und Scheiben ausstechen. Kekse auf ein mit Backtrennpapier ausgelegtes Blech legen. Ei mit etwas Wasser verquirlen, die halbe Menge Kekse damit bestreichen und mit Kürbiskernen belegen. Kekse im vorgeheizten Rohr bei 180 °C etwa 12 Minuten hellbraun backen; etwas überkühlen lassen. Haselnuss-Nougatcreme mit geriebenen Kürbiskernen gut vermengen, auf die nicht belegten Kekse streichen. Mit den belegten Keksen zusammensetzen.

Tipp: Wenn man die geriebenen Kürbiskerne in einer Pfanne ohne Fett röstet, entfalten sie ein besonders intensives Aroma und die Kekse werden noch geschmackvoller.

KÄRNTNER GASTHOF TSCHEBULL,
Johann Tschemernjak, Egger Seeuferstraße 26, 9580 Egg am Faaker See

Der Tschebull ist ein Klassiker der Kärntner Gastronomie und eine seit Jahrzehnten verlässliche Adresse für regionale Küche. Im Haus entstehen auch immer neue Wurst- und Pastetenkreationen oder hausgeräucherter Schinken. Hier wird seit 1849 echte Wirtshaustradition gelebt.

Stephan Tschemernjak

Risotto vom Hendl mit Mango und Banane

ZUTATEN für 4 Portionen

320 g Hendlbrust, ausgelöst, ohne Haut
1 mittlere Zwiebel
1 EL Olivenöl
160 g Risottoreis (z. B. Arborio)
½ Mango
1 überreife Banane
80 ml Weißwein (trocken)
½ l – ¾ l Hühnerbouillon
Currymischung
Kreuzkümmel
Rosmarin, fein gehackt
Salz
Pfeffer aus der Mühle

ZUBEREITUNG:

Zwiebel schälen und feinwürfelig schneiden. Hendlbrust in etwa 1 cm große Würfel schneiden und erhitztem Öl unter Wenden etwa 1 ½ Minuten anbraten. Zwiebel beifügen und mitrösten.

Hinweis: Es darf sich ein hellbrauner Bratsatz bilden.

Risottoreis beifügen und unter ständigem Rühren glasig anrösten. Mit Wein aufgießen und bei mittlerer Hitze einkochen lassen, bis der Reis die Flüssigkeit weitgehend aufgesaugt hat. Etwa ⅛ l warme Bouillon dazu gießen und unter ständigem Rühren bei mittlerer Hitze so lange kochen, bis die Flüssigkeit wieder fast vollständig aufgesaugt ist. Restliche Bouillon nach und nach während der gesamten Garzeit dazugießen. Mango schälen, Fruchtfleisch vom Kern lösen, in Würfel schneiden und beifügen. Banane schälen und durch ein Sieb in das Risotto passieren. Mit Rosmarin, Salz und Pfeffer würzen.

Wichtig: Risotto während des Kochens immer wieder umrühren.

Hinweis: Das Risotto soll cremig, aber im Kern bissfest sein.

GASTHOF-RESTAURANT KRUMPENDORFERHOF,
Peter Hammerschlag, Hauptstraße 164, 9201 Krumpendorf

Der Krumpendorferhof ist nur zehn Minuten von Klagenfurt entfernt und bietet schon seit langer Zeit eine qualitätsvolle Gastronomie mit einer gutbürgerlichen Regionalküche. Zur angenehmen Atmosphäre trägt auch die persönliche Betreuung durch die Wirtsfamilie bei.

Peter Hammerschlag

Schafstopfennudeln

ZUTATEN für 4 Portionen

Teig:
250 g Hartweizenmehl
1 Ei
3 EL Öl
Salz
lauwarmes Wasser
Mehl zum Ausarbeiten

Füllung:
½ Bund Jungzwiebeln
200 g Schafstopfen (vom Nuart)
30 g Semmelbrösel
1 Ei
Salz
Pfeffer
1 Knoblauchzehe, zerdrückt

zerlassene Butter
zum Übergießen

Garnierung:
Paradeiserwürfel
Schnittlauch, geschnitten,
zum Bestreuen

ZUBEREITUNG:

Teig: Hartweizenmehl mit Ei, Salz, Öl und etwas lauwarmem Wasser in einer Schüssel vermengen und alles – am besten mit dem Knethaken des Handrührgerätes – zu einem glatten Teig verkneten. Teig auf einer leicht bemehlten Arbeitsfläche mit den Händen etwa 3 Minuten durchkneten, Teig zu einer Kugel formen und in Frischhaltefolie gewickelt etwa 40 Minuten rasten lassen.

Füllung: Jungzwiebeln putzen, waschen, schälen, in feine Ringe schneiden und in zerlassener Butter glasig anrösten. Topfen mit Zwiebeln, Semmelbrösel und dem Ei vermengen, gut verrühren. Mit Salz, Pfeffer sowie Knoblauch würzen.

Den Teig halbieren und jedes Teigstück nochmals gut durchkneten. Teigstücke möglichst dünn – etwa 1 mm dick – auswalken oder mit dem Nudelholz dünn ausrollen. Aus dem dünn ausgerolltem Teig mit einem Krapfenausstecher Scheiben ausstechen, jeweils mit 2–4 Esslöffeln Füllung in der Mitte belegen, Teigränder zusammendrücken und anschließend „krendeln“ (oberen und unteren Rand an einem Ende beginnend zusammendrücken und übereinander falten, sodass eine zopfartig geflochtene Verdickung entsteht.). Nudeln in kochendes Salzwasser einlegen und etwa 15 Minuten kochen; abseihen, gut abtropfen lassen. Mit zerlassener Butter übergießen, mit warmen Paradeiserwürfeln und Schnittlauch bestreut servieren.

GASTHOF WIRT IN JUDENDORF, Inge Kucher, Judendorfer Straße 24, 9504 Warmbad Villach

Der Wirt in Judendorf ist ein Paradebeispiel für eine gutbürgerliche Gastronomie mit einem breiten gastronomischen Angebot. Hier werden regionale Kärntner Spezialitäten aber auch internationale Gerichte serviert.

Inge Kucher

GURKTAL

Bad Kleinkirchheim ist für die meisten Kärntenurlauber Wintersportmetropole, umgeben von den steilen Hängen der Gurktaler Alpen, die tiefverschneit in der Sonne glitzern. Der mondäne Urlaubsort könnte allerdings auch als Ausgangspunkt für eine kulinarische Reise durch eines der ursprünglichsten Täler Kärntens dienen. Rund um den Ursprung des hier noch eisklaren Gebirgsbachs liegen steile Alpenwiesen und saftige Almen. Die Kühe, die dort im Sommer friedlich grasen, liefern die Milch für die Produkte der Bio-Käserei Mallhof gleich am Ortseingang von Bad Kleinkirchheim.

Gerhard Liegl, Ferdinand Kassl, Franziska Neugebauer, Gottfried Bachler, Traudi Seebacher, Leopold Kraßnitzer (v. l. n. r.).

Wer den schmucken Betrieb aufsucht, spürt schon beim Eintreten den sanft-säuerlichen Duft von Joghurtkulturen und frisch gepresster Molke. Natur- und Fruchtjoghurt, Topfen, vollmundige Bauernbutter, Rohmilch-Sauerrahm und der berühmte Glundner Käse werden hier erzeugt.

Von der Skistadt flussabwärts führt der Weg durch ein zunächst enges, nach und nach immer weiteres Tal. Die kalte Gebirgsluft ist hier noch zu spüren, aber auch bereits die Sonne, die selbst an weniger warmen Tagen hier viele Stunden einstrahlt.
In Straßburg, dem nächsten größeren Ort nach der mit dem Fluss namensgleichen Ortschaft Gurk mit dem berühmten Dom, in Straßburg also liegt eines der kulinarischen Epizentren der Region: die Zentrale der „ARGE Gurktaler Luftgeselchtes". Eine Gruppe von Bauern unter Führung von Fleischermeister Stefan Seiser hat den nahe liegenden Schritt getan, die Qualität der hier gezüchteten Schweine mit der besonderen Güte der Gurktaler Luft zu vereinen.

So entstand eine Art „Alpen-Prosciutto", zarter, saftiger Speck, der nicht geräuchert wird, sondern durch Abhängen an der klaren Bergluft seine Haltbarkeit und sein spezielles Aroma erhält – eben „luftgeselcht", wie der alte Kärntner Ausdruck für diese Methode lautet.

Interessant ist, dass der Speck trotzdem mit zarten Rauchtönen aufwartet, die hier anscheinend in der Luft liegen, eingebettet in die Aromen von Wacholder, Koriander und grobem Salz. Der Geschmack ist mild und unvergleichlich pur.

Bei Schloss Pöckstein wendet sich die Gurk nach Süden, und wenige Kilometer weiter – in Guttaring bei Althofen – wird einem anderen Kärntner Heiligtum gehuldigt. Die Norische Nudelwerkstatt pflegt die Tradition der Kärntner Kasnudel. Diese uralte Form der österreichischen Ravioli besteht aus Nudelteig, der mit einer Masse aus gekochten und gepressten Erdäpfeln, Topfen und Ei gefüllt wird. Aber das ist natürlich nur das Grundrezept, in der Praxis hat jedes Tal, jede Familie, jede Köchin ihr eigenes spezielles Geheimnis.

1. **BACHLER KÄRNTNER KULTURWIRTSHAUS, Althofen**
2. **HOTEL-RESTAURANT PRECHTLHOF, Althofen**
3. **GASTHOF SEEBACHER, Gnesau**
4. **RESTAURANT BRUNNWIRT KASSL, Guttaring**
5. **LANDGASTHOF NEUGEBAUER, Lölling**
6. **GASTHOF LIEGL, St. Georgen am Längsee**
7. **HOTEL-RESTAURANT DAS HERRENHAUS, Straßburg**

Betriebe restliches Kärnten:

LANDGASTHOF-PENSION PLÖSCHENBERG, Köttmannsdorf
ALBERT'S SCHLEMMERSTUBE, Gallizien
LANDGASTHOF LOIGGE, St. Paul im Lavanttal
RESTAURANT-HOTEL METZGERWIRT, Radenthein
GASTHOF-PENSION LEITNER, Greifenburg
BEIM BACHMANN, Hermagor
THERMENHOTEL RONACHER, Bad Kleinkirchheim

Minze kommt mancherorts hinein, manchmal geröstete Zwiebeln, und längst gibt es auch modernistische Varianten mit Schwammerln, Spargel, Bärlauch, Gänsefleisch und Kräutern.

Die Nudelwerkstatt ist jedenfalls eine Gründung der resoluten Wirtin Brunhild Plassnegger und wird heute von ihrem Sohn Walter Kuss betrieben. In der Adventszeit gibt es dort jedes Jahr die Kletzennudeln, die süße Variante dieser Speise, gefüllt mit Trockenfrüchten.

Weiter auf dem Weg nach Süden wird das Gurktal sanft und fast lieblich, statt der schroffen Alpenhänge sind es pittoreske Hügel, die den Talboden säumen. Waisenberg heißt die nächste Station der kulinarischen Forschungsreise. Dort liegt der Hafner-Hof, auf dem die Familie Nuart einige von Kärntens besten Schafkäsen herstellt. Die Rohmilch dazu kommt von Partnerbetrieben aus der Umgebung, Schafzüchter aus dem Gurktal, aber auch aus dem nahe gelegenen Lavanttal liefern die Schätze ihrer Herden ab, und zwar so naturbelassen wie möglich.

„In der Nähe des Magdalensberges liegt im Ort Pischeldorf der Merlinghof – ein wahrer Paradiesgarten der biologischen Feldfrüchte. … Alte Obstsorten stehen zwischen den Feldern.“

Das bedeutet auch, dass die Milch im Frühjahr deutlich weniger Fettanteil hat als im Herbst. Dementsprechend verändert sich die Palette des hergestellten Käses mit der Jahreszeit. Kenner wissen das und sichern sich durch Vorbestellung ihre jeweilige Lieblingssorte – den camembertartigen Weißschimmelkäse, den kellergereiften Schnittkäse, den Käse mit dem besonders raffinierten Doppelschimmel oder den Mozzarella-ähnlichen Frischkäse.

In der Nähe des Magdalensberges liegt im Ort Pischeldorf der Merlinghof – ein wahrer Paradiesgarten der biologischen Feldfrüchte. Sonnenblumenfelder breiten sich wie ein gelber Teppich aus, daneben wachsen Dinkel, Leinsamen, Buchweizen, Roggen, Hafer, Waldstaude und Mais. Alte Obstsorten stehen zwischen den Feldern. Auf dem Merlinghof werden Öle gepresst – aus Sonnenblumen und Leinsamen, Vollkorngetreide ganz und gemahlen verkauft, aber auch urtümliches Brot gebacken.

Die alten Obstsorten sind nur auf Anfrage erhältlich – mit denen gehen selbst die großzügigen Biobauern der Familie Thausing sparsam um.

Natürlich geht es bei einer Reise durch ein kulinarisch reichhaltiges Tal auch um Fisch.
Die Familie Sicher ist in Tainach am Tainachfeld angesiedelt, in der Gegend, wo die Gurk in die Drau mündet. Seit über 30 Jahren züchtet die Familie Fische, vor allem Forellen und Saiblinge.
Die Flusskrebse, die auch im eigenen Restaurant so hervorragend auf den Tisch gezaubert werden, die kaufen die Sichers einstweilen noch zu.
Dafür aber warten sie mit einer österreichweit einmaligen Besonderheit auf: Saiblingskaviar.
Der Laich der schlanken Flussfische wird im Spätherbst geerntet – und am liebsten würden es die Züchter geheim halten, denn die Nachfrage übersteigt bei weitem das jährliche Angebot.

Melonenträger: Hans Nindler; Brotträger: Gottfried Bachler; Kalbskopfträger: Hans Tschermenjak; Weinflasche am Knie: Peter Hammerschlag; Korb mit Äpfel: Bettina Loigge; Presse: Walter Neugebauer; Orangen: Ralf Niemetz; Kürbis: Fritz Seebacher; Fisch: Herwig Leitner; große Kochlöffel: Karl Kogler; Schlüssel: Gerhard Liegl; Weinflaschen: Ferdinand Kassl; Rührschüssel: Emanuel Stadler; vorne sitzend: Albert Kutej.

Kärntner Wirte für Kärntner Spargel

Die Idee ist einfach: wenn es hervorragende regionale Prudukte gibt, warum sollte man die Verwendung nicht gezielt fördern. Das ist jedenfalls das Motto, der „Kärntner Spargelwirte", die sich in einem Verbund zusammengeschlossen haben (erkennbar an einem eigenen Logo) und sich der Verwendung Kärntner Produkte wie Spargel verschrieben haben.

Die „Kärntner Spargelwirte" sind Wirte im besten Sinne des Wortes. Sie sind mit ihrem Betrieb und der Region, in der sie leben, verwurzelt. Dem Gast vermitteln sie damit die persönliche, unverwechselbare Atmosphäre ihres Betriebes, aber auch Kompetenz in allen kulinarischen Fragen.
Die „Kärntner Spargelwirte" verstehen sich selbst als Veredler heimischer Produkte. Die regionale Küche hat bei ihnen einen besonderen Stellenwert:
In ihren Kochtöpfen findet der Gast der Jahreszeit entsprechend das wieder, was er vorher links und rechts auf den Feldern gesehen hat. Die „Kärntner Spargelwirte" übernehmen damit dem Gast gegenüber eine große Verantwortung: Ehrlichkeit und Produktwahrheit sind hervorragende Eigenschaften der „Kärntner Spargelwirte".

Um diesen Anforderungen entsprechen zu können, ist auch ein besonderes Nahe- und Vertrauensverhältnis zwischen Wirt und Produzent unabdingbar. Die „Kärntner Spargelwirte" betreiben daher einen konsequenten Ausbau der Partnerpflege zu „ihren" Produzenten: den Bauern, Weinbauern, Gärtnern, Schnapsbrennern usw. Die enge Zusammenarbeit mit „ihren" Partnern ermöglicht auch einen hohen Grad an Produktindividualität. Produktwahrheit und -Individualität sind wichtige Argumente bei der Vermarktung. Umweltbewusstsein ist für die „Kärntner Spargelwirte" kein reines Lippenbekenntnis. Besondere Aufmerksamkeit schenken die „Kärntner Spargelwirte" einem gediegenen Ambiente. Dazu gehören Tisch- und Glaskultur, eine abwechslungsreiche Speisekarte und ein gepflegtes Getränkeangebot.

Hendlbrust mit Gurktaler Luftgeselchtem, dazu Erdäpfel-Gurken-Kren-Salat

ZUTATEN für 4 Portionen

4 ausgelöste Hendlbrüste mit Flügel (à 170 g), ohne Haut
Salz
Pfeffer aus der Mühle
4 kleine Rosmarinzweige
12 dünne Scheiben Karreespeck
Olivenöl

Salat:
240 g Salatgurken
Salz
600 g fest kochende (speckige) Erdäpfel
3–4 EL Kren, frisch gerieben
1 EL Gurkenkraut
6–8 EL Olivenöl
3–4 EL Gurkenessig,
Pfeffer aus der Mühle

ZUBEREITUNG:

Hendlbrust mit Salz und Pfeffer würzen und jede Hendlbrust mit 1 Rosmarinzweig belegen und mit jeweils 3 Speckscheiben umwickeln. Öl in einer beschichteten Pfanne erhitzen, Hendlbrüste einlegen, unter mehrmaligem Wenden bei mittlerer Hitze etwa 10–12 Minuten fertigbraten. „Roulade" in fingerdicke Scheiben schneiden und mit Erdäpfel-Gurken-Kren-Salat anrichten.

Salat: Erdäpfel in Salzwasser kochen, abseihen, ausdämpfen lassen, noch heiß schälen und raffeln. Salatgurke waschen, putzen, schälen, mit dem Gemüsehobel grob raffeln, etwas salzen und einige Minuten ziehen lassen. Anschließend mit einem Küchentuch auspressen. Die heißen Erdäpfel dazugeben, mit Kren überstreuen, mit Gurkenkraut, Olivenöl und Gurkenessig behutsam vermengen. Mit Salz und Pfeffer abschmecken. **Hinweis:** Der Salat sollte auf keinen Fall eine trockene Masse sein.

Tipp: Bratsatz mit 1/4 l Hühnerbouillon aufgießen, etwas einkochen lassen, mit 1 Esslöffel kalter Butter binden und zum Hendl servieren.

BACHLER KÄRNTNER KULTURWIRTSHAUS,
Familie Ingrid u. Gottfried Bachler, Silberegger Straße 1, 9330 Althofen

Schon seit eh und je wird von der Wirtsfamilie Bachler viel Wert auf regionale Produkte der umliegenden Bauern gelegt. Die herzhafte regionale Küche ist ebenso ein fixer Bestandteil wie die familiäre Atmosphäre.

Gottfried Bachler

Wildroulade vom Löllinger Hirsch mit Rosinenpolenta, Apfelrotkraut

ZUTATEN für 4 Portionen

Wildroulade:
100 g Eierschwammerln, geputzt
½ Zwiebel, kleinwürfelig geschnitten, 2 EL Butter
1 Knoblauchzehe, fein gehackt
Majoran (getrocknet)
Salz, Pfeffer aus der Mühle
Je 40 g Sellerie und Lauch, geputzt, 1 Karotte, geputzt
40 g Bauchspeck
4 EL Olivenöl
4 Hirschschnitzel à 180 g, aus der Hirschschale (vom Schmalspießer oder Junghirsch)
1 Bund Wurzelwerk, geputzt, feinwürfelig geschnitten
½ Zwiebel, würfelig geschnitten
1 EL Paradeisermark
¼ l Rotwein
⅛ l Bouillon
4 Wacholderbeeren
1 Lorbeerblatt, Pfefferkörner
1 EL Preiselbeeren
⅛ l Schlagobers

Apfelrotkraut:
300 g Rotkraut, geputzt
Salz, Pfeffer aus der Mühle
Saft von 1 Orange
⅛ l Rotwein
1 kleine Zwiebel
1–2 EL Butterschmalz
2 EL Zucker, Kümmel (ganz)
1 säuerlicher Apfel (z. B. Boskop)

Rosinenpolenta:
Rosinen, nach Belieben
Rum, 120 g Maisgrieß
Salz, Prise Zimt
⅛ l Schlagobers

ZUBEREITUNG:

Roulade: Eierschwammerln in erhitzter Butter anrösten. Zwiebel, Knoblauch und Majoran zu den Schwammerln geben, unter Rühren so lange rösten, bis die austretende Flüssigkeit vollständig verdampft ist, salzen und pfeffern; überkühlen lassen. Gemüse und Speck in dünne Stifte schneiden. Hirschschnitzel zwischen Frischhaltefolie klopfen, Folie entfernen. Jeweils eine Fleischseite mit Senf bestreichen, mit Schwammerlröstung, Gemüse- sowie Speckstiften belegen. Seitenränder vom Fleisch einschlagen und die Schnitzel eng einrollen. Enden mit Zahnstochern fixieren. Rouladen salzen, pfeffern und in heißem Öl kräftig anbraten, aus der Pfanne nehmen. Wurzelgemüse und Zwiebel im Bratrückstand rösten, Paradeisermark einrühren, Wacholderbeeren, Lorbeerblatt beifügen, mit Rotwein ablöschen, mit Bouillon auffüllen; Rouladen einlegen. Bei geringer Hitze zugedeckt etwa 30 Minuten dünsten. Rouladen aus der Sauce nehmen. Sauce durch ein Sieb passieren, Preiselbeerenkompott, Schlagobers einrühren und mit Pfefferkörnern vollenden.
Apfelrotkraut: Rotkraut in feine Streifen schneiden. Mit Salz, Pfeffer, Orangensaft und Rotwein vermengen; marinieren lassen. Zwiebel in erhitztem Fett glasig anrösten, Zucker beifügen und karamellisieren. Rotkraut samt Marinade dazugeben, mit Kümmel, Salz und Pfeffer würzen; zugedeckt bei mittlerer Hitze etwa 30 Min. dünsten. Kurz vor dem Anrichten Apfel waschen und samt Schale rund um das Kerngehäuse in das Rotkraut reiben. **Rosinenpolenta:** Rosinen in Rum einweichen. ¼ l Wasser aufkochen, Maisgrieß einrühren, salzen und zugedeckt bei geringer Hitze etwa 15–20 Minuten dünsten. Rosinen abtropfen lassen, mit Schlagobers unterrühren. Mit Prise Zimt abschmecken. Dazu passen auch gebackene Hollerstrauben.

HOTEL-RESTAURANT PRECHTLHOF,
Familie Leopold u. Birgit Kraßnitzer, Schobitzstraße 1, 9330 Althofen

Die Familie Kraßnitzer führt dieses liebevoll renovierte Haus mit viel Engagement. Die Küche ist für Wildspezialitäten bekannt, aber auch für viele Spezialitäten der Kärntner Hausmannskost.

Leopold Kraßnitzer

Bauernente aus dem Schmalztopf

ZUTATEN für 2 Portionen

1 bratfertige Bauernente (1,8 kg)
2 EL Meersalz
800 g Entenschmalz
250 g Wurzelwerk
1 Lorbeerblatt
2 Thymianzweige
3–4 Gewürznelken
1 Sternanis
1 EL Kristallzucker
1/8 l Rotwein (trocken)
2 Schalotten
2 getrocknete Feigen, würfelig geschnitten
Erbsenschoten zum Garnieren

ZUBEREITUNG:

Bauernente waschen, gut trockentupfen, anschließend die Keulen mit einem scharfen Messer abtrennen, mit Meersalz einreiben und zugedeckt etwa 24 Stunden im Kühlschrank ziehen lassen.
Hinweis: Ente komplett auslösen, Knochen für die weitere Verarbeitung kühl lagern. Entenbrüste werden für dieses Rezept nicht benötigt.
Entenschmalz erhitzen (etwa 120 °C, eventuell Küchenthermometer verwenden). Entenkeulen unter fließenden Wasser gut abwaschen, mit Küchenkrepp trocken tupfen und in das Schmalz einlegen. Bei geringer Hitze kochen lassen, bis sich die Haut an den Schenkelknochen löst.
Entenkeulen in ein Gefäß legen. Entenschmalz etwas abkühlen; anschließen die Keulen damit übergießen.
Wichtig: Die Entenkeulen sollen vollkommen abgedeckt sein. Kühl stellen.
Keulen aus dem Schmalz herausnehmen, auf einen Backrohrrost legen und im vorgeheizten Rohr bei 170 °C knusprig braten. **Wichtig:** Unter den Rost ein mit Alufolie ausgelegtes Blech einschieben.
Inzwischen Wurzelwerk putzen, waschen, in Würfel schneiden. Knochen und Entenabschnitte in heißem Entenschmalz kräftig anbraten, Wurzelwerk beifügen und unter Wenden braunrösten. Lorbeerblatt, Thymian, Nelken sowie Sternanis dazugeben, Zucker einstreuen, hell karamellisieren lassen und mit Rotwein aufgießen, aufkochen lassen und mit 1/4 l Wasser auffüllen; bei geringer Hitze dunkel einkochen lassen. Abseihen.
Schalotten schälen, feinhacken, in Entenschmalz glasig anrösten, mit Entensaft aufgießen, Feigen beifügen und einkochen lassen.
Eventuell abschmecken.
Feigenrotweinsauce mit den Entenkeulen anrichten, mit Erbsenschoten garniert servieren.
Als Beilage empfehlen wir Kasnudeln.

GASTHOF SEEBACHER, Friedrich Seebacher, An der Gurk 23, 9563 Gnesau

„Zeit zu haben zum Leben, Essen und Trinken“, lautet das Motto dieses romantisch gelegenen Landgasthofes. Die Küche verarbeitet mit Vorliebe Forellen und Nocklandsaiblinge, heimisches Wild, aber auch viele andere regionale Produkte. Gelegentlich gelangen sogar Sommertrüffeln auf die Nudelgerichte des Hauses.

Traudi Seebacher

Erdbeer-Baisertorte

ZUTATEN für 12 Stück

Baiserblätter:
6 Eiklar
200 g Feinkristallzucker
1 Packung Vanillezucker
200 g Staubzucker

Füllung:
7 Blätter Gelatine
500 g Erdbeeren
750 ml Schlagobers
70 g Staubzucker

ZUBEREITUNG:

Baiserblätter: Auf Backtrennpapier dreimal einen Kreis mit 26 cm Durchmesser aufzeichnen. Eiklar mit Kristall- und Vanillezucker zu festem Schnee schlagen, Staubzucker versieben, beifügen und den Schnee nochmals kräftig aufschlagen.
Hinweis: Der Schnee soll sehr fest sein.
Schneemasse in einen Spritzsack mit Sterntülle füllen und spiralförmig auf das vorbereitete Papier spritzen. Baiserböden im vorgeheizten Rohr bei 150 °C etwa 12–15 Minuten hell backen. Auf dem Papier auskühlen lassen.

Füllung: Gelatine in kaltem Wasser einweichen. Erdbeeren waschen, putzen und in Stücke schneiden. 700 ml Obers mit Staubzucker cremig schlagen. Eingeweichte Gelatine gut ausdrücken, vorschriftsmäßig im restlichem Obers auflösen und rasch mit dem geschlagenen Obers verrühren. Obers für 10 Minuten kühlstellen.

Baiserblätter abwechselnd mit Obers bestrichen, mit Beeren belegt zu einer Torte zusammensetzen. Mit Obers Rosetten dekorativ auf die Torte spritzen. Torte bis zum Servieren etwa 2 Stunden kaltstellen.

RESTAURANT BRUNNWIRT KASSL, Fam. Ferdinand und Grete Kassl, Unterer Markt 2, 9334 Guttaring

Ein komfortables Gasthof-Hotel mit einer sehr persönlichen Gästebetreuung. Den Wirtsleuten liegt der gut sortierte Weinkeller ebenso am Herzen wie die qualitätsvolle Küche, die zu den verlässlichsten der Region zählt.

Ferdinand Kassl

Mit Mozzarella gefülltes Hühnerbrüstchen in der Sesamkruste

ZUTATEN für 4 Portionen

4 Hühnerbrüste (à 180 g), ohne Haut
Salz
Pfeffer aus der Mühle
200 g Mozzarella
3 Eier (Kl. M)
2 Esslöffel Milch
100 g Semmelbrösel
100 g Sesam
120 g Mehl (griffig)
Fett zum Ausbacken
Zitronenscheiben zum Garnieren

ZUBEREITUNG:

Hühnerbrüste zwischen Frischhaltefolie dünnklopfen, Folie entfernen und das Fleisch beidseitig mit Salz sowie Pfeffer würzen. Mozzarella in 4 Scheiben schneiden, jeweils eine Hühnerbrust mit 1 Käsescheibe belegen, Hühnerbrüste in der Mitte zusammenklappen.

Hinweis: Enden eventuell mit Zahnstochern fixieren.

Eier mit Milch verquirlen. Brösel mit Sesam vermengen. Hendlbrüste in Mehl, Eiern sowie Sesam-Böseln panieren und in heißem Fett bei geringer Hitze etwa 10 Minuten beidseitig knusprig ausbacken.

Auf Küchenkrepp gut abtropfen lassen. In 1,5 cm dicke Scheiben schneiden und fächerförmig auf Tellern anrichten. Mit Zitronenscheiben garniert servieren. Dazu passen Petersilienerdäpfel.

LANDGASTHOF NEUGEBAUER, Familie Franziska u. Walter Neugebauer, Graben 6, 9335 Lölling

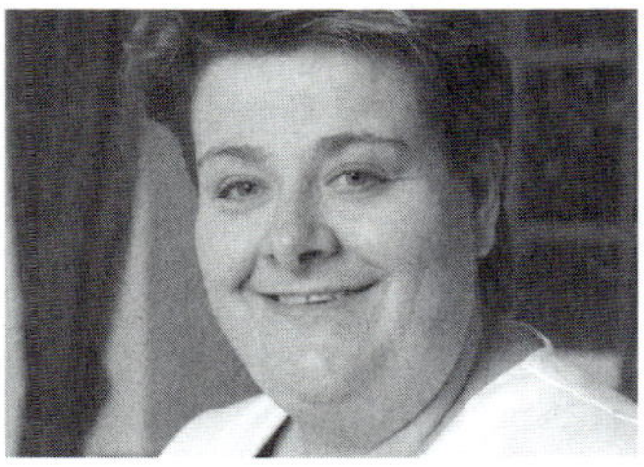

Das Haus ist bekannt für eine gutbürgerliche Küche, die sich vor allem heimischer Schmankerln annimmt, darunter viele Geflügelspezialitäten. Der regionale Bezug ist den Wirtsleuten wichtig und lässt einen Besuch zum kulinarischen Erlebnis werden.

Franziska Neugebauer

Krautbuchteln

ZUTATEN

250 g Weißkraut
Salz
Kümmel (ganz)
1 Zwiebel
1 EL Öl
1 EL Kristallzucker
1 EL Apfelessig

1 Packung Germ (42 g)
Prise Zucker
150 g Mehl (glatt)
1 Ei
Butter für die Form

ZUBEREITUNG:

Kraut putzen, Strunk entfernen und das Kraut fein schneiden, mit Salz und Kümmel würzen, gut vermengen und rasten lassen.
Zwiebel schälen, fein hacken und in Öl glasig anrösten, Zucker beifügen und karamellisieren lassen. Mit Apfelessig ablöschen, Kraut beifügen und unter ständigem Rühren weichdünsten.

Wichtig: Ohne zusätzliche Flüssigkeitsbeigabe! Kraut auskühlen lassen. Germ zerbröseln und mit Zucker, etwa 1/16 l Wasser und etwas vom Mehl zu einem Dampfl rühren. An einem warmen Ort mit Frischhaltefolie zugedeckt etwa 15 Minuten gehen lassen.

Hinweis: Das Volumen soll sich verdoppeln.

Ausgekühltes Kraut mit Ei, Dampfl und restlichem Mehl zu einem leichten Germteig verarbeiten. Aus dem Teig mit Hilfe eines Löffels kleine Buchteln formen und eng nebeneinander in eine bebutterte Auflaufform setzen. Buchteln zugedeckt an einem warmen Ort etwa 30 Minuten gehen lassen.

Hinweis: Das Volumen soll sich verdoppeln. Im vorgeheizten Rohr bei 180 °C etwa 20 Minuten knusprig backen.

Krautbuchteln schmecken mit saurer Milch oder als „Zuspeise" zu Rindsrouladen.

GASTHOF LIEGL, Gerhard Liegl, St. Peter bei Taggenbrunn 2, 9313 St. Georgen am Längsee

Der Gasthof Liegl vereint harmonische Kochkunst mit ländlicher Gemütlichkeit. Produkte der Region werden hier liebevoll zu kulinarischen Kreationen und Spezialitäten der Kärntner Küche verarbeitet. Im Keller lagern die dazu passenden Weine.

Gerhard Liegl

Hirschkalbrücken mit einer Soße aus grünem Pfeffer und Preiselbeeren, dazu Erdäpfelkroketten und Zimtrotkraut

ZUTATEN für 4 Portionen

Hirschkalbsrücken:
1,5 kg Hirschkalbsrücken
Salz, Pfeffer
4 EL Öl zum Braten
400 ml Schlagobers
Grüner Pfeffer
Preiselbeerenkompott

Erdäpfelkroketten:
1 kg mehlige Erdäpfel
Salz, Muskat
3 Dotter, 1–2 Eier
1 EL Butter
Mehl, Semmelbrösel
Öl zum Ausbacken

Zimtrotkraut:
½ Kopf Rotkraut, 2 Äpfel
Salz, Kümmel (ganz), Zimt
½ Zwiebel, 1–2 EL Margarine
3 EL Zucker, ½ l Rotwein

ZUBEREITUNG:

Hirschkalbsrücken: Den Hirschkalbsrücken am besten vom Fleischhauer oder Wildhändler auslösen und zuputzen lassen. Hirschrücken mit Salz und Pfeffer würzen, in heißem Öl rundum kräftig anbraten, aus der Pfanne nehmen und im vorgeheizten Rohr bei 100 °C etwa 10–15 Minuten fertiggaren. Bratrückstand in der Pfanne mit Schlagobers aufgießen, grünen Pfeffer und Preiselbeerenkompott nach Geschmack einrühren und die Sauce bei mittlerer Hitze auf die gewünschte Konsistenz einkochen lassen. Hirschkalbsrücken aus dem Rohr nehmen, in Scheiben schneiden, fächerartig auf Tellern anrichten und mit der Sauce dekorativ begießen. Mit Erdäpfelkroketten und Zimtrotkraut servieren.

Erdäpfelkroketten: Erdäpfel schälen, vierteln und in Salzwasser weichkochen. Abseihen und noch heiß durch die Erdäpfelpresse drücken. Erdäpfelmasse mit Dottern und Butter rasch vermengen; mit Salz sowie Muskat würzen. Aus der Masse etwa 5 cm lange Röllchen mit etwa 2 cm Durchmesser formen. In Mehl, verquirlten Eiern sowie Bröseln panieren und in heißem Öl schwimmend ausbacken. Kroketten auf Küchenkrepp gut abtropfen lassen.

Zimtrotkraut: Rotkraut putzen, Strunk entfernen und das Kraut fein nudelig schneiden. Mit Salz und Kümmel würzen, gut vermengen und etwa 2 Stunden marinieren. Zwiebel schälen, fein hacken, in zerlassener Margarine hell anrösten, Zucker beifügen, hellbraun karamellisieren und mit Rotwein aufgießen. Bei mittlerer Hitze kochen lassen, bis sich der Zucker vollkommen aufgelöst hat. Rotkraut dazugeben und bei geringer Hitze bissfest dünsten. Äpfel waschen, schälen und in das Rotkraut raffeln. Rotkraut mit Zimt würzen.

HOTEL-RESTAURANT DAS HERRENHAUS, Mag. Johann Krainer, Am Hauptplatz 3, 9341 Straßburg

Seit Generationen befindet sich das „Herrenhaus" im Familienbesitz und bietet den Gästen Zuflucht vor Hast und Lärm der modernen Zeit. Ein Ort für alle, die Erholung suchen und sich an einer regionalen Küche mit Phantasie erfreuen. Viele Kärntner Schmankerln.

Johann Krainer

Topfen-Nougat-Knödel

ZUTATEN für 4 Portionen

Kürbiskrokant:
750 g Zucker
380 g Kürbiskerne

Topfen-Nougat-Knödel:
600 g Topfen, gut ausgedrückt
2 Eier
2 Dotter
40 g Vanillezucker
100 g Sauerrahm
80 g Weizengrieß
2 Eiklar
Prise Salz
200 g Nougat

ZUBEREITUNG:

Kürbis-Krokant: Kristallzucker in einer Pfanne zu hellem Karamell schmelzen lassen, gleiche Menge Kürbiskerne beifügen, kurz durchrühren, von der Hitze nehmen und die Masse auf ein mit Backtrennpapier ausgelegtes Blech streichen; vollständig auskühlen lassen. Anschließend in einem elektrischen Zerkleinerer fein reiben.

Topfen-Nougat-Knödel: Topfen mit Eiern, Dottern, Vanillezucker, Rahm und Grieß gut verrühren. Topfenmasse zugedeckt etwa 60 Minuten kaltstellen. Nougat in 12 kleine Stücke teilen. Topfenteig in 12 gleich große Portionen teilen, flachdrücken, mit jeweils einem Stück Nougat belegen und mit bemehlten Händen zu Knödeln formen. Knödel in kochendes, leicht gesalzenes Wasser einlegen und etwa 12 Minuten bei geringer Hitze ziehen lassen. Knödel mit einem Lochschöpfer aus dem Wasser heben, gut abtropfen lassen und in Kürbiskrokant wälzen. Mit Staubzucker bestreut servieren. Sehr gut passen Rotweinweichseln dazu.

LANDGASTHOF-PENSION PLÖSCHENBERG, Familie Niemetz, Plöschenberg 4, 9071 Köttmannsdorf

Der Landgasthof Plöschenberg mit eigenem Bauernhof liegt etwa 12 Kilometer von Klagenfurt entfernt. In der Gaststube und auf der Terrasse mit herrlichem Blick auf die Krawanken wird eine regionale Küche mit vielen Kärntner Spezialitäten serviert. Viele Produkte stammen aus eigener Landwirtschaft.

Ralf Niemetz

Krensuppe mit Erdäpfelbündchen

ZUTATEN für 4 Portionen

100 g mehlige Erdäpfel, geschält
30 g Knollensellerie, geputzt
30 g Lauch, geputzt
20 g Butter
½ l Gemüsebouillon
200 g Schlagobers
1 EL Weißwein
60 g Kren, frisch gerieben
Salz
Pfeffer aus der Mühle

Erdäpfel-Bündchen:
Erdäpfel
Speckscheiben
Olivenöl zum Ausbacken

ZUBEREITUNG:

Erdäpfel, Sellerie, Lauch in Würfel schneiden, in zerlassener Butter hell anrösten, mit Gemüsebouillon aufgießen und bei mittlerer Hitze weichkochen. Suppe im Mixaufsatz mit Obers, Weißwein und Kren pürieren; Krensuppe mit Salz und Pfeffer abschmecken. Mit Erdäpfel-Bündchen als Einlage anrichten.

Erdäpfel-Bündchen: Erdäpfel schälen und in feine Streifen schneiden. Speckscheiben in dünne Streifen schneiden. Erdäpfel portionsweise mit Speckstreifen zusammenbinden und in heißem Öl knusprig ausbacken. Auf Küchenkrepp gut abtropfen lassen.

ALBERT'S SCHLEMMERSTUBE, Albert Kutej, 9132 Gallizien 32

Albert's Wirtshaus mitten im Ortskern von Gallizien ist ein echtes Schlemmerparadies. Gekocht wird eine zeitlos-bodenständige, regionale Küche, viele Produkte stammen von den Bauern aus der Umgebung, bei Küchenchef Albert Kutej sitzt jeder Handgriff.

Albert Kutej

St. Pauler Mostsuppe mit Zimtessigbrotstangerl

ZUTATEN für 4 Portionen

1 Zwiebel
2 EL Pflanzenöl
¼ l Apfelmost
¼ l Rindsbouillon
1/16 l Schlagobers
Salz
Petersilie, gehackt

Zimtessig-Schwarzbrotstangerln:
2 Scheiben Schwarzbrot
1 EL Butter
20 ml Zimtessig
(Mostbarkeiten Zimtessig)

ZUBEREITUNG:

Zwiebel schälen, feinwürfelig schneiden und in heißem Fett glasig anrösten, mit Most und Bouillon aufgießen, aufkochen lassen und einige Minuten kochen lassen. Obers beifügen und die Suppe mit einem Stabmixer pürieren. Mostsuppe mit Brotstangerln anrichten, mit jeweils 1 Esslöffel Schlagobers garnieren und mit Petersilie bestreut servieren.

Zimtessig-Schwarzbrotstangerln: Schwarzbrot in Würfel schneiden, in aufgeschäumter Butter knusprig rösten, mit Zimtessig aufgießen und kurz durchrühren.

LANDGASTHOF LOIGGE, Familie Loigge, Hauptstraße 19, 9470 St. Paul im Lavanttal

Die Familie Loigge setzt schon seit eh und je auf regionale Produkte von heimischer Qualität. Der Familienbetrieb mit über 40 Betten – sie wurden nach den Schnäpsen der Region benannt – ist ein idealer Erholungsort für Freunde bodenständiger Gastlichkeit.

Bettina Loigge

Kärntner Eisreindling

ZUTATEN
für etwa 10–12 Portionen

6 Eier
200 g Kristallzucker
1 Prise Vanillezucker
Mark von 1 Vanilleschote
1 l Schlagobers
Zimt
Nüsse, grobgehackt
in Weißwein gekochte Rosinen, abgetropft
süße Brösel zum Bestreuen

ZUBEREITUNG:

Eier mit Kristallzucker, Prise Vanillezucker und Vanillemark glattrühren. Über Dampf mit einer Schneerute schaumig aufschlagen.
Hinweis: Das Volumen soll sich deutlich vergrößern. Von der Hitze nehmen und kalt schlagen (Handwärme). Schlagobers steifschlagen und unterheben. Ein Drittel der Parfaitmasse in eine Reindlingform füllen, glattstreichen und mit Zimt, Nüssen und abgetropften Rosinen bestreuen. Vorgang zweimal wiederholen, mit Parfaitmasse abschließen und mindestens 4 Stunden tiefkühlen. Kärntner Reindling vor dem Servieren etwa ½ Stunde im Kühlschrank antauen lassen. Behutsam aus der Form stürzen. Kärntner Eisreindling mit Bröseln bestreut anrichten.

RESTAURANT-HOTEL METZGERWIRT, Familie Stadler, 9545 Radenthein

Das Haus ist Mitglied der „Kärntner Spargelwirte", aber auch sonst hat der Betrieb durch die konsquente Verwendung regionaler Produkte einen hohen Vorbildcharakter. Hier wird mit Leidenschaft kärntnerisch gekocht. Besonders empfehlenswert sind die saisonalen Spezialitätenwochen.

Emanuel Stadler

Gebratener Spargel mit Carpaccio vom Rind

ZUTATEN für 4 Portionen

250 g grüner Spargel
2 EL Butter
Salz
Pfeffer aus der Mühle
½ KL rosa Pfefferkörner
3 EL Balsamicoessig
30 g Parmesan
Basilikumblätter zum Garnieren

Carpaccio:
150 g Rinderfilet
2 EL Balsamicoessig
75 ml Olivenöl, kaltgepresst
4 EL Sauerrahm
Salz
Pfeffer aus der Mühle
50 g Drautaler Käse oder
Parmesan, frisch gehobelt
Blattsalate zum Garnieren

ZUBEREITUNG:

Grünen Spargel waschen, im unteren Drittel schälen und die Enden abschneiden. Spargel schräg in hauchdünne Scheiben schneiden. Spargelscheiben in zerlassener Butter unter häufigem Rühren bei mittlerer Hitze etwa 5 Minuten braten. Mit wenig Salz und Pfeffer würzen, Pfefferkörner einstreuen und bei geringer Hitze weitere 2 Minuten braten. Essig beifügen und Parmesan darüberreiben, mit Basilikum garnieren.

Carpaccio: Rinderfilet in Frischhaltefolie wickeln und tiefkühlen. Balsamicoessig mit Sauerrahm und Olivenöl verrühren und dünn auf Teller streichen. Das angefrorene Rinderfilet in dünne Scheiben schneiden und dekorativ darauflegen. Fleisch mit Salz und Pfeffer würzen, gebratenen Spargel auf den Filetscheiben anrichten, mit gehobeltem Käse bestreuen und mit Salaten garniert servieren.

GASTHOF-PENSION LEITNER, Herwig Leitner, 9761 Greifenburg 121

Ein gemütlicher und überaus kinderfreundlicher Traditionsbetrieb, der zum Genießen und Entspannen einlädt. In der Nähe befindet sich ein Badesee, die Küche wartet mit herzhafter Regionalküche auf, wobei viele Produkte aus der eigenen Landwirtschaft stammen.

Herwig Leitner

Ritschert vom Räucherlachs

ZUTATEN 4–6 Portionen

500 g geräucherter Biolachs, mit Haut
250 g weiße Bohnen
250 g Rollgerste
Lustockblätter
Salbeiblätter
Lorbeerblätter
100 g Sellerie
50 g Petersilienwurzel
150 g Karotten
100 g Lauch
Salz

ZUBEREITUNG:

Räucherlachs am besten vom Fischhändler filetieren lassen. **Hinweis:** Lachsabschnitte und Haut für die weitere Verarbeitung mitnehmen. Bohnen und Rollgerste waschen, in reichlich Wasser über Nacht einweichen; abseihen.
Lachshaut und -abschnitte, Kräuter in 1 l Wasser bei mittlerer Hitze etwa 30 Minuten kochen. **Hinweis:** Nach 15 Minuten die Lachshaut und Fischabschnitte entfernen. Bohnen und Rollgerste beifügen.
Wurzelgemüse putzen, waschen, kleinwürfelig schneiden, dazugeben und noch etwa 30 Minuten kochen, mit Salz würzen.
Lachsfilets in 1 cm große Würfel schneiden und zwei Drittel vor dem Anrichten untermengen. **Hinweis:** Ritschert darf nicht mehr kochen!
Ritschert mit restlichen Räucherlachswürfeln garniert anrichten.

BEIM BACHMANN, Peter Bachmann, Obervellach 33, 9620 Hermagor

Für den hauseigenen Räucherlachs hat der Betrieb schon einige Preise gewonnen. Deshalb zählen auch die verschiedensten Kreationen vom Biolachs aus eigener Erzeugung zu den Spezialitäten des Hauses. Ein Paradebeispiel für eine ehrgeizige Verwendung von hochqualitativen Grundprodukten aus der Region.

Peter Bachmann

Ein Stück vom Kalbsfilet in der Sesamkruste mit mediterranem Gemüse und Paradeiser-Basilikumsauce

ZUTATEN für 4 Portionen

800 g Kalbsfilet, im Ganzen, zugeputzt
Salz
Pfeffer aus der Mühle
2 EL Öl
Dijon-Senf
50 g Sesam
50 g flüssige Butter

Mediterranes Gemüse:
je 1 rote, gelbe und grüne Paprikaschote
1 Zucchini
1 kleine Melanzani
4 Jungzwiebeln
1 Knoblauchzehe gehackt
3 EL Olivenöl
Salz
Pfeffer aus der Mühle
Spritzer Limettensaft

Paradeiser-Basilikumsauce:
4 Paradeiser
4 Schalotten
Olivenöl
Salz
Pfeffer aus der Mühle
Prise Staubzucker
10 Basilikumblätter, in Streifen geschnitten
1–2 KL Butter

ZUBEREITUNG:

Filet mit Salz und Pfeffer würzen, in heißem Öl rundum kurz anbraten, aus der Pfanne nehmen, dünn mit Dijon-Senf einstreichen und in Sesam wälzen. Fleisch mit flüssiger Butter übergießen und im vorgeheizten Rohr bei 200 °C Oberhitze etwa 7 Minuten backen. Filet aus dem Rohr nehmen und rasten lassen.

Mediterranes Gemüse: Paprikaschoten waschen, putzen und mit dem Sparschäler schälen. Restliches Gemüse waschen, putzen. Zwiebeln schälen. Alles in dünne Scheiben schneiden und in erhitztem Öl unter Wenden anbraten. Knoblauch beifügen, kurz durchrühren und Gemüse mit Salz, Pfeffer sowie Limettensaft würzen.

Paradeiser-Basilikumsauce: Paradeiser blanchieren, kalt abschrecken, schälen, vierteln und in Dreiecke schneiden. Schalotten schälen, fein schneiden, in erhitztem Öl glasig anrösten, Paradeiser beifügen, mit Salz, Pfeffer und Prise Zucker würzen, kurz durchrühren, Basilikum untermengen und Butter einrühren.

Filet in Scheiben schneiden, mit mediterranem Gemüse auf Paradeiser-Basilikumsauce anrichten. Als Beilagen passen Risotto, Nudeln und Polenta sehr gut.

THERMENHOTEL RONACHER, Simone Ronacher, Thermenstr. 3, 9546 Bad Kleinkirchheim

Das Wellnesshotel Ronacher liegt eingebettet in die sanfte Landschaft der Kärntner Nockberge. Neben dem reichhaltigen Entspannungsangebot wird auch für eine bekömmliche und phantasievolle Küche mit saisonalen Spezialitäten gesorgt.

Simone Ronacher und Michael Oberrauter

RATHAUS
STATVA RESTAVRATA
EXIMIA LIBERALITATE
THERESIAE GOESCHL
CIVIS HONORARIAE BADENSIS

THERMENREGION · WIENERWALD

Wer Gäste aus Frankreich zu einem Ausflug von Wien in den Süden mitnimmt und dabei nicht über die Autobahn A2 fährt, sondern die Straße durch die Hügel nimmt, die über Mödling und Gumpoldskirchen nach Baden führt, der wird schon nach kurzer Fahrt den erstaunten Ausruf vernehmen: „Hier sieht es ja aus wie an der Côte d'Or!"

Stehend von links nach rechts: Martin Mocnic, Norbert Bader, Martin Weiler, Heinz Hanner, Kurt Windsteig, Franz Rosenbauch, Stefan Waldbauer, Karl Engelschall jun.
Sitzend von links nach rechts: Carl Breyer, Georg Stocker, Eva Taschler, Kurt Rosenbauch, Frank Bläuel.

Tatsächlich erinnern die Weinberge, die sich an den sanften Hängen von Anninger und Eichkogel nach Südosten erstrecken, frappierend an die Landschaft im Burgund, wo zwischen Vougeot und Vosne-Romanée einige der edelsten Gewächse der Weinwelt reifen. Erfahrene Winzer klären einen dann gern auf, dass die Ähnlichkeit auch auf die Zusammensetzung des Bodens zutrifft. Orte wie Gumpoldskirchen, Pfaffstätten, Traiskirchen oder Sooß gehören denn auch seit Jahrhunderten zu den Perlen der niederösterreichischen Weinkultur.

Hier finden vor allem die weißen Burgundersorten wie Chardonnay, Weißburgunder und Grauburgunder ideale Bedingungen vor. Gumpoldskirchner Winzer bauten hinreißenden Chardonnay an, lange bevor diese Sorte zur weltweiten Standard-Rebe wurde, sie taten dies sogar zu einer Zeit, als das österreichische Weingesetz Chardonnay noch gar nicht kannte, sondern ihn einfach mit Pinot blanc in einen Topf warf.

1 **RESTAURANT HANNER, Mayerling**
2 **STOCKERWIRT, Sulz im Wienerwald**
3 **RESTAURANT & HOTEL BABENBERGERHOF, Mödling**
4 **HOTEL-RESTAURANT HOLZINGER, Möllersdorf/Traiskirchen**
5 **LANDGASTHAUS BREUGHELHOF, Ebreichsdorf**
6 **MÖRWALD „FONTANA“, Oberwaltersdorf**
7 **RESTAURANT IM BERGHOTEL TULBINGERKOGEL, Mauerbach/Wien**

Aber die Burgundersorten, so fein sie auch sein mögen, stehen ohnehin im Schatten der autochthonen Reben. „Mit dem Spätrot auf der Zunge kommen die Töne wie von selbst“, schrieb Joseph Haydn an seinen Fürsten Esterházy – mitten im Burgenland wollte der Komponist unbedingt einen Tropfen von der Thermenregion als Weindeputat. „Spätrot“ ist ein alter Name für den Zierfandler, der gemeinsam mit dem Rotgipfler Gumpoldskirchen berühmt gemacht hat. Beide Sorten wachsen weltweit nur hier (von winzigen Ausnahmen abgesehen). Wenn sie in den Händen von Paradewinzern wie Othmar Biegler oder Johann Stadelmann ihre rassige Fruchtigkeit und den cremigen Schmelz so richtig zur Geltung bringen, dann wird schnell klar, was den Ruf dieses schmucken Ortes einst begründet hat.

Es ist erst wenige Jahre her, da wurde dieser Ruhm gehörig durchgebeutelt. Der Weinskandal von 1985 brachte Weine mit Restsüße in Misskredit, vor allem die lieblichen halbsüßen mit geringer Alkoholgradation. Viel billiges, aufgezuckertes Zeug war davor unter missbräuchlicher Verwendung des Namens Gumpoldskirchen in deutsche Supermarktregale geschwemmt worden. Die Winzer des Ortes hatten versäumt, sich rechtzeitig gegen die Panscher zu wehren. Danach dauerte es zwei Jahrzehnte, bis die Weinliebhaber wieder zwischen süßlichem Fusel und barock dimensionierten Prachtgewächsen mit Restzucker zu unterscheiden lernten. Heute stehen Rotgipfler und Zierfandler, trocken oder süß, wieder ganz oben auf der Liste des Weinvergnügens.

Als Sorte weiter verbreitet, aber ebenfalls durch und durch Niederösterreicher, ist der Neuburger. Wenn er in sonnigen Herbsttagen seine volle Reife ausspielen kann, dann glänzt er mit nussiger Würze, ist saftig, rund und der unübertroffen beste Tischgenosse für Schnitzel, Backhendl und all die anderen Üppigkeiten der Wiener Küche.

Bei den Roten feiert in den letzten Jahren der Blaue Portugieser ein unerwartetes Comeback. Die Sorte stand lange Zeit im Schatten, weil sie nicht in den Modetrend der Neunzigerjahre passen wollte, wo dichte, dunkle Kraftprotze gefragt waren. Mittlerweile findet aber die spritzige Würze und Beaujolais-ähnliche Leichtigkeit dieser Weine immer mehr Liebhaber. Christian Fischer in Sooß ist einer der Pioniere des neuen Portugieser-Stils – wenngleich er auch dort eine Ausnahme bildet, denn die besten Flaschen dieses Winzers enthalten weit stärkeren Stoff: tiefdunkle, sehr eigenständige Cuvées aus Zweigelt, Cabernet Sauvignon und Merlot.

Pinot noir schließlich wächst am besten in den tieferen Lagen der Thermenregion, auf den kargen Schotterböden des Steinfeldes rund um Tattendorf, Teesdorf und Traiskirchen. Dort füllt auch Altmeister Johannes Reinisch seinen unvergleichlichen Pinot Noir Grande Reserve ab – einen massiven, engmaschigen Wein mit dunkler Beerenfrucht und großem Lagerpotenzial.

Wie der Name vermuten lässt, ist die Thermenregion ein Distrikt des Wassers ebenso wie des Weins. Kalke und Dolomiten aus dem Mesozoikum haben hier am Ostrand der Alpen geologische Bedingungen geschaffen, die allerorten mineralische Wässer aus dem Boden sprudeln lassen. In Baden ist das Heilwasser schwefelhaltig, was schon die alten Römer gegen Gicht und Rheuma nutzten. Bad Vöslau verkauft seinen Schatz aus der Tiefe in alle Welt, Bad Fischau war seit dem Mittelalter für sein linderndes Wasser bekannt. Ein lokaler Geheimtipp ist dagegen der „Heilsame Brunnen" bei Leobersdorf geblieben, eine heilkräftige Quelle, so wirksam gegen Augenleiden, dass der Ort zur Wallfahrtsstätte wurde und eine Kapelle neben dem Brunnen entstand.

Heute wissen die Badeorte Wasser und Wein ideal zu kombinieren. In Baden und Bad Vöslau gibt es jeden Herbst eine „Traubenkur": Frische Weintrauben, Most, junger Sturm und heiße Bäder sollen den Leib entschlacken und für den kommenden Winter fit machen.

Angesichts so vieler (frischer wie vergorener) Traubensäfte soll nicht übersehen werden, dass in der Thermenregion auch noch flüssiges Obst ganz anderer Art in Flaschen gefüllt wird. Der Bio-Fruchtsaft-Erzeuger Schäfer in Tattendorf produziert so ausgefallene Erfrischungen wie Karotten- oder Rote-Rüben-Säfte, einen preisgekrönten Himbeer-Apfel-Saft und einen dicht-cremigen Birnensaft.

Am südlichen Rand der Thermenregion liegt das ungewöhnliche Gut Dornau. Das uralte Anwesen ist einer der wichtigsten Fischproduzenten im südlichen Niederösterreich. In nicht weniger als 14 Teichen und ihren Verbindungsbächen tummeln sich Karpfen, Aale, Saiblinge, Forellen, Zander und Hechte, die den Züchtern überwiegend von der Gastronomie aus den Händen gerissen werden – ein bisschen bleibt für die Kunden aus der Umgebung übrig, die zweimal die Woche frischgefangene Fische direkt im Gut kaufen können. Leider gibt es die größten Leckerbissen nur selten, nämlich den besonders delikaten Huchen und den Flusswels mit seinem festen weißen Fleisch.

Donauwels mit Wildkräutern und Steinpilzen

ZUTATEN für 4 Portionen

800 g Donauwelsfilets mit Haut
Salz
Pfeffer aus der Mühle
1 Esslöffel Zitronensaft
50 g Butter
1 Thymianzweig
1 Rosmarinzweig
1 kleine Zwiebel, geschält, eventuell halbiert
1 Knoblauchzehe, geschält

Marinade:
2 EL Kräuteressig
4 EL Haselnussöl
4 EL Sonnenblumenöl
Salz
Pfeffer aus der Mühle
400 g Wildkräuter (Löwenzahn, Gundelrebe, Kerbel, Sauerampfer, Brennnessel, Gänseblümchen und Kapuzinerkresseblüten, Schafsgarbe, Huflattich, Sauerklee, Wildspinat), geputzt und gewaschen

200 g Steinpilze
1–2 Esslöffel Butter

Soße:
100 ml Gemüsefond oder Rindsbouillon
100 g Wildkräuter (siehe oben), geputzt und gewaschen
1 EL geschlagenes Schlagobers

ZUBEREITUNG:

Fischfilets in Portionen teilen, salzen, pfeffern und mit Zitronensaft beträufeln. Butter in einer Pfanne erhitzten, Fischfilets mit der Hautseite einlegen und bei geringer Hitze knusprigbraten. 4 Minuten vor Ende der Bratzeit Kräuterzweige, Zwiebel sowie Knoblauch dazugeben und mitbraten.

Marinade: Alle Zutaten gut verrühren. Wildkräuter mit der Marinade behutsam vermengen.

Steinpilze putzen, in Scheiben schneiden und in erhitzter Butter braten, mit Salz sowie Pfeffer würzen.

Soße: Wildkräuter mit heißem Fond pürieren, durch ein Sieb seihen und mit Schlagobers verrühren.

Fischfilets auf Wildkräutersalat anrichten, Steinpilze darumlegen, mit Soße dekorativ umgießen und sofort servieren.

Zottelkrapfen

ZUTATEN für 4 Portionen (als Nachspeise)

40 g Germ
¼ l Milch
Prise Staubzucker
600 g Mehl (glatt)
6 Dotter
60 g Staubzucker
Schale von 1 Zitrone (unbehandelt), abgerieben
60 g Salz
120 g Butter
1 Esslöffel Rum
Mehl zum Ausarbeiten
Butterschmalz zum Ausbacken
Preiselbeerenmarmelade
Geschlagenes Schlagobers zum Garnieren
Staubzucker zum Bestreuen

ZUBEREITUNG:

Germ in ⅛ l lauwarmer Milch auflösen, mit Prise Zucker und 1 Esslöffel vom Mehl zu einem Dampfl verrühren; zugedeckt an einem warmen Ort etwa 15 Minuten gehen lassen. Hinweis: Das Volumen soll sich verdoppeln und die Oberfläche soll große Risse haben.

Anschließend restliches Mehl mit Dampfl, Dottern, Zucker, Zitronenschale, Salz, zerlassener Butter sowie Rum – am besten mit den Knethaken des Handrührgerätes – zu einem glatten Germteig verarbeiten. Teig zugedeckt an einem warmen Ort etwa 20–30 Minuten gehen lassen.

Auf einem bemehlten Tuch den Germteig etwa 1 cm dick ausrollen und mit einem Ausstecher (8 cm Durchmesser) Scheiben ausstechen. Zugedeckt etwa 10 Minuten gehen lassen. Anschließend die Teigscheiben mit einem Teigrad rundum etwa 3 cm einschneiden. Knapp vor dem Ausbacken in der Mitte mit der Hand eine kleine Grube drücken und heißem Fett schwimmend ausbacken. Auf Küchenkrepp gut abtropfen lassen. Krapfen in der Mitte mit Preiselbeerenmarmelade füllen. Mit Schlagobers garnieren und mit Staubzucker bestreut servieren.

RESTAURANT HANNER, Familie Heinz Hanner, Mayerling 1, 2534 Mayerling

Spitzenkoch Heinz Hanner hat in Mayerling ein kulinarisches Refugium geschaffen. Außergewöhnliches Design und eine der besten Küchen Österreichs haben das Haus zu einem international renommierten Treffpunkt für Gourmets gemacht.

Heinz Hanner

Gebratene Ente mit Semmelfülle, dazu Apfelrotkraut

ZUTATEN für 4 Portionen

1 küchenfertige Ente
(etwa 2,5 kg), mit Entenjungem
Salz
Pfeffer aus der Mühle
Majoran (getrocknet)

Füllung:
2 Eier
1/8 l Milch
25 dag Semmelwürfel
½ Zwiebel
1 Esslöffel Butter
1 Esslöffel Petersilie, gehackt

1 Bund Wurzelgemüse

1/8 l Rotwein (trocken)
1/16 l Hühnerbouillon
1/16 l Apfelsaft

Apfelrotkraut:
1 kg Rotkraut
Salz
Kristallzucker
Saft von 1 Orange
Spritzer Apfelessig
1 kleine Zwiebel
2 Esslöffel Butterschmalz
1 Apfel

ZUBEREITUNG:

Ente innen und außen waschen und mit Küchenkrepp gut trockentupfen. Ente innen und außen mit Salz, Pfeffer und Majoran würzen.
Füllung: Eier trennen. Lauwarme Milch mit Dottern verquirlen und die Semmelwürfel damit übergießen; etwa 10 Minuten ziehen lassen. Zwiebel schälen, feinhacken und in zerlassener Butter glasig anrösten; Zwiebelröstung mit den Semmelwürfeln gut vermengen. Petersilie dazugeben. Eiklar mit Prise Salz steifschlagen und unterheben.
Ente mit der Füllung füllen und die Öffnung verschließen. Wurzelgemüse waschen, putzen und in kleine Würfel schneiden; in die Bratwanne geben, Ente mit der Brustseite nach unten darauflegen, mit etwas Wasser untergießen und im vorgeheizten Rohr bei 180–200°C etwa 90–120 Minuten braten.
Hinweis: Ente nach der halben Bratzeit wenden.
Tipp: Ente während des Bratens mehrmals anstechen, damit das Fett austritt und mehrmals mit einer Honig-Orangenmarinade (1 Esslöffel Honig und 1 Esslöffel Orangensaft) bestreichen, damit die Haut knusprig wird.
Ente aus dem Rohr nehmen und etwa 5 Minuten rasten lassen. Bratrückstand mit Rotwein, Bouillon und Apfelsaft ablöschen. Bratensaft abseihen und entfetten (Fett abschöpfen). Ente in Portionen teilen, mit der Füllung, Bratensaft und Apfelrotkraut anrichten.
Apfelrotkraut: Rotkraut putzen, Strunk entfernen und das Kraut in dünne Streifen schneiden; mit Salz, Zucker, Orangensaft sowie Spritzer Apfelessig vermengen und etwa 2 Stunden ziehen lassen. Zwiebel schälen, feinwürfelig schneiden und in Schmalz glasig anrösten, Rotkraut samt Marinade beifügen. Apfel waschen und samt Schale dazu reiben. Apfelrotkraut zugedeckt bei geringer Hitze etwa 40 Minuten weich dünsten. **Hinweis:** öfter umrühren.

STOCKERWIRT, Georg Stocker, Hauptstraße 36, 2392 Sulz im Wienerwald

Die junge und engagierte Wirtsfamilie bietet neben einer grundsoliden Küche auch eine Extraportion an Kinderfreundlichkeit. Ein beliebtes Ausflugsziel für Familien und Freunde einer vorbildlichen Gastlichkeit.

Georg Stocker

Kürbispudding mit Hollersoße

ZUTATEN für 4 Portionen (als Nachspeise)

1 Zucchini
200 g Kürbisfleisch
1 kleine Zwiebel
2 Knoblauchzehen
1 EL Butter
1/16 l Rotgipfler
1/8 l Schlagobers
Salz
Pfeffer aus der Mühle
Muskat
4 Blätter Gelatine

Hollersoße:
200 g Hollerbeeren, abgerebelt
2 EL Kristallzucker
1/16 l kräftiger Rotwein (Zweigelt, Cabernet)
5 cl Cassis (Johannisbeerlikör)
1 Prise Zimt

ZUBEREITUNG:

Zucchini putzen, waschen und – am besten mit der Brotschneidemaschine – vom Zucchini der Länge nach vier schöne 0,5 cm dünne Scheiben schneiden. **Hinweis:** Restlichen Zucchini eventuell kleinwürfelig schneiden und mit dem Kürbis anrösten.

Kürbis in 1 cm große Würfel schneiden. Zwiebel und Knoblauch schälen, fein hacken und mit dem Kürbis (und eventuell Zucchini) in zerlassener Butter glasig anrösten. Mit Wein und Obers aufgießen, mit Salz, Pfeffer sowie Muskat würzen und aufkochen lassen. Mit dem Stabmixer pürieren.

Gelatine in kaltem Wasser einweichen, vorschriftsmäßig auflösen und in die Kürbismasse einrühren. Vier Dariolformen (ersatzweise Kaffeetassen) am Rand mit Zucchinischeiben auslegen, Kürbismassen einfüllen, glattstreichen und mit Frischhaltefolie abgedeckt kaltstellen.

Hollersoße: Holunderbeeren mit restlichen Zutaten in einem Topf aufkochen lassen und bei geringer Hitze etwa 10 Minuten kochen. Anschließend pürieren und durch ein Sieb passieren. Kürbispudding aus der Form auf Teller stürzen und mit Hollersoße dekorativ umgießen.

RESTAURANT & HOTEL BABENBERGERHOF, Carl Breyer, Babenbergergasse 6, 2340 Mödling

Die 1486 gegründete Gaststätte ist eine der ältesten Niederösterreichs – und ein Paradebeispiel eines bestens geführten gutbürgerlichen Betriebes. Regionale Produkte haben hier einen entsprechenden Stellenwert.

Carl Breyer

Kalbsschnitzel mit Morcheln

ZUTATEN für 4 Portionen

4 Kalbsschnitzel à 150 g (aus der Schale, Fricandeau oder Nuss)
Salz
Pfeffer aus der Mühle
80 g Butter
20 g Mehl (glatt)
40 ml Madeira
½ l Kalbsfond
80 g Crème fraîche
120 ml geschlagenes Obers
200 g Tagliatelle
24 g Spitzmorcheln (getrocknet)
3–4 Esslöffel frische Kräuter, gehackt
4 Paradeiser
1 EL Butterflocken zum Belegen
Semmelbrösel zum Bestreuen

ZUBEREITUNG:

Kalbsschnitzel eventuell zwischen Folie klopfen, Folie entfernen und das Fleisch beidseitig mit Salz sowie Pfeffer würzen. In 2 Esslöffeln erhitzter Butter scharf anbraten. Hinweis: Die Schnitzel sollen innen rosa bleiben. Aus der Pfanne nehmen und warmstellen.

Bratrückstand mit Mehl stauben, mit Madeira aufgießen, gut durchrühren, aufkochen lassen und Kalbsfond beifügen. Bei mittlerer Hitze auf die Hälfte einkochen lassen. Crème fraîche einrühren. Kurz vor dem Servieren das geschlagene Obers unterrühren.

Spitzmorcheln in Salzwasser einweichen und aufkochen lassen; anschließend abseihen, gut abschwemmen, abtropfen lassen, in den Madeirasaft einlegen und ziehen lassen.

Nudeln in reichlich Salzwasser bissfest kochen, abseihen und in restlicher, zerlassener Butter und Kräutern schwenken.

Paradeiser waschen, salzen und pfeffern, in eine hitzebeständige Form geben, mit Butterflocken belegen, mit Bröseln bestreuen und im Rohr bei starker Oberhitze etwa 5 Minuten gratinieren.

HOTEL-RESTAURANT HOLZINGER, Familie Taschler, Teichgasse 2, 2514 Möllersdorf/Traiskirchen

Gutbürgerliches und solides Hotel-Restaurant mit einer Speisenauswahl, die für jeden Gusto etwas bereithält.
Dazu werden Weine aus den wichtigsten Anbauregionen des Landes, besonders Weine aus der Thermenregion, angeboten.

Franz-Josef Taschler

Gebratenes Rindssteak vom Leithagebirge in der Koriander-Pfefferkruste auf Erdäpfelrisotto und Sojagemüse

ZUTATEN für 4 Portionen

200 g Sojasprossen
½ rote Paprikaschote
100 g Erbsenschoten
4 Jungzwiebeln
1 Stück Ingwer
4 Rindslungenbratensteaks à 200 g
Salz
Pfeffer aus der Mühle
3 EL Öl
Pfefferkörner
Korianderkörner
Wasabicreme
3 Esslöffel Olivenöl
2–3 EL Sojasoße

Erdäpfelrisotto:
500 g rohe Erdäpfel, geschält, in kleine Würfel geschnitten
¼ l Schlagobers
Salz
Pfeffer aus der Mühle
Muskat
150 g Bregenzer Hochalpenkäse oder Parmesan, frisch gerieben

ZUBEREITUNG:

Sojasprossen putzen und waschen. Paprikaschote waschen, putzen, vierteln, entkernen und in feine Streifen schneiden. Erbsenschoten und Jungzwiebeln putzen, waschen und der Länge nach halbieren. Ingwer schälen und in feine Streifen schneiden.

Steaks beidseitig mit Salz und Pfeffer würzen und in heißem Öl auf beiden Seiten jeweils 3–4 Minuten braten. Fleisch aus der Pfanne nehmen und warmstellen.

Olivenöl im Wok erhitzen, zuerst Zwiebel, anschließend Ingwer, Erbsenschoten, Sojasprossen und Paprika darin kurz anbraten, mit Sojasoße abschmecken und alles gut durchschwenken.

Erdäpfelrisotto: Erdäpfel mit Schlagobers aufkochen und bei geringer Hitze weichkochen. Kurz vor Ende der Garzeit mit Salz, Pfeffer sowie Muskat würzen und den Käse untermengen.

Rinderfiletsteaks auf Erdäpfelrisotto anrichten.

LANDGASTHAUS BREUGHELHOF,
Familie Franz u. Karl jun. Rosenbauch, Rechte Bahnzeile 9, 2483 Ebreichsdorf

Ideal, wenn Zwillingsbrüder wie Franz und Karl Rosenbauch sich die Aufgaben in einem Gasthaus teilen können. Franz sorgt für eine bodenständige, aber auch durchaus phantasievolle Küche von hoher Qualität. Und Karl bringt sein Weinwissen an die Gäste.

Franz Rosenbauch

Gefüllte Paprika mit Lammfleischfülle und Schafskäse

ZUTATEN für 4 Portionen

Je 4 rote, gelbe und grüne Minipaprikaschoten
1/8 l Schlagobers
2 Eier
4 EL Weißbrotbrösel
2 EL frische Kräuter
(Liebstöckel, Schnittlauch, Petersilie),
fein gehackt
250 g Lammfaschiertes
(vom Weinviertler Weidelamm)
100 g Schafskäse
Salz
Pfeffer aus der Mühle
Kümmel (gemahlen)
10 reife Paradeiser
3 EL Olivenöl
1 KL Paradeisermark
¼ l Paradeisersaft
50 g Kristallzucker

ZUBEREITUNG:

Paprikaschoten waschen, rund um den Stiel einschneiden, Stiel herausziehen, weiße Samenkörner entfernen. **Hinweis:** Stiel bis zur Weiterverarbeitung zur Seite geben.

Schafskäse in kleine Würfel schneiden.

Obers mit Eiern, Bröseln sowie Kräutern verrühren, Faschiertes und Käse untermengen, die Masse mit Salz, Pfeffer sowie Kümmel abschmecken. Paprika damit füllen und Stiel verkehrt als Verschluss in die Öffnung drücken.

Paradeiser waschen, Stielansatz entfernen und die Paradeiser halbieren. Öl in einem Topf erhitzen, Paprika darin anbraten, Paradeiser beifügen, kurz mitbraten. Paradeisermark einrühren, mit Paradeisersaft aufgießen und die gefüllten Paprika zugedeckt bei geringer Hitze etwa 30 Minuten dünsten lassen.

Paprika mit einem Lochschöpfer aus der Soße heben, Stiel herausziehen und umgedreht dekorativ auf die Paprika setzen. Soße mit dem Stabmixer pürieren und eventuell durch ein Sieb passieren, mit Zucker, Salz sowie Pfeffer abschmecken.

Paprika auf vorgewärmten Tellern mit der Soße anrichten.

Dazu passen Salzerdäpfel.

Steirisches Wurzelfleisch mit Kren

ZUTATEN für 6 Portionen

1–2 EL Weißweinessig
1,5 kg fetter Schweinsschopf
4 Lorbeerblätter
2 KL Pfefferkörner
4 Wacholderkörner
2 gelbe Rüben (160 g)
2 Karotten (140 g)
150 g Sellerie
2 Zwiebeln (200 g)
1 Stange Lauch
Salz
Pfeffer aus der Mühle
6 EL Kren, frisch gerieben
3 EL Liebstöckel,
fein geschnitten

ZUBEREITUNG:

2 l Wasser mit Essig aufkochen, Schweinsschopf einlegen. Gewürze beifügen und bei geringer Hitze etwa 2 Stunden schwach kochen lassen. **Hinweis:** Falls notwendig, noch etwa 1 Stunde lang noch etwas Wasser dazugießen.

Gelbe Rüben, Karotten, Sellerie waschen, schälen und in dünne Stifte schneiden. Lauch putzen, waschen und in feine Streifen schneiden. Zwiebeln schälen und würfelig schneiden. Gemüse und Zwiebeln 1 Stunde vor Ende der Garzeit zum Fleisch geben, salzen und das Wurzelfleisch fertiggaren. Fleisch aus dem Sud heben, in Scheiben schneiden. Kochsud kräftig mit Salz und Pfeffer abschmecken. Fleisch mit Wurzelgemüse anrichten, mit dem warmen Fleischsud übergießen, mit frisch geriebenem Kren bestreuen und mit Liebstöckel garniert servieren.

MÖRWALD „FONTANA", Fontana-Allee 1, 2522 Oberwaltersdorf

Frank Stronachs gediegenes Golfrestaurant in Oberwaltersdorf südlich von Wien wird von Toni Mörwald betrieben, dessen junge und begabte Köche samt Servicemannschaft für ein bemerkenswertes gastronomisches Angebot sorgen.

Stefan Waldbauer

Eine Suppen vom Brüß mit gebachenem Petersil im Salbeytaiglein

Feine Briessuppe nach historischem Rezept 1793

ZUTATEN für 4 Portionen

Sud:
1 Zwiebel
1 Bund Petersilie
Schale von 1 Zitrone (unbehandelt)
Muskatblüte
3 Pfefferkörner
4 Nelken

200 g Kalbsbries
1 mittelgroße Zwiebel
1–2 EL Butter
Mehl (glatt) zum Stauben
¼ l Rindsbouillon
Salz
Muskat
eventuell Zitronensaft
Weißer Pfeffer aus der Mühle
⅛ – ¼ l Schlagobers
1 EL Petersilie, gehackt

4 kleine Petersiliensträußchen

Backteig:
2 Eier
240 g Mehl (glatt)
¼ l Weißwein oder Milch
1 EL Salbei, fein gehackt
einige Tropfen Öl
Salz

Butterschmalz oder Öl zum Ausbacken

ZUBEREITUNG:

Sud: 1 Liter Wasser mit Zwiebel, Petersilie, Zitronenschale, Muskatblüte, Pfefferkörnern und Nelken aufkochen und bei geringer Hitze etwa 1 Stunde kochen lassen. Abseihen.

Kalbsbries blanchieren, die Haut abziehen und das Bries in kleine Stücke teilen. Zwiebel schälen, feinhacken, in zerlassener Butter glasig anrösten, Bries beifügen, kurz durchrühren, mit Mehl stauben und mit Sud sowie Bouillon aufgießen, mit Salz, Muskat, eventuell Zitronensaft, Pfeffer würzen. Obers beifügen, nochmals aufkochen lassen und mit Petersilie bestreuen.

Petersiliensträußchen waschen, putzen und gut abtropfen lassen.

Backteig: Eier trennen. Mehl mit Dottern, Wein oder Milch, Salbei, Öl und Salz glatt rühren. Eiklar zu steifem Schnee schlagen und unterheben. Backteig etwa 10 Minuten rasten lassen. Petersiliensträußchen durch den Backteig ziehen und in heißem Fett knusprig ausbacken. Auf Küchenkrepp gut abtropfen lassen; zur Suppe reichen.

Milchrahmnocken mit Krebsschweiffeln

Fastenspeise nach historischem Rezept 1793

ZUTATEN für 4 Portionen

Nockerlteig:
100 g Butter
300 g Mehl (glatt)
1 Dotter
2 Eier
1/8 l Milch
1/8 l Schlagobers
Salz

300 g Krebsschwänze, ausgelöst
Butter für die Form
100 ml Schlagobers
Zimt (gemahlen) und Staubzucker zum Bestreuen

ZUBEREITUNG:

Nockerlteig: Zimmerwarme Butter mit Mehl, Dotter, Eiern, Milch, Schlagobers und einer Prise Salz zu einem Teig verrühren. Aus der Masse mit Hilfe eines Esslöffels Nockerln formen, in siedendes Salzwasser einlegen und bei geringer Hitze kochen lassen. **Hinweis:** Die Nockerln sind gar, wenn sie an die Wasseroberfläche steigen. Mit einem Lochschöpfer aus dem Wasser heben und gut abtrocknen lassen.

Nockerln und Krebsschwänze schichtweise in eine feuerfeste, bebutterte Form geben, mit Schlagobers begießen, und im vorgeheizten Rohr bei 170 °C etwa 15 Minuten backen. **Hinweis:** Das Schlagobers muss vollkommen aufgesogen sein.

Mit Zimt und Staubzucker bestreut servieren.

RESTAURANT IM BERGHOTEL TULBINGERKOGEL,
Frank Bläuel, Tulbingerkogel 1, 3001 Mauerbach/Wien

In dem traditionsreichen Wienerwald-Hotel mit Terrasse und Panoramablick werden in der Küche neben Luxusprodukten auch vorwiegend saisonale Spezialitäten verwendet. Ein moderner Zubau ergänzt das Stammhaus mit nostalgischem Flair.

Frank Bläuel

Weingut Nikolaihof

WACHAU · KREMSTAL · KAMPTAL

Die Wachau gehört wohl zu den besonders gesegneten Genussregionen Österreichs. Das „kulinarische Paradies am Strom" wird es oft genannt, was keineswegs eine Übertreibung ist. Diese Bilderbuchlandschaft an der Donau mit den malerischen Winzerorten, der kostbaren Kunst aus 1000-jähriger Geschichte und den unzähligen Schlemmergaststätten und Winzeradressen hat für jeden Geschmack das Richtige parat.

Die Wachau ist auch international ob ihrer Schönheit, ihrer Geschichte und vor allem ihrer herausragenden Weine eine der bekanntesten Regionen Österreichs. Richard Löwenherz und Sänger Blondel – wer kennt nicht die Geschichte des englischen Königs und seines stets treuen Gefährten.
Doch nicht nur die Episode des im Verlies der Feste Dürnstein schmachtenden Löwenherz hat der Stadt Dürnstein das Prädikat „Perle der Wachau" eingebracht. Die ganze Wachau gehört mittlerweile zum „UNESCO-Weltkulturerbe" – mit mehr als 40 Klöstern und den typischen steinernen Terrassenweingärten, die diese Gegend auf eine eigene Art prägen und ihr eine unverwechselbare Aura verleihen.

1. MÖRWALD „KLOSTER UND“, Krems
2. MÖRWALD „ZUR TRAUBE“, Feuersbrunn
3. GOURMET-HOTEL-RESTAURANT AM FÖRTHOF, Krems/Donau
4. MÖRWALD RESTAURANT „SCHLOSS GRAFENEGG“, Grafenegg
5. HOTEL-WEINGASTHOF DONAUWIRT, Weißenkirchen
6. RESTAURANT HEINZLE, Weißenkirchen
7. HOTEL-RESTAURANT ZUR POST, Melk

Keine Frage, der Weinbau hat hier nicht nur eine uralte Tradition, er ist es auch, der dieser Region zu Weltruhm verhalf. Sieht man von wenigen Ausnahmen ab, waren es die Wachauer Winzer, die nach dem Weinskandal von 1985 ihre herausragenden Kreszenzen mit großem Weitblick und enormen Engagement erfolgreich vermarkteten und schließlich in der ganzen Welt bekannt machten. Es sind vor allem Namen wie Jamek, F.X. Pichler, Knoll und Hirtzberger, die als Vorreiter dieser Entwicklung die einzigartige Geschichte des Wachauer Weinbaus prägten. Das Engagement lohnte sich, Wachauer Rieslinge wurden längst in den Olymp der weltbesten Weine aufgenommen. Heute schwärmen auch internationale Fachjournalisten von Rang über die grünen Veltliner und Rieslinge der Wachau, die in dieser Art nirgendwo anders in der Welt zu finden sind. In einer Zeit, in der der internationale Weinbau immer mehr zu globalen „Einheitsweinen“ tendiert, halten die Wachauer Winzer konsequent und unbeirrbar ganz originäre und unverwechselbare Kreszenzen von außerordentlicher Qualität entgegen.

Wachauer Weine sind Weltklasse, das hat sich längst herumgesprochen. Immer wieder gewinnen etwa Grüne Veltliner bei Blindverkostungen gegen die doch zuweilen etwas überteuerten Weißen Burgunder aus Frankreich, lange Zeit die Königsklasse der Weißweine. Inzwischen ist die Zahl der guten Produzenten in der Wachau unüberschaubar geworden, der Erfolg der Pioniere von einst hat unzählige junge und engagierte Weinbauern motiviert. Auch bei den großen Stars der Wachau ist mittlerweile die nächste Generation am Werk, sie führen nicht nur fort, was ihnen die Alten vorgegeben haben, sie entwickeln da und dort auch eigene Stile.

Der Boom der Wachauer Weine hatte aber auch für die kulinarische Entwicklung der Region eine enorme Bedeutung. Frei nach dem Bonmot des Dichters Johann Nepomuk Nestroy, „Die schönste Gegend ist ein gedeckter Tisch", hat sich die Wachau zu einem gastronomischen Schlaraffenland entwickelt. Die Dichte an guten Adressen für Feinschmecker ist heute überdurchschnittlich groß, die Bandbreite reicht vom einfachen Heurigen, dem typischen Landgasthaus für Ausflügler, bis hin zum gefeierten Gourmettempel. In den letzten Jahren sind überdies auch noch einige „Weinwirtshäuser" mit gehobener Küche hinzugekommen. Jedes Lokal hat einen ganz bestimmten Charme und eine eigene Atmosphäre, eine absolute Stärke der Wachauer Gastronomie. Und überall werden zu den Gerichten, die mehr oder weniger typisch für die Wachau sind, Weine von großer Güte serviert.

Nicht selten wird in der Wachau auch zu den Weinen gekocht. Kochen zum Wein, kochen mit dem Wein ist die Devise. Auffallend viele Köchinnen haben in der Wachau diese Kunst perfektioniert und viele alte Rezepturen wieder belebt, entschlackt und neu interpretiert – vom Wachauer Laberl mit Kaiserfleisch, der Wachauer Weinsuppe, Hechtnockerln in Riesling bis zu Zander, Donauwaller und Karpfen in allen erdenklichen Variationen.

„Wachauer Marillen sind einzigartig."

Das Leitprodukt der Wachau aber ist die Marille. Zwar hat das Wachauer Laberl, ein absolut regionaltypisches Gebäck, ebenfalls einen hohen Bekanntheitsgrad erreicht, die Marille aber steht unangefochten an erster Stelle. Aus ihr werden Gerichte wie Marillenknödel, aber auch Säfte und Brände erzeugt, und natürlich köstliche Marmeladen, die zu den besten Österreichs zählen.

Wachauer Marillen sind einzigartig. Sie zeichnen sich durch eine optimale Mischung aus Aroma, Geschmack und vielen wertvollen Inhaltstoffen aus. So enthalten Marillen viele Vitamine und Unmengen an Mineralstoffen, der Gehalt an Provitamin A (Carotin) ist der höchste unter allen Obstsorten. Die Marillenkultur wird in der Wachau seit vielen Generationen gepflegt, insgesamt rund 50.000 Marillenbäume stehen zur jährlichen Ernte bereit. Mit ein Grund für die unvergleichliche Qualität ist das Zusammenspiel mehrer Klimazustände: In der Wachau trifft das pannonische Klima auf die rauen Wettereinflüsse des Waldviertels. Aber auch die Nähe zur Donau und die großen Temperaturunterschiede zwischen Tag und Nacht verleihen der Frucht eine typische Note.

Marillen gedeihen allerdings auch anderswo. Deshalb haben sich die Wachauer einiges einfallen lassen, um ihre Unikate zu schützen. Rund 120 Marillenbauern haben deshalb den „Verein zum Schutz der Wachauer Marillen" gegründet, seit einiger Zeit kommt auch das Markenzeichen „Original Wachauer Marille" zum Einsatz. Dieses Gütesiegel dürfen nur Marillen aus ganz bestimmten Gemeinden innerhalb der Wachau tragen, um so dem Konsumenten die Echtheit dieser regionaltypischen Frucht zu garantieren.

Hirschlungenbraten im Baumkuchen mit Maroni-Dörrzwetschken-Gnocchi

ZUTATEN für 8 Portionen

Farce: 100 g Geflügelfleisch, 1 Ei, 1/16 l Schlagobers, Salz, Pfeffer aus der Mühle, Muskat

1,2 kg Hirschlungenbraten, zugeputzt, Salz, Pfeffer aus der Mühle, Wacholder (gemahlen), 300 g Baumkuchen (unbedingt beim Konditor vorbestellen!), 8 Fertigstrudelteigblätter

Maroni-Dörrzwetschken-Gnocchi:
50 g Dörrzwetschken, 200 g mehlige Erdäpfel, Salz
200 g Maronipüree, 25 g Butter, 1 Ei
100g Erdäpfelstärke
Pfeffer aus der Mühle
Erdäpfelstärke zum Ausarbeiten

Hirschsoße:
Etwa 80 g Wildabschnitte (Parüren), 40 g Öl,
40 g Wurzelgemüse, geputzt, in Würfel geschnitten
1 gestrichener EL Mehl (glatt), Spritzer Gin
¼ l Rotwein, Salz, Pfeffer aus der Mühle
1 KL Preiselbeerenkompott, ¼ l Wildfond

ZUBEREITUNG:

Farce: Fleisch kleinschneiden und kaltstellen. Anschließend mit Ei und Obers in einem elektrischen Zerkleinerer (Cutter) pürieren, mit Salz, Pfeffer und Muskat kräftig abschmecken, kühlstellen. Hirschlungenbraten in 8 gleich dicke Scheiben schneiden, mit Salz, Pfeffer und Wacholder würzen. Baumkuchen – am besten mit der Brotschneidemaschine – in dünne Scheiben schneiden und diese jeweils in 15 cm x 15 cm große Stücke zuschneiden. Jeweils 1 Strudelblatt mit Baumkuchenscheiben belegen und diese gleichmäßig mit Hilfe eines breiten Messers oder einer Palette dünn mit Farce bestreichen. Jeweils eine Scheibe Hirschlungenbraten daraufsetzen, Seitenlängen einschlagen, einrollen und in erhitztem Fett rundherum anbraten; im vorgeheizten Rohr bei 180 C° etwa 3 Minuten garen und anschließend bei 80 °C 5 Minuten rasten lassen.

Gnocchi: Dörrzwetschken fein hacken, zu kleinen Kugeln formen und tiefkühlen. Erdäpfel waschen, in Salzwasser kochen, abseihen, ausdampfen lassen, noch heiß durch eine Erdäpfelpresse drücken und mit Maronipüree vermengen. Butter, Ei, Salz und Pfeffer sowie Erdäpfelstärke beifügen und alles rasch zu einem glatten Teig verarbeiten.Den Teig auf einer leicht bemehlten Arbeitsfläche zu dünnen Rollen formen (Durchmesser 2 cm) und die Teigrollen mit einer bemehlten Teigkarte in etwa 1 cm breite Stücke teilen, jedes Teigstück mit Dörrzwetschkenkugel füllen, Teig darüber gut zusammendrücken. Gnocchi in reichlich Salzwasser einlegen und bei geringer Hitze etwa 5 Minuten ziehen lassen.
Hinweis: Die Gnocchi sind gar, wenn sie an die Oberfläche steigen. Gnocchi mit einem Lochschöpfer aus dem Wasser heben, gut abtropfen lassen.

Hirschsoße: Wildparüren in erhitztem Öl kräftig anrösten. Wenn die Knochen eine leichte Farbe haben, das Wurzelgemüse beigeben und mitrösten lassen. Mehl einrühren und kurz mitrösten, mit Gin ablöschen und mit Rotwein aufgießen. Preiselbeeren beifügen und auf die halbe Menge einkochen lassen. Anschließend mit Wildfond aufgießen und bei mittlerer Hitze einige Minuten einkochen lassen. Soße durch ein engmaschiges Sieb seihen.

Hirschlungenbraten diagonal durchschneiden, mit Hirschsoße und Dörrzwetschken-Maroni-Gnocchi anrichten. Dazu passen auch noch sehr gut glacierte Quittenspalten.

Flusskrebsterrine mit Kerbelmousse

ZUTATEN für 1 Terrinenform
(Länge 40 cm, Höhe 5 cm)

Gelee:
300 g Wurzelgemüse, 2 Schalotten, 2 Paradeiser, ¾ l Fischfond, ¼ l Wasser, 2 Eiklar, 1 Lorbeerblatt, 5 weiße Pfefferkörner, 2 Wacholderbeeren, 9 Blätter Gelatine, Salz, Cayennepfeffer, Noilly Prat, etwas einreduziert

12 gekochte Krebse, ausgelöst

Kerbelmousse:
100 g Kerbel, 50 ml Sauerrahm
1 ½ Blätter Gelatine,
100 Crème legère (ersatzweise Schlagobers),
Salz, Cayennepfeffer , Pernod

Sauerrahmmousse:
Saft von 1 Zitrone, 3 Blätter Gelatine,
¼ l Sauerrahm, 200 ml Crème legère,
Salz, Cayennepfeffer

ZUBEREITUNG:

Gelee: Wurzelgemüse putzen, waschen und in grobe Würfel schneiden. Schalotten schälen und gemeinsam mit dem Gemüse sowie Paradeisern faschieren. In einem Topf mit dem Fond, ¼ l Wasser und Eiklar gut vermengen, Lorbeerblatt, Pfefferkörner und Wacholderbeeren beifügen, einmal aufkochen lassen und bei geringer Hitze etwa 2 Stunden ziehen lassen. Noch heiß durch ein feines Sieb (Etamin) seihen. Eingeweichte Gelatine gut ausdrücken und im heißen Fond (ca. 600 ml) auflösen; mit Salz, Cayennepfeffer und Noilly Prat abschmecken. Geleemasse 3 mm hoch auf ein mit Frischhaltefolie ausgelegtes Blech in der Größe der Terrine gießen und kaltstellen. Restliches Gelee für die Weiterverarbeitung beiseite geben. Krebse in eine dreieckige Terrinenform legen, mit Gelee übergießen, kaltstellen. Blattspinat putzen, waschen in Salzwasser blanchieren, kalt abschrecken. Einzelne Blätter in Form einer Matte auf ein Küchentuch auflegen. Mit Gelee bepinseln und die gestockte Flusskrebssulz darin einrollen; kaltstellen.

Kerbelmousse: Kerbelblättchen mit Sauerrahm pürieren, durch ein Sieb streichen. Eingeweichte Gelatine vorschriftsmäßig auflösen und unter das Kerbelpüree mengen, glattrühren. Crème legère halb steif schlagen und unterheben.
Mit Salz, Cayennepfeffer und einem Schuss Pernod abschmecken.
Kerbelmousse gleichmäßig auf das noch nicht ganz gestockte Gelee auf dem Blech streichen und fest werden lassen. Mit einer dünnen Schicht Gelee bestreichen.

Sauerrahmmousse: Zitronensaft erwärmen, eingeweichte Gelatine gut ausdrücken und darin auflösen; mit dem Sauerrahm glattrühren. Crème legère halbfest aufschlagen, unterheben und mit Salz sowie Cayennepfeffer abschmecken.
Fertigstellung: Eine Terrinenform (40 cm lang und 5 cm hoch) mit Öl ausstreichen, Folie mit gestocktem Gelee und Kerbelmousse vorsichtig einlegen. Form in Eiswasser stellen. Eine kleine Menge Sauerrahmmousse darauf auftragen. Krebssulz im Spinatmantel behutsam einlegen, mit restlichem Sauerrahmmousse bedecken, glatt streichen, etwas „anziehen" lassen und mit einer dünne Geleeschicht abschließen. Flusskrebsterrine mindestens 3 Stunden im Kühlschrank durchkühlen lassen.

MÖRWALD „KLOSTER UND", Undstraße 6, 3500 Krems

Der junge Küchenchef Leonard Cernko kocht hier in einem modern eingerichteten Barockkloster. Seine außergewöhnliche Küchenleistung wird von den Stammgästen ebenso geschätzt wie das coole Design.

Leonard Cernko

Feuersbrunner Rieslingschaumsuppe mit Nussbrot-Blättern

ZUTATEN für 6 Personen

½ l Riesling (trocken)
1 Zimtstange
10–15 Gewürznelken
1,5 l kräftige Rindsbouillon
¼ l Schlagobers
4 EL kalte Butter
Salz
Weißer Pfeffer aus der Mühle
100 g Nussbrot
Fett zum Ausbacken

ZUBEREITUNG:

Wein mit Zimt und Nelken bei mittlerer Hitze auf die halbe Menge einkochen, mit Bouillon aufgießen und bei geringer Hitze einige Minuten kochen lassen, Schlagobers dazugießen und nochmals etwas einkochen lassen; Suppe durch ein Sieb seihen und mit kalter Butter im Mixer oder mit dem Stabmixer aufschäumen. Mit Salz sowie Pfeffer abschmecken.

Nussbrot – am besten mit der Brotschneidemaschine – in dünne Scheiben schneiden und in heißem Fett knusprig ausbacken; auf Küchenkrepp gut abtropfen lassen. Suppe in tiefen Tellern anrichten und mit Nussbrot garniert servieren.

Wichtig: Riesling unbedingt auf die halbe Menge einkochen lassen, um das intensive Weinaroma zu erhalten.

Hinweis: Das Einmixen der kalten Butter bindet die Suppe.

MÖRWALD „ZUR TRAUBE", Toni Mörwald, Kleine Zeile 13–17, 3483, Feuersbrunn

Das Stammhaus von Starkoch und Multigastronom Toni Mörwald. Spitzenweine aus dem eigenen Anbau sowie aus der Region sind in diesem Gourmet-Landhaus ebenso selbstverständlich wie Verwendung von regionalen Top-Produkten aus der Umgebung.

Martin Waschnig-Theuermann

Frische Kremser Feigen in Cassis mit Wachauer Mandeleis

ZUTATEN für 6 Portionen
(als Nachspeise)

Feigen in Cassis:
10 frische Kremser Feigen
½ l Pinot Noir (Weingut Malat)
3 EL Waldhonig
40 ml Cassis
Prise Ingwer (gemahlen)
100 g schwarze und
rote Ribiseln, abgerebelt

Mandeleis:
200 g Rohmarzipan
¼ l Milch
100 ml Schlagobers
20–40 ml Wachauer Mandellikör

ZUBEREITUNG:

Feigen in Cassis: Feigen waschen, gut abtrocknen und Stiele abschneiden. **Hinweis:** Feigen nicht schälen. Feigen in mit Honig, Cassis und Prise Ingwer versetztem Wein im vorgeheizten Rohr bei 180 °C zugedeckt dünsten; Rotwein abgießen; Feigen kaltstellen. Rotwein auf ein Viertel einkochen lassen. Ribiseln pürieren, durch ein Sieb streichen und in den Rotwein geben.

Mandeleis: Marzipan kleinwürfelig schneiden, mit Milch und Obers aufkochen lassen, Mandellikör beifügen, pürieren, kaltstellen; anschließend in der Eismaschine gefrieren lassen.

GOURMET-HOTEL-RESTAURANT AM FÖRTHOF,
Helga Figl-Kraus, Förthofer Donaulände 8, 3500 Krems/Donau

In dem romantischen Wachauer Gourmethotel zaubert Küchenchefin Helga Figl immer wieder liebevoll zusammengestellte Menüs und bietet dazu ein erstklassiges Weinsortiment.

Helga Figl-Kraus

Gekochtes Schulterscherzel mit Creme-Blattspinat und Erdäpfelschmarren

ZUTATEN für 4 Portionen

Schulterscherzel:
10 Pfefferkörner
1–1,5 kg Schulterscherzel
1 Bund Suppengrün
1 Zwiebel (100 g)

Cremespinat:
800 g Blattspinat
Salz
20 g Mehl (glatt)
20 g Butter
300 ml Rindsbouillon (Würfelsuppe)
Salz
Pfeffer aus der Mühle
Muskat
1 Knoblauchzehe, fein gehackt
2 EL Schnittlauch, fein geschnitten

Erdäpfelschmarren:
600 fest kochende Erdäpfel
Salz
2–3 EL Öl
Salz
Pfeffer aus der Mühle
½ Zwiebel
1–2 EL Petersilie, gehackt

Apfelkren:
3 große Äpfel (400 g)
Saft von 1 Zitrone
15 g Kren, frisch gerieben
10 g Staubzucker
1 EL Öl
3 EL Zitronensaft
Salz

ZUBEREITUNG:

Schulterscherzel: 3 l Wasser mit Pfefferkörnern aufkochen. Das Fleisch mit warmem Wasser waschen, in das kochende Wasser einlegen und bei geringer Hitze etwa 1,5 Stunden garen.

Suppengrün waschen, putzen und gemeinsam mit der Zwiebel (samt Schale) beifügen. Das Fleisch noch etwa 1 Stunde bei geringer Hitze garen.

Schulterscherzel aus der Suppe nehmen, quer zur Faser in Scheiben schneiden, salzen, mit etwas heißer Rindsuppe übergießen, mit Schnittlauch bestreuen. Creme-Blattspinat, Apfelkren sowie Erdäpfelschmarren dazu anrichten.

Cremespinat: Blattspinat putzen, waschen und entstielen. Spinat in Salzwasser blanchieren, abseihen, kalt abschrecken, gut ausdrücken und kleinhacken. Mehl in Butter anrösten, mit heißer Bouillon aufgießen und – am besten mit einer Schneerute – gut verrühren. Etwa 10 Minuten bei geringer Hitze kochen lassen. Spinat in die Einmach geben und unter ständigem Rühren kurz aufkochen, mit Salz, Pfeffer, Muskat und Knoblauch würzen.

Erdäpfelschmarren: Erdäpfel in Salzwasser kochen, abseihen, ausdampfen lassen, schälen und in Scheiben schneiden. In heißem Öl bei mittlerer Hitze unter Wenden rundum knusprig rösten, salzen und pfeffern. Zwiebel schälen, kleinwürfelig schneiden, zum Schluss mit der Petersilie beifügen und mitrösten.

Apfelkren: Die Äpfel schälen, achteln, entkernen und mit Zitronensaft in etwa 1/4 l Wasser weichdünsten. Die Äpfel abseihen und pürieren, auskühlen lassen. Kren mit dem Apfelpüree gut vermengen. Zucker und Öl unterrühren und mit Zitronensaft sowie Salz abschmecken.

Turm vom Zander

ZUTATEN für 4 Portionen

450 g Zanderfilets
Pfeffer aus der Mühle
Saft von ½ Zitrone
Mehl zum Wenden
3 EL Olivenöl
Salz

Erdäpfelpüree:
800 g mehlige Erdäpfel
Salz
100 g Butter
200 g Milch
Salz
Pfeffer aus der Mühle

Erdäpfelchips:
4 große mehlige Erdäpfel
Öl zum Frittieren

Limettensoße:
1 Zwiebel
1–2 EL Olivenöl
½ mehliger Erdäpfel
⅛ l Weißwein
½ l Schlagobers
Saft von 2 Limetten
Schale von 1 Limette
(unbehandelt), abgerieben

ZUBEREITUNG:

Fischfilets in Portionen schneiden, pfeffern und mit Zitronensaft beträufeln. Fischfilets mit der Hautseite in Mehl wenden, mit der bemehlten Seite in erhitztes Öl einlegen und darin 5 Minuten braten; von der Hitze nehmen und im vorgeheizten Rohr bei 60 °C fertiggaren. Zander vor dem Anrichten salzen.

Erdäpfelpüree: Erdäpfel schälen, vierteln, in Salzwasser kochen, abseihen und ausdampfen lassen. Noch heiß durch die Erdäpfelpresse drücken und die zimmerwarme Butter einrühren. Nach und nach heiße Milch dazugießen. Erdäpfelpüree mit Salz sowie Muskat abschmecken.

Chips: Erdäpfel schälen und mit dem Sparschäler oder mit der Wurstschneidemaschine in dünne Scheiben schneiden. Scheiben in heißem Fett knusprig ausbacken; auf Küchenkrepp gut abtropfen lassen. Salzen.
Limettensoße: Erdäpfel schälen und in kleine Würfel schneiden. Zwiebel schälen, feinwürfelig schneiden und in erhitztem Öl glasig anrösten, Erdäpfel dazugeben und kurz mitbraten, mit Wein aufgießen und auf die halbe Menge einkochen lassen. Obers und Limettensaft dazugießen. Soße mit Stabmixer pürieren und durch ein Sieb seihen. Limettenschale unterrühren.

Zander abwechselnd mit Erdäpfelpüree und Chips zu einem Turm anrichten und Limettensoße beträufeln.

MÖRWALD RESTAURANT „SCHLOSS GRAFENEGG", 3485 Grafenegg 12

Das Restaurant gegenüber dem prachtvollen Schloss Grafenegg ist nicht nur von der Lage her ein Juwel. Die Gäste schätzen hier auch die kreative Küche, den perfekten Service und nicht zuletzt die einzigartige Atmosphäre.

Toni Mörwald

Geflügelleberpralinen mit Wachauer Marillenchutney

ZUTATEN für etwa 60 Stück

Geflügelleberpralinen:
½ Sellerieknolle
2 Karotten
1 Petersilienwurzel
½ Porreestange
1 Zwiebel
1 EL frischer Majoran, gehackt
1 EL frischer Thymian, gehackt
2–3 Knoblauchzehen
300 g fettes Schweinefleisch
(z. B. Bauchfleisch)
3 EL Butterschmalz
1 kg Hühnerleber, geputzt
20 ml Cognac
etwa 1/16 l Obers
Salz
Pfeffer aus der Mühle
Leinsamen, Sesam,
gehackte Pistazien zum Wälzen

Wachauer Marillenchutney:
Zutaten für 3 Liter
2,5 kg reife Wachauer Marillen
250 g Zwiebel, geschält
und feinwürfelig geschnitten
4 EL Marillenkernöl
330 g brauner Zucker
400 ml Wachauer Riesling
¼ l Marillenessig
2 cm frischer Ingwer, fein gehackt
(oder ½ EL Ingwer, gemahlen)
1 KL frischer Thymian
und Rosmarin, gehackt
Salz
Etwa 1 cm Chilischote

ZUBEREITUNG:

Geflügelleberpralinen: Sellerie, Karotten sowie Petersilienwurzel waschen, putzen, schälen und in etwa 2 cm große Stücke schneiden. Porree gründlich waschen und in Streifen schneiden. Zwiebel schälen und in Würfel schneiden. Knoblauch schälen und feinblättrig schneiden. Fleisch in etwa 1,5 cm große Würfel schneiden.

Butterschmalz erhitzen, Fleisch darin unter ständigem Rühren rundum anbraten, Zwiebel sowie Gemüse beifügen und bissfest rösten.
Hinweis: Ohne Farbe annehmen zu lassen.

Hühnerleber mit Kräutern und Knoblauch zur Gemüseröstung geben und alles unter Rühren bei mittlerer Hitze etwa 5 Minuten braten. Von der Hitze nehmen, auskühlen und im Kühlschrank gut durchkühlen lassen.

Masse mit der feinsten Scheibe des Fleischwolfs faschieren, Farce mit Cognac und Schlagobers verfeinern; mit Salz und Pfeffer abschmecken.
Hinweis: Die Schlagobersmenge richtet sich danach, wieviel die Masse aufnimmt.

Aus der Masse Kugeln (3 cm Durchmesser) formen und in verschiedenen Körnern oder fein gehackten Nüssen wälzen.

Wachauer Marillenchutney: Marillen waschen, gut abtrocknen, halbieren, entkernen und würfelig schneiden. Zwiebel in erhitztem Öl glasig anrösten, Marillen und restliche Zutaten beifügen und bei geringer Hitze etwa 1 Stunde kochen lassen. Heiß in saubere Gläser füllen und sofort verschließen.

Rosa Rehrücken vom Weißenkirchner Sommerbock mit Wachauer Marillen im Speckmantel

ZUTATEN für 4 Portionen

600 g Rehrücken,
ausgelöst und zugeputzt
Salz
Pfeffer aus der Mühle
3 EL Butterschmalz
¼ l Wildfond
oder Rindsbouillon
1 EL Wachauer
Marillenmarmelade
4 reife, feste Wachauer Marillen
8 Scheiben Frühstücksspeck
1 EL Butter

ZUBEREITUNG:

Rehrücken in 4 gleich dicke Stücke (à 150 g) schneiden; beidseitig salzen und pfeffern. Butterschmalz erhitzen und das Fleisch vorsichtig beidseitig anbraten; anschließend im vorgeheizten Rohr bei 200 °C etwa 8 Minuten garen.

Fleisch aus der Pfanne nehmen, in Alufolie wickeln und etwa 3 Minuten warmstellen.

Inzwischen Bratrückstand mit Wildfond aufgießen, Marmelade einrühren, aufkochen und etwas einkochen lassen.
Marillen waschen, gut abtrocknen, halbieren, entkernen und jede Marillenhälfte mit einer Speckscheibe umwickeln. In erhitzter Butter rasch rundum anbraten und zugedeckt bei geringer Hitze etwa 3–4 Minuten knusprig braten.

Rehrückenfilets diagonal durchschneiden, mit Saft und Speckmarillen anrichten.

Beilagenempfehlung:
Blätterteig-Gemüsegolatschen, Speck-Lauchbuchteln

Getränketipp: Grüner Veltliner Smaragd aus Weißenkirchen, Joching oder Wösendorf, Reininghaus-Jahrgangspils

HOTEL-WEINGASTHOF DONAUWIRT,
Familie Maria und Anton Rosenberger, Wachaustraße 47, 3610 Weißenkirchen/Wachau

„Das raffinierteste Rezept führt nicht zum gewünschten Ergebnis, wenn die Qualität der Grundzutaten nicht stimmt. In unserem an der Donau gelegenen Weingasthof setze ich in erster Linie auf Hausgemachtes und frische Zutaten aus der Region!“

Maria Rosenberger

Wachauer Räucherlachs mit Kraut und Rüben

ZUTATEN für 4 Portionen
(als Vorspeise)

Rahmsauerkraut:
100 g Sauerkraut
80 ml Schlagobers
1 KL Ingwer, frisch gerieben
Kristallzucker
Salz
Pfeffer aus der Mühle
3 Blätter Gelatine

300 g Wachauer Räucherlachs
1 Esslöffel Schnittlauch, geschnitten
Pfeffer aus der Mühle
Spritzer Limettensaft

Rote-Rüben-Soße:
1 rote Rübe, gekocht, geschält
40 ml Olivenöl
20 ml Balsamessig
1 KL Kren, frisch gerieben
Salz
Pfeffer aus der Mühle

ZUBEREITUNG:

Rahmsauerkraut: Sauerkraut – falls notwendig – gut abschwemmen und ausdrücken. Mit Schlagobers, Ingwer, Prise Zucker, Salz und Pfeffer zugedeckt bei mittlerer Hitze weich dünsten. Anschließend im elektrischen Zerkleinerer (Cutter) fein pürieren. Gelatine in kaltem Wasser einweichen, vorschriftsmäßig auflösen und unter das Sauerkraut rühren. 4 Metallringe (8 cm Durchmesser) mit Frischhaltefolie auslegen, Sauerkrautmasse etwa 2 cm hoch einfüllen, glattstreichen, kühlstellen und stocken lassen.

Räucherlachs in kleine Würfel schneiden, mit Schnittlauch, Limettensaft und Pfeffer würzen. Räucherlachs gleichmäßig auf das gestockte Sauerkraut verteilen.

Rote-Rüben-Soße: Rote Rübe würfelig schneiden, mit Olivenöl, Essig, Kren, Salz und Pfeffer pürieren und durch ein Sieb passieren.
Lachs aus den Metallringen nehmen, auf Tellern anrichten, mit roter Rübensoße dekorativ umgießen und eventuell mit Erdäpfelchips und Schnittlauchhalmen garniert servieren.

Weinempfehlung: Grüner Veltliner Federspiel 2004, Ried Hinter der Burg vom Weingut Franz Prager.

Hinweis: Unser Wildlachs wird in der ältesten Rauchkuchl von Weißenkirchen (15. Jahrhundert) über Buchenholz und Wacholder geräuchert. Es ist ein Gemeinschaftsprojekt von Restaurant Heinzle und Clastak Werner.

RESTAURANT HEINZLE, Familie Heinzle, Wachaustraße 280, 3610 Weißenkirchen in der Wachau

Direkt an der Donau gelegen, wird das Restaurant Heinzle von den Gästen unter anderem auch wegen der Terrasse geschätzt. Mit Blick auf die Donau lässt es sich auch vortrefflich die köstlichen Fischspezialitäten des Hauses genießen. Und natürlich werden auch Wachauer Weine serviert.

Gerhard Heinzle

Soufflierter Scheiterhaufen mit glacierten Wachauer Apferln und Veltlinerbrand-Sabayon

ZUTATEN für 6 Portionen (als Nachspeise)

120 g Brioche-Gebäck (Kipferln, Striezel)
¼ l Milch
3 Eier
60 g Butter
1 KL Vanillezucker
2 EL Rosinen
Prise Salz
3 EL Kristallzucker
Butter und Zucker für die Förmchen

4 säuerliche Äpfel
2 EL Butter
1 Messerspitze Zimt
1 EL Kristallzucker
1/16 Grüner Veltliner
Eventuell Spritzer Veltlinerbrand

Veltlinersabayon:
1/8 l Veltliner
2 EL Veltlinerbrand
3 Dotter
1–2 EL Kristallzucker

Apfelspalten zum Garnieren
Staubzucker zum Bestreuen

ZUBEREITUNG:

Scheiterhaufen: Briochegebäck entrinden, in kleine Würfel schneiden, mit Milch übergießen und ziehen lassen. Eier in Dotter und Eiklar trennen. Zimmerwarme Butter mit Vanillezucker cremig rühren, Dotter nach und nach unterrühren. Brioche gut ausdrücken und mit den Rosinen und den Butterabtrieb mengen. Eiklar mit Prise Salz zu steifem Schnee schlagen, Kristallzucker beifügen und den Schnee nochmals kräftig aufschlagen. Schnee behutsam unter die Briochemasse heben. Masse in mit Butter bestrichene und Zucker ausgestrichene Soufflee-förmchen (oder Kaffeetassen) füllen, glattstreichen. Formen in etwa 3 cm hohes heißes Wasserbad stellen und im vorgeheizten Rohr bei 200 °C etwa 25 Minuten backen. **Hinweis:** Sollten die Scheiterhaufen zu rasch braun werden, mit Alufolie abdecken.
Inzwischen Äpfel waschen, schälen, in Spalten schneiden, entkernen und in zerlassener Butter schwenken, mit Zimt sowie Zucker bestreuen und die Äpfel hellbraun karamellisieren lassen. Mit Wein aufgießen und eventuell mit Veltlinerbrand verfeinern.
Veltliner-Sabayon: Alle Zutaten miteinander verrühren und – am besten mit einer Schneerute – über Dampf schaumig aufschlagen.
Hinweis: Das Volumen soll sich verdoppeln.
Scheiterhaufen auf Teller stürzen, mit Staubzucker bestreuen, mit Apfelspalten garnieren und mit Veltliner-Sabayon anrichten.

Weinempfehlung:
Das Beste vom Veltliner 2003, Weingut Malat-Furth/Palt

HOTEL-RESTAURANT ZUR POST, Familie Johannes und Margarete Ebner, Linzer Straße 1, 3390 Melk

In dem traditionsreichen Hotel-Restaurant im Stadtkern von Melk mit Blick auf das weltbekannte Barockstift wird eine herzhafte, regional verfeinerte Küche geboten. Die Weine stammen natürlich vorwiegend aus der Wachau.

Johannes Ebner

WALDVIERTEL

Wer von Wien kommend die Höhe des Maissauer Berges erklimmt, findet sich plötzlich in einer anderen Welt. Davor führte die Straße durch eine Landschaft von Weizenfeldern und Weingärten, Kastanien und Linden säumten die Wege.
Jetzt ist plötzlich dunkler Nadelwald dicht an die Fahrbahn herangerückt. Struppige Föhrenwipfel erstrecken sich bis zum Horizont, dazwischen wabert Nebeldunst.

Stehend von links nach rechts: Franz Rogl, Leonard Cernko, Christian Wöber, Karl Kaufmann, Thomas Winter, Leopold Reinberger, Gerhard Heinzle, Werner Oppitz. Sitzend von links nach rechts: Johannes Ebner, Maria Rosenberger, Erich Mayrhofer, Michaela Schachner, Helga Figl-Kraus.

Das Waldviertel ist eine mystische Landschaft, voll von Plätzen mit geheimnisvollen Kräften, uralten Hügeln mit seltsam geformten Riesensteinen, verwunschenen Mooren und Hochlandheiden. Doch es ist auch ein Land mit einer ganz eigenständigen Genusskultur, geprägt durch das kühle, oft raue Klima und eine für Österreich einzigartige Flora und Fauna. Wo sonst findet man beispielsweise Löwenzahngelee im Glas oder einen Kräutergarten mit 35 verschiedenen Tee-, Heil- und Gewürzkräutern, wie bei Anna Eichinger im Waldviertler Kräuterhof bei Groß Schönau?

Wichtigste Anlaufstelle für verwöhnte Gaumen ist die Initiative Waldland, der über 900 Mitgliedsbetriebe angehören, von Flachsbauern über Züchter von Perlhühnern und Kaninchen bis zu Obst-, Mohn- und Biogetreideproduzenten. In den beiden Läden der Initiative, der eine in Oberwaltenreith, der andere mitten in Wien am Petersplatz, findet sich ein breites Angebot von Bio-Fleisch über Süßigkeiten bis zu Kerzen und Naturkosmetik.

Das Wahrzeichen der Waldviertler Landwirtschaft ist zweifellos der Mohn. Im Landstrich zwischen Gföhl, Zwettl und Ottenschlag wächst Europas bester Mohn, und die böhmisch-österreichische Mehlspeisküche liefert ausreichend Beispiele für seine Verwendung.

Mohn kann aber noch mehr: Andreas Gressl beispielsweise presst in seinem Mohnhof bei Ottenschlag aromatische Öle aus Graumohn, Blaumohn und Weißmohn. Die Produkte sind inzwischen in der Spitzengastronomie sehr gefragt.

1 RESTAURANT STADTHOTEL EGGENBURG, Eggenburg
2 GASTHOF-TANZRESTAURANT CARROUSEL, Kirchberg am Walde
3 HOTEL-RESTAURANT WALDVIERTLER STUBEN, Friedersbach/Zwettl
4 RESTAURANT SMARAGD, Maria Taferl

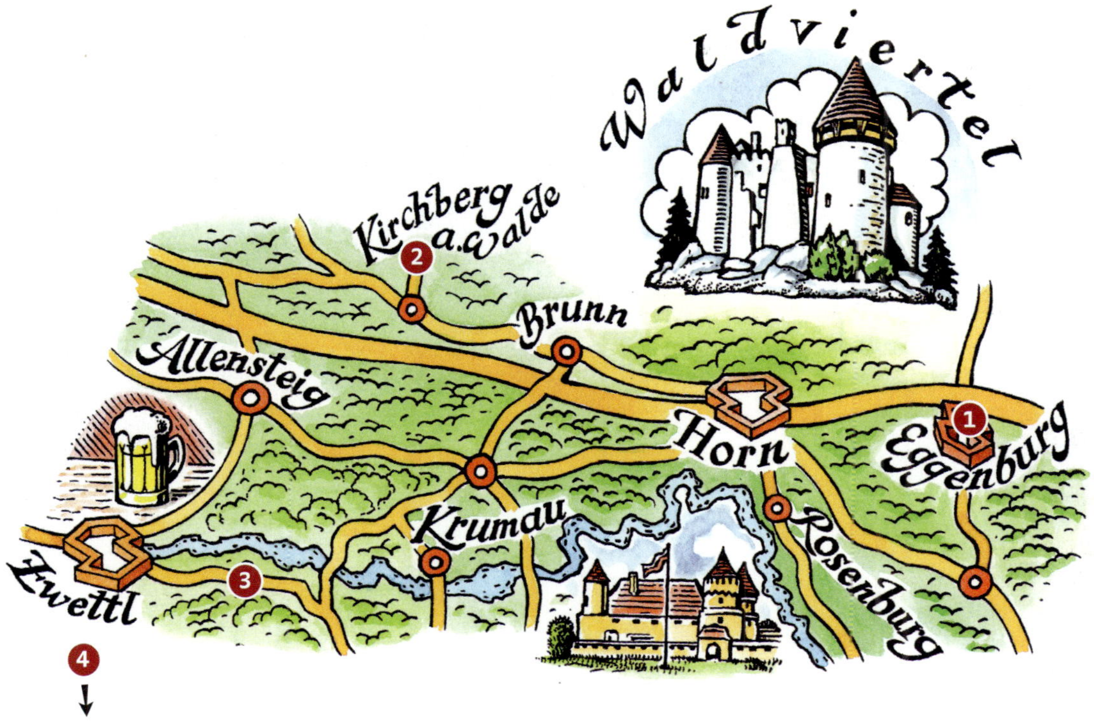

Dass der hügelige Hochwald auch ein Dorado für Fischliebhaber ist, klingt zunächst überraschend. Doch die mehr als 1000 Teiche und kleinen Seen, die sich in den Senken des Geländes gebildet haben, beherbergen prächtige Süßwasserfische, allen voran den Karpfen, aber auch Zander, Hecht, Schleie und sogar Reinanke. Besonders beliebt unter Kennern sind etwa die Karpfen aus den Teichen des Kinsky'schen Forstamts in Heidenreichstein, die dank des kühlen Klimas langsam wachsen und sich durch weißes, festes Fleisch und geringen Fettanteil auszeichnen. Auf geräucherten Fisch hat sich das Zisterzienserstift Zwettl spezialisiert. Die Fische dafür wachsen in vor über 700 Jahren angelegten Teichen.

Zu den kulinarischen Geheimtipps des Waldviertels gehört aber auch der Käse – zum Beispiel der „Habsburger" von Josef Hirsch aus Lohsdorf. Oder „Rotes Schaf" und „Rote Ziege", beides Produkte der Produktionsgemeinschaft „Die Käsemacher" in Waidhofen an der Thaya, der rund 120 Bauern angehören. Die würzigen Kräuterweiden des Hochplateaus, wo die Schafe, Kühe und Ziegen grasen, geben diesem Käse ihr ganz besonderes Aroma. Nicht zu vergessen auch einer der originellsten Käsemacher Österreichs: Robert Paget in Diendorf, Produzent eines unvergleichlichen Ziegencamemberts, hält neuerdings sogar Wasserbüffel. Seine österreichische Büffelmozzarella hat bereits Kultstatus.

Waldviertler Linsensuppe mit Speckgrießknöderl

ZUTATEN für 4 Portionen

Linsensuppe:
150 g Linsen
1 kleiner Thymianzweig
2 Lorbeerblätter
1 Zwiebel
40 g Butter
40 g Mehl (glatt)
1 l Gemüsebouillon
1 Knoblauchzehe, gehackt
Salz
Pfeffer aus der Mühle
1 gehackte Knoblauchzehe
1 Spritzer Zitronensaft
1/16 l Schlagobers

Speckgrießknöderln:
60 g geräucherter magerer Speck (Kaiserfleisch)
1 KL Pflanzenöl
¼ l Milch
Salz
120 g Weizengrieß
2 Eier

ZUBEREITUNG:

Linsensuppe: Linsen in reichlich Wasser 6–8 Stunden einweichen. Linsen abseihen und in mit Thymian und Lorbeerblättern versetztem Wasser etwa 5 Minuten kochen. Gewürze entfernen und die Linsen abseihen.

Zwiebel schälen, feinwürfelig schneiden, in zerlassener Butter glasig anrösten, Mehl einstreuen, durchrühren, mit Bouillon aufgießen und bei mittlerer Hitze etwa 10 Minuten kochen lassen. Linsen beifügen, mit Salz, Pfeffer, Knoblauch sowie Spritzer Zitronensaft würzen und die Suppe mit Obers verfeinern.

Speckgrießknöderln: Speck in kleine Würfel schneiden, in heißem Öl anrösten, mit Milch aufgießen, salzen, aufkochen lassen, Grieß beifügen und unter Rühren dickbreiig einkochen lassen. Von der Hitze nehmen und überkühlen lassen; Eier unterrühren. Aus der Masse mit befeuchteten Händen kleine Knöderln formen, in kochendes Salzwasser einlegen und bei geringer Hitze etwa 5 Minuten ziehen lassen.
Mit einem Lochschöpfer aus dem Wasser heben, gut abtropfen lassen. Speckgrießknöderln in der Linsensuppe anrichten.

Weinempfehlung:
Weinviertel DAC Grüner Veltliner 13,0 % Alk. – trocken
Weinbau Familie Bannert, Obermarkersdorf

RESTAURANT STADTHOTEL EGGENBURG, Werner Oppitz, Kremser Straße 8, 3730 Eggenburg

Vier Gasträume sind es, die im Eggenburger Stadthotel für Freunde der Waldviertler Küche bereitstehen.
Die Gäste genießen hier unter anderem Gerichte wie Waldviertler Teichkarpfen und Waldviertler Rahmdalken.

Werner Oppitz

Karpfennockerl vom Waldviertler Karpfen in der Dillsoße

ZUTATEN für 4 Portionen

Karpfennockerl:
720 g Karpfenfilets, geschröpft, ohne Haut
240 g Zwiebeln
80 g Butter
4 Esslöffel (etwa 60 ml)
Schlagobers
Zitronensaft
Salz
Pfeffer aus der Mühle

Kochfond:
1,5 l kräftige Rindsbouillon
1/16 l Weißwein
1 Lorbeerblatt
4 Pfefferkörner

Dillsoße:
50 g Mehl
80 g Butter
1/16 l Schlagobers
Salz
Pfeffer aus der Mühle
3 EL Dille, gehackt

ZUBEREITUNG:

Nockerl: Karpfenfilets in Stücke schneiden. Zwiebeln schälen, fein hacken und in erhitzter Butter glasig anrösten; von der Hitze nehmen. Zwiebelröstung, Schlagobers und Karpfen im Tiefkühler leicht anfrieren lassen.

Kochfond: Rindsbouillon mit Weißwein, Lorbeerblatt und Pfefferkörnern einkochen lassen.

Die eisgekühlten Karpfenstücke mit den Zwiebeln faschieren, eiskaltes Schlagobers, Spritzer Zitronensaft beifügen, gut vermengen und mit Salz sowie Pfeffer würzen.

Aus der Masse mit Hilfe von zwei Esslöffeln Nockerl formen, in den Fond einlegen und bei geringer Hitze etwa 10 Minuten ziehen lassen. Nockerln mit einem Lochschöpfer herausheben und gut abtropfen lassen. Fond abseihen.

Dillsoße: Mehl in Butter hell anrösten, mit ¾ l Kochfond und Schlagobers aufgießen, mit einer Schneerute glattrühren und bei mittlerer Hitze etwa 15 Minuten kochen lassen. Mit Salz und Pfeffer abschmecken. Vor dem Anrichten Dille einrühren. Karpfennockerl in die Soße einlegen und einige Minuten ziehen lassen.

Bierempfehlung:
Von der Privatbrauerei Zwettl ein Zwickl Bier vom Fass

GASTHOF-TANZRESTAURANT CARROUSEL, Karl Kaufmann, Marktplatz 12, 3932 Kirchberg/Walde

Der Gasthof Waldviertler Hofkuchl hat sich zu einem Feinschmeckerlokal mit regionalen Spezialitäten wie Karpfen, Wild, Mohn und Erdäpfel sowie saisonalen Gaumenfreuden entwickelt. Alle Speisen gibt es auch im angeschlossenen Tanzrestaurant Carrousel.

Karl Kaufmann

Waldviertler Mohnmedaillons auf Schwammerlrisotto mit Beerenkonfit

ZUTATEN für 4 Portionen

Mohnmedaillons:
600 g Schweinslungenbraten, zugeputzt
Salz
Pfeffer aus der Mühle
1 Ei
1/16 l Milch
200 g Waldviertler Graumohn, gerieben
80 g Semmelbrösel
40 g Mehl (glatt)
250 g Butterschmalz
4 Rosmarinzweige zum Garnieren

Schwammerlrisotto:
150 g Reis
80 g Jungzwiebeln oder Lauch
2 EL Öl
320 g gemischte Pilze (Eierschwammerln, Steinpilze)
Salz
Pfeffer aus der Mühle
1/16 l Weißwein
160 ml Schlagobers
10 g frische Kräuter (Petersilie, Kerbel, Schnittlauch), gehackt

Beerenkonfit:
100 g Kristallzucker
1/8 l Rotwein
250 g Beeren (Himbeeren, Heidelbeeren, Erdbeeren)
4 g grüne oder rosa Pfefferkörner
140 g Gelierzucker

ZUBEREITUNG:

Mohnmedaillons: Schweinslungenbraten in 8 gleich dicke Scheiben (Medaillons) schneiden, zwischen Folie leicht klopfen, Folie entfernen und das Fleisch beidseitig mit Salz sowie Pfeffer würzen. Ei mit Milch verquirlen. Mohn mit Bröseln vermengen. Medaillons in Mehl, Ei-Milch und Mohnbröseln panieren. In heißem Fett auf beiden Seiten, jeweils etwa 2 Minuten, ausbacken. Auf Küchenkrepp gut abtropfen lassen.

Schwammerlrisotto: Reis in Salzwasser bissfest kochen (oder über Dampf dämpfen). Jungzwiebeln waschen, putzen und fein schneiden. Eierschwammerln putzen und – je nach Größe – halbieren, vierteln oder blättrig schneiden. Jungzwiebeln in heißem Öl glasig anrösten, Schwammerln beifügen, salzen und pfeffern, unter Rühren mitrösten; mit Wein aufgießen und etwas einkochen lassen. Obers beifügen und ebenfalls einkochen lassen. Gekochten Reis dazugeben und einige Minuten ziehen lassen. Kräuter einrühren und mit Pfeffer abschmecken.

Beerenkonfit: Zucker hell karamellisieren, mit Rotwein aufgießen, bei mittlerer Hitze kochen, bis sich der Zucker aufgelöst hat. Beeren und Pfefferkörner beifügen, Gelierzucker einrühren und einmal aufkochen lassen.
Mohnmedaillons auf Schwammerlrisotto anrichten, mit Rosmarinzweigen garniert servieren. Beerenkonfit separat dazu reichen.

Weinempfehlung:
Grüner Veltliner, Fass 4, 2004, Bernhard Ott, Feuersbrunn – Donauland

HOTEL-RESTAURANT WALDVIERTLER STUBEN,
Karl Schweighofer jun., Haus 53, 3533 Friedersbach/Zwettl

Das Landidyll Hotel Schweighofer im kleinen Ort Friedersbach liegt im Zentrum des Waldviertels. Das Haus wird bereits in der dritten Generation geführt und bietet neben traditioneller österreichischer Küche auch viele internationale Spezialitäten.

Karl Schweighofer jun.

Huchenfilet auf Lauchrisotto mit Trüffelschaum

ZUTATEN für 4 Personen

Trüffelschaum:
1 Schalotte, 100 ml Weißwein (trocken),
2 EL Noilly Prat, 400 ml Kalbsfond,
250 ml Schlagobers, 2 EL Trüffelbutter,
ein paar Tropfen Trüffelöl, Salz,
2 Tropfen Zitronensaft

Lauchbutter:
100 g grüne Teile vom Lauch, geputzt
und gewaschen, 100 g Butter

Lauchrisotto:
2 Schalotten, 2 EL Olivenöl, 200 g Rundkornreis,
1/8 l Weißwein (trocken),
1/2 l heiße Hühnerbouillon oder Geflügelfond,
Salz, weißer Pfeffer aus der Mühle

Huchenfilet:
480 g Huchenfilet, 1 EL Olivenöl, Salz,
weißer Pfeffer aus der Mühle, Zitronensaft,
1–2 Thymianzweige, 1 Knoblauchzehe, 1 EL Butter

ZUBEREITUNG:

Trüffelschaum: Schalotten schälen, fein schneiden, in zerlassener Butter glasig anrösten, mit Noilly Prat und Weißwein ablöschen und bei mittlerer Hitze auf die halbe Menge einkochen lassen. Anschließend mit Kalbsfond aufgießen und nochmals auf die Hälfte einkochen lassen. Schlagobers dazugießen, mit Salz und Zitronensaft würzen. Kurz vor dem Anrichten die Soße durch Einrühren von Trüffelbutter binden, ein paar Tropfen Trüffelöl beifügen und mit dem Stabmixer aufschäumen.

Lauchbutter: Lauch in Salzwasser kochen, im Eiswasser abschrecken, abseihen und gut ausdrücken. Mit Butter im Mixer pürieren, durch ein Sieb streichen. Lauchbutter in eine Schüssel füllen und zugedeckt kaltstellen.

Lauchrisotto: Schalotten schälen, feinwürfelig schneiden, in erhitztem Olivenöl glasig anrösten. Risottoreis beifügen und unter ständigem Rühren glasig anrösten. Mit Wein aufgießen und bei mittlerer Hitze einkochen lassen, bis der Reis die Flüssigkeit weitgehend aufgesaugt hat. Etwa 1/8 l warme Bouillon dazugießen und unter ständigem Rühren bei mittlerer Hitze so lange kochen, bis die Flüssigkeit wieder fast vollständig aufgesaugt ist. Restliche Bouillon nach und nach während der gesamten Garzeit dazugießen. Mit Salz und Pfeffer würzen. **Hinweis:** Risotto während des Kochens immer wieder umrühren. Kurz vor dem Anrichten die Lauchbutter unterrühren.

Huchenfilet: Huchenfilet mit Salz und Pfeffer würzen, mit Zitronensaft beträufeln und mit der Hautseite nach unten in erhitztes Olivenöl einlegen. Mit halbierter Knoblauchzehe sowie Thymian langsam braten. Butter beifügen und den Fisch immer wieder mit Öl-Butter begießen.
Huchenfilet mit Lauchrisotto und Trüffelschaum anrichten, eventuell mit frittiertem Lauch garniert servieren.

RESTAURANT SMARAGD, Familie Ferdinand u. Michaela Schachner, Haus Nr. 24, 3672 Maria Taferl

Das Restaurant Krone der Familie Schachner in Maria Taferl bietet sowohl einen herrlichen Blick auf die Donau als auch eine solide Küche mit zahlreichen Spezialitäten der Region.

Michaela Schachner

MOSTVIERTEL

Obstbäume, so weit das Auge reicht. Wie ein riesiger Garten liegt das Mostviertel da, mit seinen sanften Hügeln, den weiten Feldern, die manchmal grün, manchmal sattgolden in der Sonne leuchten. Und überall ragen die knorrigen Äste riesiger Baumkronen in den blauen Himmel: Birnen, Äpfel, Quitten, Zwetschken.

Es lässt sich trefflich drüber streiten, welche Jahreszeit die beste ist für eine Fahrt durch das Land südlich der Donau. Kenner schwören auf den Frühling, wenn Ende April tausende Birnbäume in Blüte stehen und ein weißer Schleier über den Gärten liegt, umschwirrt vom Summen der Bienen, umgeben vom honigsüßen Blütenduft.

Kulinarisch hat aber natürlich der Herbst weit mehr zu bieten. Dann fallen die reifen Früchte prall und saftig direkt vom Baum in die Hand. Dann werden auch die Mostbauern überall im Land geschäftig, es gibt den frisch gepressten Saft zu verkosten, aufregend fruchtig und noch ein wenig trüb. Wenn er dann 6–8 Wochen im Gärbehälter verbracht hat, filtriert und abgefüllt wurde, wird aus dem ungestümen Jüngling ein würdevoller Obstwein – denn nichts anderes ist das Getränk, das in diesem Landstrich „Most" genannt wird: ein Wein aus dem Saft von Birnen und Äpfeln, mitunter mit der Beimischung anderer Obstsäfte, leichten 4–8 Prozent Alkohol, hellgelb bis bernsteinfarben, klar und mit spritziger Säure.

In der Mostgalerie Ardagger lässt sich das flüssige Gold des Viertels am besten verkosten. „Primus" heißt zum Beispiel der erste Birnenmost des Jahres, der als bester gilt und traditionell am Leopolditag, dem 15. November, von den Bauernkindern ihren Taufpaten – den „Gödn" – als Geschenk überreicht wurde.

Die „Mostbarone", wie die großen Produzenten hier gern genannt werden, wissen heute mit der Vielfalt an Birnensorten sehr geschickt umzugehen. Bei Anton Distelberger, dessen Hof in der Nähe von Amstetten steht, sorgen Dorsch- und Stieglbirne, Jonagold, Schweizer Wasserbirne und ihre Vettern für eine Palette an Mosten, die von lieblich bis beißend resch reicht.

Ob der Most mild und prickelnd schmeckt, wie französischer Cidre oder deftig: am besten genießt man ihn auf einer sonnigen Holzbank zusammen mit einer raffinierten Jause.

Es müssen ja nicht unbedingt Mostschnitzel, Mostkraut oder Mostragout sein, obwohl auch diese urigen Spezialitäten der Region es durchaus wert sind, verkostet zu werden. Aber wie wäre es einmal mit einer der köstlichen Gamsrohwürste von der Metzgerei Kainrath in Ybbsitz? Der Betrieb hat sich auf die Verarbeitung von Wild spezialisiert. Im Sortiment finden sich Wildschweinwürste, Rehpasteten und ein Rohschinken vom Hirsch, so zart und würzig wie ein Septembertag unter einem Birnenbaum.

Wer sich einen Überblick über die kulinarische Vielfalt des Mostviertels verschaffen will, wendet sich am besten an Franz Schnetzinger in Kürnberg. Dessen Initiative „Mostviertler Spezialitäten" ist ein richtiger Feinschmecker-Express-Service, der Gastronomie, Lebensmittelhandel und Privatkunden mit Bio-Produkten aus der Region beliefert.

1 **LANDGASTHOF BÄRENWIRT, Petzenkirchen**
2 **HOTEL-RESTAURANT-CAFÉ ZUR POST, St. Valentin**
3 **HOTEL-RESTAURANT KOTHMÜHLE, Neuhofen/Ybbs**

Betriebe im Weinviertel:
HOTEL-RESTAURANT TAVERNE AM SACHSENGANG, Groß-Enzersdorf bei Wien
HOTEL-RESTAURANT DREI KÖNIGSHOF, Stockerau
GASTHAUS WEILER, Laa/Thaya
HOTEL-RESTAURANT AM STEINBERG, Zistersdorf
BUCHINGER'S GASTHAUS ZUR ALTEN SCHULE, Riedenthal ob Wolkersdorf

Betriebe im restlichen Niederösterreich:
LANDGASTHAUS JEITLER, Bromberg
LANDGASTHOF REINBERGER, Wilhelmsburg
RESTAURANT BELVEDERE, Semmering

Auswahl gefällig? Schafmilchjoghurt, Ziegenkäse, Rotschimmel-Basilikumkäse, vegetarische Würste, Dinkel-Tofu-Laibchen und Weizenglutenschnitzel, Apfel-Holler-Saft, Süßlupinienaufstrich, deftige Rinder-Krakauer …

Eine Süßspeise der ganz besonderen Art darf in der Aufzählung nicht fehlen: Die „Scheibbser Kugel", benannt nach der gleichnamigen hübschen Kleinstadt am Ufer der Erlauf, ist eine Köstlichkeit aus Teig, Honig und Schokolade, hergestellt von der Lebzelterei Reschinsky nach einem Rezept, das der Firmengründer im 19. Jahrhundert aus Böhmen brachte – und das die Familie bis heute geheim hält.

Saiblingsfilet mit Erdäpfel-Mangold-Kruste auf Rieslingsoße

ZUTATEN für 4 Portionen

8 Saiblingsfilets à 80 g
Salz
1 EL Zitronensaft

Kruste:
12 Mangoldblätter, blanchiert
400 g Erdäpfel, geschält
Salz
Pfeffer aus der Mühle
3 Dotter
Mehl (glatt)
3 EL Butter
1 Rosmarinzweig

Rieslingsoße:
Fischfond:
2 Karotten
½ Stange Lauch
1 Petersilienwurzel
½ Sellerieknolle
1/16 l Wachauer Riesling
2 Lorbeerblätter
5 Pfefferkörner
5 Wacholderbeeren
Salz
Pfeffer aus der Mühle
200 g Fischabschnitte

50 g Butter
30 g Mehl (glatt)
1 EL Crème fraîche
2 EL Butter
2 EL Schlagobers
Salz
Pfeffer aus der Mühle

ZUBEREITUNG:

Saiblingsfilets zwischen Frischhaltefolie mit der flachen Seite des Fleischklopfers behutsam klopfen, Folie entfernen und die Fischfilets mit Salz würzen und mit Zitronensaft beträufeln.
Kruste: Vom Mangold den Blattstrunk entfernen und Mangold in sehr feine Streifen schneiden.
Erdäpfel grob raffeln, salzen, pfeffern, mit Mangold und den Dottern vermengen. Masse gleichmäßig auf Saiblingsfilets streichen und mit etwas Mehl bestreuen. Butter mit Rosmarinzweig in einer Pfanne erhitzen, Fischfilets mit der Krustenseite einlegen und bei geringer Hitze langsam knusprig braten. Wenn die Unterseite gebräunt ist, Fischfilets wenden und fertigbraten. Saiblingsfilets auf Rieslingsoße anrichten.
Als Beilage passt Gemüse in Butter geschwenkt.
Rieslingsoße: Fond: Wurzelgemüse putzen und waschen. ½ l kaltes Wasser mit Riesling, Gemüse, Kräutern, Gewürzen und Fischabschnitten aufkochen, salzen und pfeffern. Fond bei geringer Hitze etwa 2 Stunden ziehen lassen.
Hinweis: Aufsteigenden Schaum immer wieder mit einem Lochschöpfer abschöpfen. Fond auskühlen lassen und durch ein Sieb seihen.
Butter zerlassen und Mehl darin hell anrösten, mit Fischfond aufgießen und mit einer Schneerute gut verrühren, aufkochen lassen und bei mittlerer Hitze etwa 15 Minuten kochen. Soße mit Stabmixer aufschäumen, dabei abwechselnd Crème fraîche, Butter sowie Obers unterrühren. Rieslingsoße nochmals aufkochen lassen und mit Salz sowie Pfeffer abschmecken.

Weinempfehlung: Riesling Federspiel

LANDGASTHOF BÄRENWIRT, Erich Mayrhofer, Ybbserstraße 3, 3252 Petzenkirchen

---

Der Bärenwirt ist der Inbegriff eines bodenständigen Landgasthofes. Die Küchencrew bietet aber auch verfeinerte Gerichte mit saisonalen Grundprodukten.

Erich Mayrhofer

Mostviertler Pfandl mit Speckfisolen und Serviettenknödel

ZUTATEN für 4 Portionen

720 g Schweinslungenbraten, zugeputzt
Salz
Pfeffer aus der Mühle
100 g Zwiebeln
100 g Bauchspeck
200 g Pilze der Saison (Eierschwammerln, Steinpilze oder Champignons)
4 EL Öl
1/8 l Most
1/4 l Bratensaft (eventuell Fertigprodukt)

Speckfisolen:
200 g Fisolen
Salz
Pfeffer aus der Mühle
1 EL Dille, gehackt
4 Scheiben Frühstücksspeck
1 EL Butter

Serviettenknödel:
8 Semmeln
1/4 l Milch
2 Eier
Salz
Pfeffer aus der Mühle
Muskat
80 g Butter
Butter zum Bestreichen

ZUBEREITUNG:

Schweinlungenbraten in 12 gleich dicke Scheiben (Medaillons) schneiden, mit Salz und Pfeffer würzen. Zwiebel schälen und in Streifen schneiden. Speck ebenfalls in Streifen schneiden. Pilze putzen und – je nach Größe – halbieren oder vierteln.
Medaillons in 3 Esslöffeln heißem Öl beidseitig braten. **Hinweis:** Das Fleisch soll innen noch rosa sein. Aus der Pfanne nehmen und warmstellen. Restliches Öl im Bratrückstand erhitzen, Zwiebel und Speck unter Rühren darin anrösten, Pilze beifügen und mitbraten. Mit Most aufgießen und etwas einkochen lassen, Bratensaft dazugießen und nochmals aufkochen lassen.
Speckfisolen: Fisolen putzen, waschen, in Salzwasser bissfest kochen, abseihen, kalt abschrecken, gut abtropfen lassen. Mit Salz, Pfeffer und Dille würzen. Fisolen in 4 Portionen teilen und jede Portion mit jeweils einer Speckscheibe umwickeln. In aufgeschäumter Butter schwenken.
Serviettenknödel: Semmeln blättrig schneiden. Milch mit Eiern verquirlen, mit Salz, Pfeffer und Muskat würzen, zerlassene Butter beifügen und die Semmeln mit der Eiermilch übergießen. Einige Minuten ziehen lassen.
Knödelmasse auf eine befettete, feuchte Serviette auftragen, zu einer Rolle formen und die Masse eng in die Serviette einrollen. Knödel in kochendes Salzwasser einlegen und offen etwa 20 Minuten kochen. Aus dem Wasser heben, abtropfen lassen, etwas überkühlen und die Serviette entfernen. Knödel in Scheiben schneiden.

Schweinslungenbraten mit Most-Pilzsoße, Speckfisolen und Serviettenknödeln in einer Pfanne anrichten.

HOTEL-RESTAURANT-CAFÉ ZUR POST, Fam. Franz u. Annemarie Rogl, Westbahnstr. 36, 4300 St. Valentin

Traditioneller Familienbetrieb im Zentrum von St. Valentin an der Moststraße. Der Region entsprechend sorgt die Küche für Spezialitäten wie Mostviertler Pfandl oder St. Valentiner Rostbraten. Zum Getränkeangebot gehören unter anderem auch ein herrlicher hausgemachter Nussschnaps und viele regionale Schnäpse.

Franz Rogl

Rosa gebratene Lammnuss auf Rosmarinsaft mit Vollkorndukaten und Gemüse in der Fenchelblüte

ZUTATEN für 4 Portionen

800 g Lammnuss
Salz
Pfeffer aus der Mühle
2 EL Öl
1 Rosmarinzweig
1/8 l Kalbsfond
1/8 l Rotwein
50 g Butter

Vollkorndukaten:
1 l Milch
20 g Butter
Salz
Muskat
100 g Vollkorngrieß
2 Dotter
20 g Sesam
40 g Kürbiskerne, gerieben
Käse, frisch gerieben, zum Gratinieren

Fenchelblüte:
1 Fenchel
Salz
2 Karotten
1 Brokkolirose
1 Zucchini
1 EL Olivenöl

ZUBEREITUNG:

Lammnuss mit Salz und Pfeffer würzen, in heißem Öl rundum anbraten, aus der Pfanne nehmen und im vorgeheizten Rohr bei 120 °C etwa 10 Minuten garen. Temperatur auf 70 °C herunterschalten und die Lammnuss weitere 20 Minuten garen.

Bratrückstand mit Rotwein aufgießen, auf die Hälfte einkochen lassen, Kalbsfond dazugießen und nochmals einkochen lassen. Durch Einrühren kalter Butter binden; eventuell mit Salz und Pfeffer abschmecken.

Vollkorndukaten: Milch mit Butter, Salz und Muskat aufkochen, Grieß einrühren und bei geringer Hitze etwa 15 Minuten dünsten lassen; öfter umrühren. Von der Hitze nehmen, etwas überkühlen lassen und Dotter, Sesam sowie Kürbiskerne unterrühren.

Grießmasse mit einer Teigkarte auf mit Wasser befeuchtetes Backblech streichen, mit Käse bestreuen und vollständig auskühlen lassen. Anschließend mit einem Ausstecher (4 cm Durchmesser) Dukaten ausstechen, auf ein mit Backtrennpapier ausgelegtes Blech legen und im vorgeheizten Rohr bei 200 °C etwa 5 Minuten überbacken.

Fenchelblüte: Fenchelknolle waschen, abtrocknen und mit einem kleinen, spitzen Messer den Strunk keilförmig aus dem Fenchel herausschneiden. Fenchel in Salzwasser kurz blanchieren, kalt abschrecken und die einzelnen Schichten behutsam ablösen. Karotten und Brokkoli blanchieren, kalt abschrecken. Zucchini waschen, putzen. Karotten sowie Zucchini in Stifte schneiden, Brokkoli in kleine Röschen teilen. Gemüse in heißem Öl bissfest braten und in der Fenchelblüte anrichten.

Ostarrichistrudel

ZUTATEN für 6 Portionen
(als Nachspeise)

Topfenfüllung:
75 g Butter
12 g Staubzucker
1 Packung Vanillezucker
Schale von ½ Zitrone
(unbehandelt), abgerieben
Prise Salz
2–3 Eier
250 g Topfen (25 % Fett)
175 g Sauerrahm
30 g Mehl (glatt)
25 g Rosinen
60 g Kristallzucker

Apfelfüllung:
80 g Brösel
50 g Butter
1,2 kg säuerliche Äpfel
Saft von 1 Zitrone
100 g Kristallzucker
1 Packung Vanillezucker
½–1 EL Zimt
1–2 EL Rum
1 Packung Blätterteig (330 g)
Mehl zum Ausarbeiten
20 Stück Dörrzwetschken

1 Ei zum Bestreichen
Staubzucker zum Bestreuen

ZUBEREITUNG:

Topfenfüllung: Butter mit Zucker, Vanillezucker, Zitronenschale sowie Prise Salz mit dem Handrührgerät schaumig rühren. Eier trennen. Dotter nach und nach unter den Butterabtrieb geben. Topfen und Sauerrahm unterrühren, Mehl und Rosinen beifügen. Eiklar mit Kristallzucker zu steifem Schnee schlagen und unter die Topfenmasse heben.

Apfelfüllung: Brösel in Butter anrösten und etwas überkühlen lassen. Äpfel schälen, vierteln, entkernen und dünnblättrig schneiden. Äpfel mit Kristall- und Vanillezucker, Zimt, Rum und Butterbröseln vermengen.

Blätterteig auf einer bemehlten Arbeitsfläche etwa 2 mm dünn ausrollen, Topfen- und Apfelfüllung abwechselnd im unteren Teigdrittel auftragen, mit Dörrzwetschken belegen, Seitenlängen einschlagen und den Strudel zusammenrollen. Auf ein mit Backtrennpapier ausgelegtes Blech legen, mit verquirltem Ei besteichen und im vorgeheizten Rohr bei 180 °C etwa 25 Minuten backen. Mit Staubzucker bestreuen.

HOTEL-RESTAURANT KOTHMÜHLE, Familie Scheiblauer, 3364 Neuhofen/Ybbs

Christiane Scheiblauer, Küchenchefin der Kothmühle, sorgt für eine modern verfeinerte Küche mit zahllosen Mostviertler Spezialitäten. Die Mühle ist übrigens eine der ältesten des Mostviertels.

Wolfgang Draxler

Wels auf jungem Blattspinat und Stangenselleriesabayon

ZUTATEN für 4 Portionen

Sabayon:
8 Selleriestangen
2 EL Butter
1 Sternanis
1/8 l Weißwein
100 ml Fischfond
1 EL kalte Butter
2 Dotter
2 EL Weißwein

4 Welsfilet à 140 g
(ohne Haut und Fett)
Salz
Senf
30 g Weißbrotbrösel
Öl zum Braten
2 EL Butter
600 g junger Spinat, gewaschen und geputzt
Pfeffer
Muskat

ZUBREITUNG:

Sabayon: Sellerie waschen, putzen und mit einem Sparschäler schälen. **Hinweis:** Das zarte Sellerieblattgrün abzupfen und für die weitere Verarbeitung beiseitelegen. Selleriestangen kleinwürfelig schneiden. In einem Topf 2 Esslöffel Butter erhitzen, Sellerie darin farblos anrösten, Sternanis dazugeben, mit Weißwein ablöschen und einkochen lassen. Mit Fischfond aufgießen und Sellerie bei mittlerer Hitze weich dünsten. Anschließend mit 1 Esslöffel kalter Butter binden.

Dotter mit Wein verrühren und über Dampf mit einer Schneerute schaumig aufschlagen. **Hinweis:** Das Volumen soll sich verdoppeln. Kurz vor dem Servieren Weinschaum unter die gedünstete Sellerie rühren. Wels salzen, auf der Außenseite mit Senf bestreichen und in Brösel drücken. In einer beschichteten Pfanne Öl erhitzen, die Filets mit der Bröselseite einlegen und knusprig braten, aus der Pfanne nehmen. Auf einen hitzebeständigen Teller 2 Esslöffel Butter geben; Fischfilets mit der Bröselseite nach oben darauflegen und im vorgeheizten Rohr bei 160 °C fertigbraten. Butter in einem Topf hellbraun aufschäumen, Spinat beifügen und zusammenfallen lassen, mit Salz, Pfeffer und Muskat würzen.

Blattspinat auf warmem Teller in der Mitte anrichten, mit Sabayon rundherum begießen, Fisch darauflegen und mit Selleriegrün garniert servieren.

HOTEL-RESTAURANT TAVERNE AM SACHSENGANG
Ilse Winkler, Schlosshofer Straße 62, 2301 Groß-Enzersdorf bei Wien

Die Gäste der „Taverne am Sachsengang" werden mit ideenreicher, niveauvoller Küche, ambitioniertem und kompetentem Service, einem umfangreichen, glasweisen Angebot von Spitzenweinen und der wunderbaren Lage am Donau-Oder-Kanal verwöhnt. Das alles schätzen auch die Gäste des Seminarhotels.

Norbert Bader

Schweinsfilet mit Eierschwammerln und Erdäpfel-Grammel-Strudel

ZUTATEN für 4 Portionen

Erdäpfel-Grammel-Strudel:
500 g Erdäpfel, gekocht und geschält
100 g Zwiebeln
1–2 EL Öl
100 g Grammeln
Salz
Pfeffer aus der Mühle
Muskat
¼ l Schlagobers
1 Fertigstrudelteigblatt

Eierschwammerln:
300 g Eierschwammerln
80 g Zwiebeln
80 g Hamburgerspeck
1 EL Öl
Salz
Pfeffer aus der Mühle
Prise Mehl (glatt)
1/8 l Rindsbouillon
1/8 l Schlagobers
600 g Schweinslungenbraten, zugeputzt
Salz
Pfeffer aus der Mühle
3 EL Öl zum Braten

ZUBEREITUNG:

Strudel: Erdäpfeln in Scheiben schneiden. Zwiebeln schälen und in feine Streifen schneiden, in erhitztem Öl anrösten, Grammeln klein hacken, beifügen und kurz mitrösten. Erdäpfel dazugeben und unter Wenden mitbraten. Mit Salz, Pfeffer und Muskat würzen. Obers dazugeben. Erdäpfel-Grammelröstung von der Hitze nehmen. Strudelblatt auf ein befeuchtetes Küchentuch legen, Masse im unteren Drittel auftragen, Seitenlängen einschlagen und den Strudel mit Hilfe des Tuches eng rollen. Strudel auf ein mit Backtrennpapier ausgelegtes Blech legen und im vorgeheizten Rohr bei 160 °C etwa 15 Minuten backen.

Eierschwammerln: Zwiebeln schälen. Zwiebel und Speck kleinwürfelig schneiden und in heißem Öl anrösten. Eierschwammerln dazugeben und unter Wenden mitbraten. Mit Salz und Pfeffer würzen, mit Prise Mehl stauben und mit Rindsbouillon aufgießen, aufkochen lassen und bei mittlerer Hitze einige Minuten kochen lassen. Vor dem Anrichten das Obers unterrühren.

Schweinsfilet mit Salz sowie Pfeffer würzen und in heißem Öl rundum kräftig anbraten; im vorgeheizten Rohr bei 180 °C etwa 10 Minuten fertiggaren. Aus dem Rohr nehmen, Fleisch in Alufolie wickeln und 3 Minuten rasten lassen.

Schweinslungenbraten in Scheiben schneiden, mit Eierschwammerln und Erdäpfel-Grammelstrudel anrichten.

HOTEL-RESTAURANT DREI KÖNIGSHOF,
Familie Johanna u. Peter Hopfeld, Hauptstraße 29–31, 2000 Stockerau

Der Gasthof aus dem 18. Jahrhundert wurde durch einen Umbau in ein gediegenes Vier-Sterne-Haus mit Seminar- und Bankettzentrum verwandelt. Die Küchencrew liefert verfeinerte regionale Schmankerln.

Martin Mocnik

Schokoladensoufflee mit Weinviertler Portugieser-Kirschen und Oberseis

ZUBEREITUNG:

Schokoladensoufflee: Eier trennen. Beide Kuvertüren grob hacken und in einer Schüssel über Dampf schmelzen. Flüssige Butter einrühren und gut verrühren; von der Hitze nehmen und die Dotter unterrühren. Eiklar mit Zucker zu steifem Schnee schlagen und unter die Schokolademasse heben. Masse in mit flüssiger Butter befettete und mit Zucker ausgestreute Formen (eventuell Kaffeetassen) zwei Drittel hoch einfüllen. Formen in heißes Wasserbad stellen und im vorgeheizten Rohr bei 180° C Oberhitze und 220 °C Unterhitze etwa 20 Minuten garen.

Schokoladesoufflees vorsichtig auf Teller stürzen, mit den Portugieser-Kirschen sowie Oberseis anrichten.

Portugieser-Kirschen: Kirschen waschen, entstielen, abtrocknen und entkernen. Die halbe Menge der Kirschen mit Zucker vermengen und zugedeckt etwa 1 Stunde im Kühlschrank ziehen lassen. Mit Wein und Zimt aufkochen, von der Hitze nehmen und etwas überkühlen lassen. Zimtstange entfernen, Kirschen pürieren und durch ein Sieb streichen. Kirschwasser beifügen. Vor dem Anrichten die Kirschensoße mit den restlichen Kirschen erwärmen.

Oberseis: Zucker mit Trockenmilchpulver vermengen, Milch und Obers beifügen, gut verrühren und aufkochen lassen, Qimiq einrühren und die Masse etwa 5 Minuten mixen. Anschließend durch ein feines Sieb streichen und in der Eismaschine frieren.

ZUTATEN für 10 Portionen

Schokoladensoufflee:
6 Eier
60 g dunkle Kuvertüre
60 g helle Kuvertüre
50 g flüssige Butter
40 g Feinkristallzucker
flüssige Butter und Kristallzucker für die Formen

Portugieser-Kirschen:
800 g Kirschen
150 g Kristallzucker
100 ml Blauer Portugieser
1 Zimtstange
40 ml Kirschwasser

Oberseis:
170 g Kristallzucker
40 g Trockenmilchpulver
¼ l Milch
200 ml Schlagobers
¼ l Qimiq

GASTHAUS WEILER, Martin Weiler, Staatsbahnstraße 60, 2136 Laa/Thaya

Martin Weiler hat dieses Traditionswirtshaus von seinen Eltern übernommen. Als Schüler von Toni Mörwald sorgt er für eine phantasievolle und kreative Regionalküche mit Schwerpunkt auf Produkten der Umgebung.

Martin Weiler

Sämlingssuppe vom Steinberg

ZUTATEN für 4 Portionen

1 mittlere Fenchelknolle
3 Schalotten
2 EL Olivenöl
1/8 l Sämling (Weißwein)
600 ml Gemüse- oder Hühnerbouillon
30 g Hamburgerspeck
1 KL Butter
1 kleiner säuerlicher Apfel
1 Becher Crème fraîche (125 g)
Salz
weißer Pfeffer aus der Mühle
4 EL geschlagenes Schlagobers

ZUBEREITUNG:

Fenchelgrün abschneiden und bis zur Weiterverarbeitung beiseitelegen. Fenchelknolle waschen, abtrocknen, putzen, vierteln, Strunk entfernen und Fenchel in kleine Würfel schneiden. Schalotten schälen und sehr feinwürfelig schneiden. Olivenöl erwärmen, Schalotten darin glasig anrösten, Fenchel beifügen und mitrösten. Mit Sämling aufgießen und etwas einkochen lassen, anschließend mit Bouillon aufgießen. Suppe aufkochen und Fenchel bei mittlerer Hitze bissfest kochen. Inzwischen Fenchelgrün feinhacken. Speck in feine Streifen schneiden und in zerlassener Butter knusprig braten. Apfel waschen, schälen, vierteln, entkernen und in kleine Würfel schneiden.

Crème fraîche in die Suppe einrühren, mit Salz und Pfeffer abschmecken. Apfel in die heiße Suppe mengen, kurz darin ziehen lassen.

Kurt Windsteig vom Hotel-Restaurant am Steinberg richtet die Suppe in tiefen Tellern an.

Tipp: Mit Schlagobers und Speck garnieren und mit Fenchelgrün bestreut servieren.

HOTEL-RESTAURANT AM STEINBERG, Kurt Windsteig, Am Steinberg 1, 2225 Zistersdorf

Hotel-Restaurant mit Panorama-Terrasse und Blick bis weit in die Karpaten. Die regional orientierte Küche bietet übers Jahr viele saisonelle, kulinarische Spezialitätenwochen und Weindegustationen mit Galamenüs an.

Kurt Windsteig

Bruckfleisch

ZUTATEN für 6 Portionen

1 kg Bruckfleisch
(6 Innereien vom frisch geschlachteten Rind:
Leber, Herz,
Lichteln = Aorta, Bries, Milz,
Kronfleisch = Zwerchfell)
2 Zwiebeln
120 g Schmalz (oder Öl)
½ l Rotwein
Salz
Pfeffer aus der Mühle
2 Karotten
2 gelbe Rüben
200 g Sellerie
2 Knoblauchzehen, zerdrückt
1–2 Majoranzweige
1 Thymianzweig
1 Lorbeerblatt
Mehl zum Stauben
Eventuell 40 ml Rinderblut oder Schweinsblut
(mit Salz verrührt und tiefgekühlt)

ZUBEREITUNG:

Herz gut wässern und von allen Blutresten sowie harten Blutgefäßen, Sehnen und Fett befreien. Von der Leber feines Häutchen entfernen. Herz und Leber blättrig schneiden, Aorta wässern und in dünne Ringe schneiden. Bries gut wässern, ebenfalls von Blutresten befreien und in Scheiben schneiden. Milz und Kronfleisch in 0,5 cm dicke Streifen schneiden.

Zwiebeln schälen, feinwürfelig schneiden, in 100 g Schmalz hellbraun anrösten, mit 1/8 – 1/4 l Rotwein aufgießen, etwas einkochen lassen. Leber, Herz, Aorta und Kronfleisch mit den Kräutern zum Ansatz geben und im eigenen Saft zugedeckt etwa 1 Stunde dünsten lassen. Bries und Milz untermengen und dünsten lassen. Mit Salz und Pfeffer würzen.

Inzwischen Wurzelgemüse waschen, putzen und in Würfel schneiden, mit dem Knoblauch im restlichen Schmalz anbraten und zum Bruckfleisch geben. Mit restlichem Rotwein aufgießen und das Bruckfleisch weitere 15–20 Minuten weichdünsten. **Hinweis:** Eventuell mit etwas Wasser aufgießen.

In Originalrezepten wird das Bruckfleisch durch Einrühren von Blut gebunden. **Hinweis:** Das Blut macht es besonders cremig.
Bruckfleisch mit Serviettenknödeln oder Erdäpfelnockerln anrichten.
Anmerkung: Das Bruckfleisch unbedingt beim Fleischhauer vorbestellen. Die Lichteln werden auch Weinviertler Tintenfisch genannt.

BUCHINGER'S GASTHAUS ZUR ALTEN SCHULE,
Manfred Buchinger, Wolkersdorfer Straße 6, 2122 Riedenthal ob Wolkersdorf

Ein Glücksfall für die Region, wenn sich ein ehemals in Wien gefeierter Starkoch wie Manfred Buchinger in ein Dorfwirtshaus (ehemalige Schule) zurückzieht. Auf diese Art entsteht eine perfekte Landgasthaus-Küche.

Manfred Buchinger

Terrine von Flusskrebsen und Spargel

ZUTATEN für 6 Portionen

Fischgelee:
7 Blätter Gelatine
1 l geklärter Fischfond (eventuell aus dem Glas)

Spargelmousse:
600 g weißer Spargel
Salz
1 KL Kristallzucker
1 EL Butter zum Spargelkochen
50 g Butter
3 Blätter Gelatine
50 ml Schlagobers

30 frische Flusskrebse, ausgelöst
50 g gekochtes Wurzelgemüse, in kleine Würfel geschnitten

ZUBEREITUNG:

Fischgelee: Gelatine in kaltem Wasser einweichen, gut ausdrücken und in warmem Fischfond auflösen.

Spargelmousse: Spargel waschen, schälen und Enden abschneiden. Wasser mit Salz, Kristallzucker und Butter zum Kochen bringen. Spargelstangen beifügen und bei mittlerer Hitze etwa 10 Minuten kochen. **Hinweis:** Die genaue Garzeit richtet sich nach der Stärke der Spargelstangen. Den Spargel aus dem Wasser heben, gut abtropfen lassen, pürieren und durch ein Sieb streichen. **Hinweis:** Für die Terrine wird 200 g passierter Spargel benötigt.

Passierten Spargel mit Butter aufmixen, Gelatine in kaltem Wasser einweichen, gut ausdrücken, vorschriftsmäßig auflösen und unter die Spargelmasse rühren. Obers halb steif schlagen und unterheben.

Terrinenform (etwa 1 l Inhalt) mit Klarsichtfolie auslegen. Fischfond etwa 0,5 cm hoch einfüllen. Wenn der Fond zu gelieren beginnt, das Mousse einfüllen und etwas stocken lassen.

Gleichmäßig mit den ausgelösten Krebsen belegen. Abschließend das Wurzelgemüse mit restlichem Fischgelee mischen und über den Krebserln verteilen, glattstreichen und kaltstellen. Terrine behutsam aus der Form stürzen und in Scheiben schneiden.

Mit Salat und mariniertem Spargel dekorativ anrichten.

LANDGASTHAUS JEITLER, Gerald Jeitler, Oberschlatten 1, 2833 Bromberg

Gerald Jeitler

Gerhard Jeitler, ein hoch begabter Autodidakt, ist einer der besten Köche Niederösterreichs. Immer wieder sorgt er mit seinen unvergleichlichen Kreationen für Aufsehen. Auch das Weinangebot ist grandios.

Nougat-Nussknödel auf lauwarmen Rumtopffrüchten

ZUTATEN für 4 Portionen

¼ l Milch
60 g Butter
Prise Salz
80 g Weizengrieß
2 Eier
1 Dotter
110 g Semmelbrösel
Schale von ½ Zitrone (unbehandelt), abgerieben
2 EL Rum
200 g Nougat
Walnüsse, gerieben, zum Wälzen
Staubzucker zum Bestreuen

ZUBEREITUNG:

Milch mit Butter und Prise Salz aufkochen, Grieß beifügen und unter ständigem Rühren kochen, bis sich der Teig vom Kochtopfboden löst; von der Hitze nehmen. Eier mit Dotter verquirlen und nach und nach unterrühren. Brösel, Zitronenschale sowie Rum unterrühren und Grießmasse etwa 30 Minuten rasten lassen. Nougat in 12 gleich große Stücke schneiden. Grießmasse in zwölf Portionen teilen. Jede Portion mit einem Nougatstück belegen und zu Knödeln formen.

Knödel in kochendes Salzwasser einlegen und bei geringer Hitze etwa 10 Minuten ziehen lassen. Mit einem Lochschöpfer aus dem Wasser heben und gut abtropfen lassen.

Knödel in geriebenen Nüssen wälzen, mit Staubzucker bestreuen und auf lauwarmen Rumtopffrüchten anrichten.

Tipp: Nougatstücke zu kleinen Kugeln formen und im Tiefkühler kurz anfrieren, erst dann mit Grießmasse umhüllen.

Variation: Statt der Rumtopffrüchte marinierte Beeren der Saison verwenden.

LANDGASTHOF REINBERGER,
Familie Ingrid u. Leopold Reinberger, Kreisbacher Straße 11, 3150 Wilhelmsburg

Die Wirtsfamilie Reinberger hat hier eine Landgasthofidylle geschaffen, wie es in Niederösterreich viele gibt. Die herzhafte Küche und viel Gastfreundlichkeit machen den Charme dieses Hauses aus.

Leopold Reinberger

Gebratene Lammstelze mit Rosmarin und Wurzelgemüse

ZUTATEN für 4 Portionen

4 vordere Lammstelzen
(vom Semmeringer Doppelreiter-Bauern)
Salz
Pfeffer aus der Mühle
2 Knoblauchzehen, zerdrückt
3 EL Olivenöl
1 gelbe Rübe
2 Karotten
½ Sellerie
2 Zwiebeln
100 g Hamburgerspeck
2 Rosmarinzweige
3 Knoblauchzehen
2 Paradeiser
1 EL Paradeisermark
1/8 l Weißwein
½ l Rindsbouillon
etwas Butter für das Gemüse
50 g kalte Butter

ZUBEREITUNG:

Lammstelzen mit Salz, Pfeffer würzen und mit Knoblauch einreiben. Öl in einer Bratwanne erhitzen und die Stelzen darin rundum kräftig anbraten.

Karotten, gelbe Rüben, Zwiebeln und Sellerie schälen. Die halbe Menge des Gemüses sowie den Speck in 1 cm große Stücke schneiden und mit dem Rosmarin sowie Knoblauch zu den Stelzen geben. Im vorgeheizten Rohr bei 180 °C etwa 2 Stunden braten.
Hinweis: Nach 30 Minuten Bratzeit mit etwa 1/8 l Rindsbouillon untergießen. Stelzen während des Bratens immer wieder mit Bratensaft übergießen.

Inzwischen Paradeiser kreuzweise einschneiden, blanchieren, kalt abschrecken, schälen, entkernen und die Paradeiser in Würfel schneiden. Stelzen aus der Bratwanne nehmen und warm stellen. Paradeisermark in den Bratrückstand einrühren und anrösten, Paradeiserwürfel beifügen, mit Weißwein und restlicher Bouillon aufgießen; bei mittlerer Hitze etwa 10 Minuten einkochen lassen.

Restliches Gemüse in mundgerechte Stücke schneiden, mit Salz und Pfeffer würzen und in etwas Butter und wenig Wasser weichdünsten.

Saft pürieren und durch Einrühren kalter Butterstücke binden. Fleisch mit Gemüse und Saft anrichten.

Weinempfehlung:
2001 Zweigelt & Merlot – Edition BÖG,
Weingut Sepp Moser, Apetlon, Neusiedlersee
oder
2003 Blaufränkisch,
Maria Kerschbaum, Horitschon, Mittelburgenland

RESTAURANT BELVEDERE, Familie Engelschall, Hochstraße 60, 2680 Semmering

Traditionsreiches Sommerfrische-Hotel im Kurort Semmering. Die Küche wurde einerseits mit schmackhaften Schonkostmenüs dem Kurkonzept angepasst, bietet aber auch viele liebevoll zubereitete regionale Schmankerln.

Karl Engelschall jun.

SALZKAMMERGUT

Also gut, zunächst einmal ist das Salzkammergut eine Landschaft, die so vordergründige Dinge wie Landesgrenzen glatt ignoriert, um nicht zu sagen: transzendiert. Es gehört zu Salzburg und zur Steiermark genauso wie zu Oberösterreich. Besser gesagt: genauso nicht, denn diese Region hat in allen drei Bundesländern ein bisschen Sonderstatus, sie grenzt sich von der Umgebung ab und bildet eine Einheit.

Ingrid Pernkopf und Johann Parzer.

Hier muss wieder paradox gesagt werden: Das Typische an dieser Einheit ist ihre Vielfalt. Die üppigen Hügel des Attergaus oder des Mondseer Landes sind nicht zu vergleichen mit den schroffen Felswänden um den Hallstätter See oder mit der imperialen Noblesse von Bad Ischl oder mit der stillen Romantik des Almtales.

Das Salzkammergut ist seit der Bronzezeit ein Hort der österreichischen Kultur, sein wahrer Aufstieg begann jedoch im 19. Jahrhundert, als das Wiener Bürgertum, der Wiener Adel und sogar der Kaiser selbst die Gegend für eine Tätigkeit entdeckten, die man heute als „Urlaub" bezeichnen würde, damals aber „Sommerfrische" hieß. Das Salzkammergut eignete sich für diese neu aufkommende Mode deshalb so gut, weil es eine unvergleichlich schöne Landschaft aufweist, zweitens über 40 Seen, die für Bootspartien oder sogar zum Schwimmen geeignet waren – und weil es einer der niederschlagsreichsten Winkel Österreichs ist und daher auch deklarierten Naturjüngern ausreichend Gelegenheit bot, Zeit im Kaffeehaus oder im Salon zu verbringen.

Im Gefolge der Reichen und Mächtigen kamen auch Dichter, Komponisten und Maler ins liebliche Seenland. Adalbert Stifter, Gustav Mahler, Jakob Wassermann, Gustav Klimt, Hugo von Hofmannsthal, Nikolaus Lenau, Peter Altenberg, Karl Kraus, Carl Zuckmayer, Friedrich Torberg – es gibt kaum einen bedeutenden Namen des Fin de Siècle und der ersten Hälfte des 20. Jahrhunderts, bei dem die Spur nicht auch ins Salzkammergut führen würde.

Bad Ischl war das urbane Zentrum dieser mondänen Sommerwelt, das man damals von Salzburg aus mit einer Schmalspurbahn erreichte, die so gemächlich unterwegs war, dass sie offenbar selbst die Sommerfrischler ungeduldig machte. „Diese holde Welt durchzieht eine Lokalbahn, deren Zügen immer Dackel nachlaufen", spottete der Dichter Fritz von Herzmanovsky-Orlando über das heute längst eingestellte Verkehrsmittel.

Bad Ischl hat bei allem inneralpinen Charme gewisse mondäne Züge behalten, allen voran natürlich eines von Österreichs berühmtesten Kaffeehäusern.

1 HOTEL-SEEGASTHOF OBERNDORFER, Attersee
2 LANDHOTEL GRÜNBERG AM SEE, Gmunden
3 SCHLOSSHOTEL FREISITZ ROITH, Gmunden

Johann Zauner, Zuckerbäcker und Weinhändler, eröffnete 1832 seine Konditorei, die bald jeden Sommer zur heimlichen Hauptstadt des Habsburgerreiches werden sollte. Katharina Schratt, die Gefährtin des Kaisers der späten Jahre, brachte dem Zauner ihr Guglhupfrezept – zur Sicherheit, falls sie einmal selber nicht dazukommen sollte, den Kuchen für die allerhöchste Jause zu backen. Den Zauner-Guglhupf gibt's noch heute, ebenso den legendären Zauner-Stollen und die Zauner-Kipferln.

Dass die Seenlandschaft des Salzkammerguts eine derart reiche kulinarische Region wurde, liegt freilich nicht nur an den verwöhnten Gaumen wohlhabender Sommerfrischler. Es ist vielmehr das Land selbst, das Produkte hervorbringt, für die Feinschmecker meilenweit anreisen: Saiblinge, Forellen, Reinanken und Hechte aus den Bächen und Seen. Würziges Fleisch und üppige Käse von den Lämmern und Rindern auf den Weiden des Attergaus. Und wenn im Spätsommer der berühmte Schnürlregen fällt, dann schießen Steinpilze, Parasole und Morcheln aus dem Unterholz, dass der ganze Wald von ihrem Geruch erfüllt ist.

Aber schön der Reihe nach. Beginnen wir, zum Beispiel, bei der „Fischer-Peppi" in Seewalchen am Attersee. Die resolute Tochter einer alten Fischerfamilie stieg 1944, als die Männer alle im Krieg waren, kurzerhand ins Ruderboot und fuhr auf den See hinaus. Mit dem Fang ernährte sie anfangs die Familie, nach und nach verkaufte sie die Fische in die Umgebung. Heute betreibt ihr Enkel Norbert Ecker die Fischerei in dritter Generation, zu den Fangbooten kamen Frischhaltebecken, in denen Seefische stets vorrätig gehalten werden. Eine besondere Spezialität des Hauses sind Räucherfische, die nach überlieferter Art langsam über Buchenmoder geräuchert werden.

Weiter westlich im Mondseeland haben die Bauern eine Käsespezialität kreiert, deren besonderes Aroma vom Heu herstammt. Der „Heumond-Kas" ist im Winter, wenn die Kühe ausschließlich Heu fressen, weißlich-brüchig, im Sommer dank frischem Gras eher gelblich-cremig. Immer aber ist es ausschließlich Gras von den Weiden um den See. Silofutter oder synthetische Zusatznahrung sind streng verpönt. „Man muss den Duft des Grases im Käse riechen können", sagt Käsebauer Franz Dallinger aus Oberhofen. So einfach kann Qualität sein.

Aber natürlich werden die glücklichen Paarhufer nicht nur wegen ihrer Milch gehalten. Salzkammergut-Beef und Salzkammergut-Lamm sind zwei Stichworte, die jeden Feinschmecker an saftige Almen und taunasse Kräuter denken lassen. Jede der tausend Almen auf den Bergrücken zwischen den Seen hat ihr eigenes Geheimnis. Manchmal sind es besondere Blüten, die wegen der Windrichtung nur hier wachsen und die den entscheidenden Unterschied ausmachen, an dem feine Gaumen erkennen, woher das Fleisch nur stammen kann.

Wer vom Mondsee aus den Schafberg erklimmt und drüben Richtung St. Wolfgang wieder absteigt, der findet sich, so er das im Sommer tut, wahrscheinlich irgendwann auf einer der Holleralmen.

Die leuchtend weiß blühenden Stauden sind nicht nur attraktiv. Sie liefern auch das Material für Hollersaft und Hollersekt, gebackene Holunderblüten und schließlich schwarzdunkle Hollermarmelade. Wer nicht wenigstens einmal Krapfen mit Hollermarmelade probiert hat – der kann nicht behaupten, das Salzkammergut zu kennen.

Einmal in St. Wolfgang, sollten Sie nicht versäumen, in der Konditorei Gandl vorbeizuschauen – zumindest dann, wenn Sie eine Schwäche für den Duft von Lebkuchen haben. Die Original St. Wolfganger Lebkuchen, die es mit Mandeln, kandierten Orangen, Feigen, Zwetschken, Rum und Schokolade gibt, waren ursprünglich die haltbare Wegzehrung der Wallfahrer. Schließen Sie also ruhig ein Stoßgebet an den hier verehrten Heiligen Wolfgang an, der damals, als er die Heiden bekehrte, ihnen noch vor dem Beten das Roden und den Ackerbau beibrachte und sagte: „Ich will für euer leibliches Wohl ebenso sorgen wie für euer geistliches."

Geräucherte Attersee-Forelle „Fischerin“

ZUBEREITUNG:

Forellen am besten vom Fischhändler filetieren lassen. Fischfond aufkochen, Schlagobers dazugießen.

Hinweis: Unbedingt Fond zuerst aufkochen, da sonst das Schlagobers ausflocken könnte. Nochmals aufkochen. Forellenfilets einlegen, bei geringer Hitze einige Minuten ziehen lassen.

Anmerkung: Wir haben dieses Rezept in einem gut 100 Jahre alten Menübuch unserer Urgroßeltern gefunden.

Weinempfehlung:
Chardonnay von Peter Dolle
aus Straß im Straßertal, NÖ

ZUTATEN für 4 Portionen

2 geräucherte Attersee-Forellen oder
4 Räucherforellenfilets
1/8 l kräftiger Fischfond oder
Gemüsebouillon
1/8 l Schlagobers

HOTEL-SEEGASTHOF OBERNDORFER, Josef und Maria Oberndorfer, Hauptstraße 18, 4864 Attersee

Seit mehr als 100 Jahren sind die Generationen der Familie Oberndorfer um das Wohl ihrer Gäste bemüht. Fangfrische Atterseefische gehören hier ebenso zum kulinarischen Angebot wie Wild aus heimischen Jagden.

Maria Oberndorfer

Gratinierter Saibling auf Gemüseragout

ZUTATEN für 4 Portionen

Gratiniermasse:
1 geräuchertes Saiblingsfilet
60 g Butter
100 g Weißbrotbrösel
Saft von ½ Zitrone
20 g geriebener Kren
10 g frische Kräuter, gehackt
Salz
weißer Pfeffer aus der Mühle

4 Saiblinge à 250 g (oder
4 Saiblingsfilets, ohne Haut)
Salz
Weißer Pfeffer aus der Mühle
Saft von ½ Zitrone
2 EL Öl

300 g verschiedenes Gemüse
(nach Saison), geputzt,
gewaschen, klein geschnitten
1–2 EL Butter
1/8 l Veltliner
1/16 l Gemüsefond oder
Gemüsebouillon
1 EL kalte Butter
4 EL geschlagenes Schlagobers

ZUBEREITUNG:

Gratiniermasse: Geräuchertes Fischfilet kleinwürfelig schneiden oder im elektrischen Zerkleinerer (Cutter) pürieren. Weiche Butter schaumig rühren, Brösel, Zitronensaft, Kren, Kräuter beifügen und die Masse mit Salz und Pfeffer würzen.

Saiblinge filetieren (am besten vom Fischhändler filetieren lassen), Haut entfernen und die Filets mit Salz sowie Pfeffer würzen und mit Zitronensaft beträufeln. Fischfilets in erhitztem Öl anbraten, von der Hitze nehmen, Gratiniermasse mit Hilfe einer Palette gleichmäßig auf die Saiblingsfilets streichen und bei starker Oberhitze überbacken. Inzwischen Gemüse in zerlassener Butter anbraten, mit Wein und Gemüsefond aufgießen, aufkochen und einige Minuten dünsten lassen, mit Salz und Pfeffer würzen, kalte Butter einrühren und Schlagobers unterheben. Saiblinge mit Gemüseragout anrichten.

LANDHOTEL GRÜNBERG AM SEE,
Familie Ingrid u. Franz Pernkopf, Traunsteinstraße 109, 4810 Gmunden

Malerisch am Ufer des Traunsee gelegen, zählt dieser Betrieb zu den Traditionshäusern von Gmunden. Das kulinarische Angebot wird naturgemäß von Fischgerichten aller Art dominiert, aber auch Spezialitäten von Produkten aus der Region wie Lamm und Wild werden serviert.

Ingrid Pernkopf

Riedlingsroulade mit ausgelösten Flusskrebsen

ZUTATEN für 4 Portionen

6 Riedlinge à etwa 200 g
70 g Blattspinat, geputzt
50 g Karotten
Salz
Pfeffer aus der Mühle
1 EL Zitronensaft
Butter
½ l Fischfond (aus dem Glas)

Farce:
100 g Saiblingsfilet
1/8 l Schlagobers
2 Eiklar
Salz
Pfeffer aus der Mühle
1 EL Zitronensaft

Bärlauchsauce:
1/8 l Schlagobers
1/8 l Crème fraîche
3 EL Bärlauch, fein gehackt

12 Flusskrebse
Salz
Dillstängel
1 EL Kümmel (ganz)
Zitrone

Garnierungstipp:
Karotte, Zucchini, Sellerie, gelbe Rübe

Weinempfehlung: 2004 Grauburgunder, Weingut Polz

ZUBEREITUNG:

Riedlinge filetieren – am besten vom Fischhändler machen lassen – und Gräten mit einer Pinzette entfernen. Filets in 10 cm breite Stücke schneiden. **Hinweis:** Die Abschnitte kann man für Fischfarce verwenden. Blattspinat in kochendem Salzwasser etwa 1 Minute blanchieren, kalt abschrecken und für die weitere Verarbeitung beiseitestellen. Die Karotten mit dem Sparschäler in feine Streifen schneiden.
Fischfarce: Vom Saiblingsfilet Haut und eventuell vorhandene Gräten entfernen. Mit Obers und Eiklar (eventuell auch Riedlingsabschnitte) – am besten im Mixaufsatz – pürieren, mit Salz, Pfeffer und Zitronensaft würzen. Farce durch ein feines Sieb streichen.
Jeweils 3 Fischfiletstücke wenig salzen und pfeffern, nebeneinander auf bebutterte Alufolie legen, Fisch mit Hilfe einer Palette mit Fischfarce bestreichen, mit Blattspinat und Karotten belegen und mit Hilfe der Folie eng einrollen. Enden fest verschließen. Fischfond bis knapp unter dem Siedepunkt erhitzen, Rouladen einlegen und bei 80 °C etwa 10 Min. garen. Mit einem Lochschöpfer herausheben und gut abtropfen lassen. Folie entfernen.
Bärlauchsauce: Obers mit Crème fraîche, Bärlauch, Salz und Pfeffer aufkochen und mit einem Stabmixer pürieren.
Krebse in stark gesalzenem Wasser mit Dillstängel, Kümmel und Zitrone etwa 2 Minuten kochen. Krebse abseihen, aus den Schalen lösen.
Garnierungstipp: Mit einem kleinen Kugelausstecher aus dem Gemüse kleine „Perlen“ ausstechen und in Salzwasser kurz blanchieren. Krebse mit Riedlingsroulade, Gemüseperlen und Bärlauchsauce anrichten. Als Beilage servieren wir Risotto oder getrüffeltes Erdäpfelpüree.

SCHLOSSHOTEL FREISITZ ROITH, Johann Parzer, Traunsteinstraße 87, 4810 Gmunden

Ein würdiger Rahmen, luxuriöse Zimmer, ein prachtvoller Blick auf den See und eine hochqualitative Küche – all das bietet das grandiose und gut geführte Schlosshotel Freisitz Roith.

Johann Parzer

MÜHLVIERTEL UND UMGEBUNG

Adalbert Stifter war ein Leben lang begeistert von der dunklen Würde und Unerschütterlichkeit dieser Wälder. „Da blauet Forst an Forst in angenehmer Färbung, und manche zarte, schön blaue Rauchsäule steigt fern aus ihnen zu dem heiteren Himmel auf. Es wohnet unsäglich viel Liebes und Wehmütiges in diesem Anblicke“, schwärmte der Dichter von einer Landschaft, die noch heute zu den größten und unberührtesten Waldgebieten Europas zählt.

Christian Höglinger, Anton Froschauer, Gerold Brummeier, Michael Brummeier (v. l. n. r.).

Schon im Mittelalter führte eine europäische Transitroute durchs Mühlviertel – das übrigens seinen Namen vom mittelhochdeutschen Wort „Mihel" ableitet, was so viel wie „Hügel" bedeutet. Die Straße diente dem Salzhandel zwischen den Salinen des Salzkammergutes und den reichen böhmischen Städten. 1832 wurde entlang dieser alten Route als erste Schienenbahn auf dem europäischen Kontinent die Pferdeeisenbahn Linz–Budweis gebaut.

Lange Zeit waren Flachs für die Textilindustrie und Hopfen für die Bierbrauer die wichtigsten landwirtschaftlichen Produkte. Noch heute finden sich ausgedehnte Hopfengärten auf den Hügeln um Haslach und Neufelden. Auf insgesamt mehr als hundert Hektar wächst der feinbittere Mühlviertler Hopfen.

Viel interessanter für Feinschmecker ist jedoch die relativ junge Entwicklung des Mühlviertels zu einem Käse-Paradies. Gleich hinter Linz produziert etwa Gerti Eckerstorfer herrlich-deftigen Ziegenkäse mit Knoblauch, Kräutern oder Pfeffer. Auf mild-würzigen Schnittkäse, ebenfalls ausschließlich aus Ziegenmilch, hat sich Rudolf Kastner drüben in Schneckenreith spezialisiert.

Ganz im Norden in St. Leonhard entsteht in der gleichnamigen Bio-Käserei eine dem Camembert ähnliche cremige Köstlichkeit mit Weißschimmel, oder ein kräftiger Rotschmierenkäse für fortgeschrittene Connaisseure. Und dass aus dem Ort Schlierbach kräftiger Käse kommt, das ist in Österreich ohnehin schon lang kein Geheimnis mehr. Dennoch weiß der hier angesiedelte Biokäser Rudolf Leeb zu verblüffen: Sein Schafmilch- und sein Ziegenmilch-Joghurt sind dick und vollmundig, wie man das sonst nur aus Griechenland kennt.

Sogar einen richtigen Bergkäse gibt es im Mühlviertel: Er stammt von den Zwettler Käsebauern, deren Almen rund um Langzwettl immerhin auf 700 Meter Höhe liegen.

Noch weiter hinauf liegen die Kräuterfelder der Bergkräuter- Genossenschaft Hirschbach. 34 Landwirte bauen in der kühlen Luft des Böhmerwaldes jedes Jahr bis zu 60 Tonnen würziger Blätter und Dolden an – Petersilie, Kerbel, Estragon, Thymian, Lavendel, Eisenkraut. Verkauft werden sie als getrocknete Mischungen („Fit & Vital Salatgewürz") oder als Kräutertees.

1 **RESTAURANT BÄRNSTEINHOF, Aigen im Mühlkreis**
2 **HOTEL-RESTAURANT MÜHLTALHOF, Neufelden**
3 **GASTHOF STIEGLBRÄU – ZUM KLOSTERHOF, Linz**
4 **RESTAURANT BRUMMEIER'S KEPLER-STUBEN, Eferding**

Wer jetzt glaubt, das Mühlviertel wäre eine Milch- und Grünzeug-Gegend, der sollte wissen, dass diese Region ein paar der innovativsten Fleischhauer des Landes hervorgebracht hat. Zum Beispiel den Kürmayr in Schwertberg mit seiner fettarmen Edel-Pariser. Oder den Höglinger in Putzleinsdorf, der eigentlich Biobauer ist, aber den besten Honigkrustenschinken mit Honig von eigenen Bienen macht. Beim Wagner in Helfenberg werden Speck und Würste streng nach alten Rezepten eingesalzen, geräuchert und danach wochenlang zum Reifen aufgehängt. Die Knacker gibt's nur frisch. „Sie hält höchstens drei Tage", betont Juniorchef Nikolaus Wagner, „weil sie völlig ohne Konservierungsmittel auskommt."

Unbedingt erwähnt werden muss in dieser Aufzählung der Hörlsberger in Urfahr, der ausschließlich Fleisch von Mühlviertler Bauern zu Haschee-, Speck- und Grammelknödeln verarbeitet, für die die Linzer Hausfrauen Schlange stehen.

Einer der ungewöhnlichsten Betriebe der Region ist die Ölmühle Koblmiller in Haslach. Hier werden seit 200 Jahren vor allem Leinsamen zu Öl gepresst, seit einiger Zeit aber auch andere ungewöhnliche Ölfrüchte, wie Mohn, Nüsse oder Marillenkerne.

Böhmische Liwanzen mit Rahm-Heidelbeeren

ZUTATEN für 4 Portionen

250 g Mehl (doppelgriffiges)
10 g frische Germ
1 KL Staubzucker
150 ml Milch
1 Ei
20 g flüssige Butter
Salz
Butter zum Ausbacken
200 g Powidl
250 g Heidelbeeren, verlesen
1 KL Staubzucker
60 ml geschlagenes Schlagobers
½ KL Zimt (gemahlen)

ZUBEREITUNG:

Mehl in eine Schüssel sieben, zerbröselte Germ und Zucker beifügen, mit etwas von der Milch beträufeln und verrühren. Zugedeckt an einem warmen Ort gehen lassen. **Hinweis:** Das Volumen soll sich verdoppeln. Restliche Milch mit Ei, Butter und einer Prise Salz verquirlen und mit dem Vorteig – am besten mit den Knethaken des Handrührgerätes – zu einem glatten Germteig verarbeiten. Butter in einer Liwanzen- oder Spiegeleierpfanne erhitzen, Teig mit einem Esslöffel portionsweise in die Vertiefungen einlegen und bei geringer Hitze beidseitig – jeweils etwa 2 Minuten – ausbacken. **Hinweis:** Falls keine Liwanzenpfanne vorhanden ist, Butter in einer Pfanne schmelzen, esslöffelgroße Teigportionen einlegen und bei geringer Hitze auf beiden Seiten jeweils etwa 2 Minuten ausbacken. Heidelbeeren waschen, mit Zucker und Obers vermengen, jeweils zwei Liwanzen mit den Heidelbeer-Obers zu Türmchen zusammensetzen und mit Zimt bestreut servieren.

RESTAURANT BÄRNSTEINHOF, Familie Christian Höglinger, Marktplatz 12, 4160 Aigen im Mühlkreis

Der Familienbetrieb in vierter Generation ist für bodenständige Küche und solide Gastlichkeit bekannt. Die Küche hat für jeden Geschmack etwas und bietet auch zahlreiche Spezialitäten je nach Saison.

Christian Höglinger

Zitronentarte mit Kräutern der Provence

ZUTATEN für eine Tarte (Durchmesser 24 cm)

Mürbteig:
100 g Butter
50 g Staubzucker
1 Dotter
Salz
Schale von 2 Zitronen (unbehandelt), abgerieben
180 g Mehl (glatt)
Mehl zum Ausarbeiten
Butter und Mehl für die Form

Füllung:
6 Eier
Saft und Schale (abgerieben) von
2 Zitronen (unbehandelt)
220 g Staubzucker
1/8 l Schlagobers
1 EL frische Kräuter (Lavendel, Thymian, Salbei, Oregano), gehackt

ZUBEREITUNG:

Mürbteig: Butter mit Zucker, Dotter, Prise Salz, Zitronenschale und Mehl rasch zu einem glatten, geschmeidigen Teig verarbeiten. Teig in Folie wickeln und 1 Stunde kühlstellen. Teig auf einer bemehlten Arbeitsfläche zu einer Scheibe (etwa 28 cm Durchmesser) ausrollen, in eine befettete und bemehlte Tarteform (24 cm Durchmesser) legen, rundum leicht andrücken; Rand mit einem Messer begradigen. Teig mit einer Gabel mehrmals einstechen, mit Backtrennpapier belegen und im vorgeheizten Rohr bei 150 °C etwa 15 Minuten hell backen.

Füllung: Eier mit den restlichen Zutaten am besten mit dem Handrührgerät gut verrühren.
Hinweis: Zitronenmasse (Royale) auf den Tarteboden füllen und im vorgeheizten Rohr bei maximal 110 °C backen. **Hinweis:** Das Backrohr soll nicht heißer sein, da sonst die Masse zu sehr aufgeht.

Tarte auskühlen lassen, aus der Form lösen und in Stücke teilen. **Tipp:** Mit Heidelbeersorbet servieren.

HOTEL-RESTAURANT MÜHLTALHOF, Familie Rachinger, Unternberg 4, 4120 Neufelden

Das Herzstück dieses idyllisch am Flussufer der großen Mühl gelegenen Hauses ist die vielfach ausgezeichnete Küche von Helmut Rachinger. Mit großer Perfektion und Kreativität verarbeitet er Edelprodukte aller Art.

Helmut Rachinger

Linzer Weichselkuchen

ZUTATEN für 8–10 Portionen

5 Eier
140 g Butter
70 g Staubzucker
Prise Salz
1 Packung Vanillezucker
Schale von ¼ Zitrone (unbehandelt), abgerieben
Prise Zimt
4 EL Semmelbrösel
6 EL Weichseln, gewaschen, entstielt und entkernt
Butter für die Form
100 g Mandelblättchen
Staubzucker zum Bestreuen

ZUBEREITUNG:

Eier trennen. Butter mit Zucker, Prise Salz, Vanillezucker, Zitronenschale und Prise Zimt schaumig rühren, Dotter nach und nach abwechselnd mit jeweils 1 Esslöffel Bröseln unterrühren. Eiklar zu steifem Schnee schlagen und vorsichtig unterheben. 3 Esslöffel Weichseln unter die Masse ziehen. In eine bebutterte und mit Mandelblättchen ausgestreute Kastenform (28 cm lang) füllen und im vorgeheizten Rohr bei 170 °C 50 Minuten backen. Nach 15 Minuten Backzeit restliche Weichseln auf dem Kuchen verteilen. **Hinweis:** Die Weichseln sinken langsam ein und hinterlassen dadurch Saftstreifen. Kuchen aus dem Rohr nehmen, zehn Minuten in der Form rasten lassen, dann mit der Form auf eine Platte stürzen und etwa 40 Minuten auskühlen lassen. Form entfernen, den Kuchen mit Staubzucker bestreuen und in Schnitten schneiden.

GASTHOF STIEGLBRÄU – ZUM KLOSTERHOF, Landstraße 30, 4020 Linz

Allein der herrliche Gastgarten mit all seinen schattenspendenden Kastanienbäumen und Laubengängen, macht einen Besuch im Klosterhof zum absoluten Muss. Braukunst gepaart mit den Köstlichkeiten der heimischen Küche, genossen in einem Ambiente, das nicht zuletzt auf Grund seiner zeitlosen Schönheit verzaubert.

Robert Roth

Mangoldröllchen

ZUTATEN für 4 Portionen

8 große oder 16 kleine Mangoldblätter
Salz
1 EL Sesam
1 Zwiebel
1 EL Butter
250 g Topfen (20 % Fett)
2 Eier
50 g Käse (Bergkäse), frisch gerieben
125 g Haferflocken
1 KL Kräutersalz
Muskat, frisch
Pfeffer aus der Mühle
Koriander (gemahlen)
½ l Gemüsebouillon

ZUBEREITUNG:

Vom Mangold mit einem Gemüsemesser Stiel samt den harten Blattrippen entfernen, Blätter waschen, in kochendem Salzwasser blanchieren, kalt abschrecken, gut abtrocknen lassen und nebeneinander auf ein Küchentuch auflegen. Sesam in einer Pfanne ohne Fett rösten, bis er zu duften beginnt, von der Hitze nehmen, auf einen Teller leeren und etwas überkühlen lassen. Zwiebel schälen, fein hacken und in zerlassener Butter glasig anrösten; von der Hitze nehmen, Topfen, Eier, Käse, Haferflocken und Sesam mit der Zwiebelröstung vermengen, mit Kräutersalz, Muskat, Pfeffer und Koriander würzen. Fülle in 8 oder 16 Portionen teilen, zu Röllchen formen, auf die Mangoldblätter legen und einrollen. Mangoldröllchen mit der Verschlussseite nach unten in eine Auflaufform legen. Mit der Gemüsesuppe aufgießen und im vorgeheizten Rohr bei 180 °C etwa 30 Minuten backen. Dazu passen Naturreis und eine fruchtige Tomatensoße.

RESTAURANT BRUMMEIER'S KEPLER-STUBEN, Gerold Brummeier, Stadtplatz 35, 4070 Eferding

Auf regionale Küche wird in der Kepler-Stuben schon seit jeher großen Wert gelegt. Viele Produkte stammen von den Bauern aus der Umgebung und werden zu typischen Gerichten einer gutbürgerlichen Küche verarbeitet.

Michael Brummeier

INNVIERTEL

Das Innviertel ist der westlichste Teil von Oberösterreich und gehörte früher zu Bayern. Die Region kam 1797 nach Österreich, musste 1809 wieder an Bayern abgetreten werden und kam erst 1816 durch einen neuerlichen Vertrag endgültig zu Österreich. Das Innviertel ist ein überaus fruchtbares Land, noch heute wird es als Kornkammer bezeichnet. Angebaut werden zumeist Weizen, Mais und Zuckerrüben, aber auch die Erzeugung von Milch und Molkereiprodukten hat hier eine lange Tradition.

Hans Voglmayr und Franziska Schneebauer.

Wie im gesamten Bundesland Oberösterreich fungiert auch hier der Knödel als kulinarische Trademark. Und zwar in seiner gesamten Vielfalt – vom Erdäpfelknödel über den so genannten G'hackknödel, bis hin zum Innviertler Knödel, dem allein schon im Namen die regionale Bedeutung innewohnt. Hergestellt wird er meist mit einem speziellen Teig aus Wasser und Mehl, gefüllt mit Grammeln, Speck oder Selchfleisch, gelegentlich sogar mit Schwammerln. Beliebt ist auch die Variante in Form eines Bratknödels. Wobei die Innviertler so fixiert sind, dass sie sogar regelmäßige „Bratknödel-Wettessen" veranstalten. Und was trinkt ein Innviertler dazu? Natürlich Most aus dem Innviertel, ebenfalls eine lokale Spezialität, für die bestes Obst der Region verwendet wird.

1 GASTHOF BAUBÖCK – DIE KLAUSE, Andorf
2 GASTHOF DER STIEGENWIRT, Schärding

Einen enormen Aufschwung erlebten in letzter Zeit aber vor allem die Erdäpfel aus dem Innviertler Sauwald. In einer Gegend bei Passau gedeihen in 600 Meter Seehöhe acht höchst geschmackvolle Erdäpfelsorten. Zwölf landwirtschaftliche Betriebe haben sich dabei zusammengeschlossen, um sich der Weiterentwicklung dieser köstlichen Erdknollen anzunehmen. Nicht Quantität, sondern Qualität lautet ihr verdienstvolles Motto, denn die Qualität der Erdäpfel hat in den letzten Jahrzehnten ganz generell etwas abgenommen. Erst in jüngster Zeit hat man sich diesem äußerst gesunden Lebensmittel wieder zugewandt, die Initiative der engagierten Innviertler Bauern ist dafür bestes Beispiel. Vor allem die Urgesteins- und Verwitterungsböden im Sauwald bieten die optimalen Vorausetzungen für den Erdäpfelanbau. Das schmeckt man auch. Die Sauwälder Erdäpfel werden jedenfalls wegen ihres ausgeprägten Geschmacks von Restaurants und Endverbrauchern gleichermaßen geschätzt. Sie sind längst zu einer regionalen Delikatesse geworden.

Aus dem Innviertel stammen auch einige ambitionierte Käsehersteller, aber auch Fleischproduzenten wie etwa Josef Winter vulgo „Michlbauer" aus Pfaffstätt bei Mattighofen. Winter bietet neben einem „Innviertler Bauerngeselchten", einer „Innviertler Hauswurst" und dem gesamten Angebot eines qualitätsbewussten Fleischers auch einen Rohschinken, der sich als „Innviertler Prosciutto" bereits einen Namen gemacht hat. Der aus Neukirchen an der Enknach stammende Hans Joachim Schümann wiederum hat sich auf die Herstellung von allen nur erdenklichen Bio-Ölen spezialisiert. Der Ölerzeuger produziert nur Topqualität, egal ob Soja-, Distel- oder Leinöl. Auch das gibt es im Innviertel.

Sauwalderdäpfelsuppe

ZUTATEN für 4 Portionen

1 kleine Zwiebel
1 Karotte
1 kleines Stück Sellerie
1 kleines Stück Lauch
50 g Bauchspeck
30 g Butter
1 EL Mehl
1/8 l Weißwein oder Most
3–4 fest kochende (speckige) Sauwalderdäpfel
3/4 l Rindsbouillon
Majoran
Kümmel
Liebstöckel
Salz
Pfeffer aus der Mühle
1/8 l Schlagobers

ZUBEREITUNG:

Zwiebel schälen und feinwürfelig schneiden. Karotte und Sellerie putzen, schälen und in kleine Würfel schneiden. Lauch putzen, waschen und in Ringe schneiden. Speck würfelig schneiden, mit der Zwiebel in zerlassener Butter glasig anrösten, Karotte und Sellerie beifügen und kurz mitrösten. Mit Mehl stauben, Wein oder Most aufgießen, etwas einkochen lassen. Rindsbouillon dazugießen. Erdäpfel schälen und in kleine Würfel schneiden, in die Suppe geben. Mit Majoran, Kümmel, Liebstöckel, Salz, Pfeffer würzen und bei geringer Hitze kochen lassen, bis die Erdäpfel weich sind. Zum Schluss erst die Lauchringe beifügen, Suppe nochmals aufkochen, vor dem Anrichten mit Obers verfeinern.

Getränkeempfehlung:
Im Innviertel trinkt man zu dieser Suppe ein Seidl Rieder Zwicklbier vom Fass oder ein Glas Most.

GASTHOF BAUBÖCK – DIE KLAUSE, Familie Bauböck-Voglmayr, Kirchenplatz, 4770 Andorf

Hier am Marktplatz in Andorf, unweit von Ried, schätzen die Gäste Heimisches wie das Bratl in der Reine, die Innviertler Knödel oder die für die Region typischen Zwetschkenpofesen.

Hans Voglmayr

Innviertler Speckknöderln

ZUTATEN für 4 Portionen

300 g würziger Surspeck
4 EL Schnittlauch oder Petersilie, fein geschnitten
Pfeffer aus der Mühle

Nudelteig:
250 g Mehl (griffig)
Salz
1 EL Öl
2–3 Eischalen lauwarmes Wasser
Mehl zum Ausarbeiten

ZUBEREITUNG:

Speck feinwürfelig schneiden, mit Schnittlauch oder Petersilie gut vermengen, pfeffern und zu kleinen Kugeln formen. **Tipp:** Kugeln bis zur Weiterverarbeitung im Tiefkühler anfrieren.

Nudelteig: Mehl mit Salz, Öl und Wasser in einer Schüssel vermengen und alles – am besten mit den Knethaken des Handrührgerätes – zu einem glatten Teig verkneten. Teig auf einer leicht bemehlten Arbeitsfläche mit den Händen nochmals gut durchkneten, Teig zu einer Kugel formen und in Frischhaltefolie gewickelt etwa 40 Minuten rasten lassen. Nudelteig auf einer bemehlten Arbeitsfläche nicht zu dünn ausrollen, Teig mit dem Teigrad in gleich große Quadrate schneiden, mit Speckkugeln belegen und mit dem Teig umhüllen. **Wichtig:** Darauf achten, dass die Teignaht gut verschlossen ist. Knödel in kochendes Salzwasser einlegen und bei geringer Hitze etwa 15 Minuten kochen lassen. Knödel mit einem Lochschöpfer aus dem Wasser heben, gut abtropfen lassen und anrichten.

Beilagentipp: Knödel mit Sauerkraut und mit Schnittlauch bestreut servieren.

GASTHOF DER STIEGENWIRT,
Familie Franziska u. Walter Schneebauer, Schloßgasse 2–6, 4780 Schärding

Inmitten von Schärding liegt dieses traditionsreiche, seit 1910 in Familienbesitz befindliche Hotel. Mit Blick auf den wohl schönsten Barockstadtplatz Österreichs erfreuen sich die Gäste hier einer feinen Regionalküche.

Franziska Schneebauer

TRAUNVIERTEL · HAUSRUCK

Das Hausruckviertel in Oberösterreich, benannt nach dem Bergrücken Hausruck, umfasst unter anderem die Bezirke Wels-Land, Eferding und Grieskirchen. Die Region wird auch gerne als „Thomas-Bernhard-Land" bezeichnet, denn der Dichter lebte nicht nur in dieser Gegend, er schätzte auch viele der Hausrucker Wirtshäuser. Legendär ist etwa die Würdigung der Frittatensuppe aus Gaspoltshofen im Stück „Der Theatermacher", die dazu führte, dass eine Zeit lang vor allem die Wiener Kulturschickeria das Hausruckviertel auf der Suche nach der erwähnten Frittatensuppe heimsuchte.

Peter Waldbrunner, Hans Mader, Elfriede Schludermann, Christian Klausner (v. l. n. r.).

Inzwischen gilt ganz Oberösterreich als besonders innovativ in Sachen Lebensmittelproduktion. In kaum einem anderen Bundesland hat sich die Produktion von Bioprodukten vor allem bei Milch und Käse derart rasch und konsequent entwickelt. Überdies gilt das Land als Vorreiter im Kampf gegen Gentechnik und ist Mitbegründer der „Allianz der gentechnikfreien Regionen Europas". Das führte nicht zuletzt zu einer vorbildlichen Produktion von Gemüse aller Art. Im so genannten „Eferdinger Landl" etwa, eine rund 1000 Hektar große Anbaufläche, produzieren rund 150 bäuerliche Familienbetriebe über 70 verschiedene Gemüsesorten, darunter knackige Salate, Radieschen und Kohlrabi in bester Qualität.

In dieser Gegend hat aber auch der Obstbau einen hohen Stellenwert. Ein Umstand, der wiederum vielen Schnapsproduzenten zu erstaunlichen Qualitäten verhilft. So stammt etwa Hans Reisetbauer, einer der bekanntesten Edelbranderzeuger Österreichs, aus dieser Gegend. Seine Schnäpse werden laufend prämiert und gelten unter Kennern zu den besten Destillaten, die in Österreich hergestellt werden.

1 LANDHOTEL FORSTHOF, Sierning
2 LANDGASTHOF KLAUSNER, Molln
3 LANDHOTEL MADER, Steyr

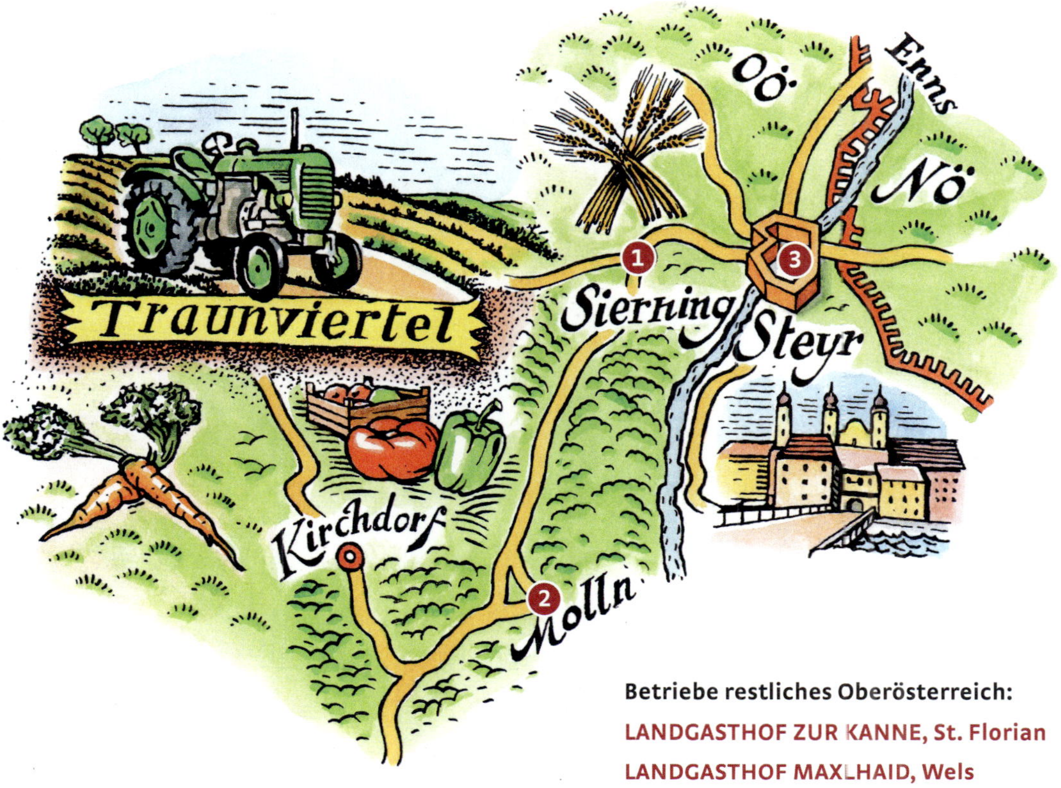

Betriebe restliches Oberösterreich:
LANDGASTHOF ZUR KANNE, St. Florian
LANDGASTHOF MAXLHAID, Wels

Reisetbauer produziert übrigens auch einen Single Malt Whisky, es ist der erste Whisky aus Oberösterreich, der inzwischen auch international Furore macht.

Unmittelbar an das Hausruckviertel grenzt das Traunviertel, westlich von Gmunden bis nach Steyr und hinauf nach Linz. In dieser Region hat die Fischzucht eine lange Tradition, weshalb noch heute einige ambitionierte Betriebe beste Produktqualität bei Räucherfischen, Forellen und Saiblingen liefern. Die Linzer wurden früher sogar spöttisch „Karpfentränker" genannt, der heute nicht mehr existierende Linzer Fischmarkt hatte zur Jahrhundertwende eine durchaus beachtliche Bedeutung.

Und natürlich dürfen die berühmten Mehlspeisen aus Bad Ischl nicht unerwähnt bleiben. Die Konditorei Zauner ist eine Institution, der Zauner-Stollen legendär und der Zauner-Gugelhupf sogar weltberühmt. Denn an dieser süßen Köstlichkeit hat sich bekanntlich schon Kaiser Franz Josef erfreut.

Schafskäse im Blätterteig auf Blattspinat

ZUTATEN für 4 Portionen

1 Packung Blätterteig (330 g, tiefgekühlt)
Mehl zum Ausarbeiten
400 g schnittfester Schafskäse (vom Strutzenberger aus Waldneukirchen)
1 Dotter zum Bestreichen
1 kleine Zwiebel
1 EL Butterschmalz
2 Knoblauchzehen
400 g Blattspinat, geputzt
1 Becher Crème fraîche (125 g)
Salz, Pfeffer aus der Mühle

ZUBEREITUNG:

Aufgetauten Blätterteig auf bemehlter Arbeitsfläche ausrollen, mit einem Teigrad in 8 gleich große Quadrate schneiden. Schafskäse in 8 Portionen schneiden, jeweils eine Portion in Blätterteig einrollen. Schafskäsepackerln auf ein mit Backtrennpapier ausgelegtes Blech legen. Blätterteig mit Dotter bestreichen und im vorgeheizten Rohr bei 200 °C etwa 10 bis 15 Minuten hellbraun backen. Zwiebel und Knoblauch schälen, Zwiebel würfelig schneiden, Knoblauch hacken. Zwiebel in Butterschmalz glasig anrösten, Blattspinat sowie Knoblauch beimengen. Spinat zusammenfallen lassen, salzen und pfeffern. Mit etwas Wasser aufgießen, Crème fraîche einrühren und einkochen lassen. Blattspinat auf Tellern anrichten, Schafskäse im Blätterteig daraufsetzen. Dazu passen sehr gut Salzerdäpfel.

LANDHOTEL FORSTHOF, Familie Maria u. Reinhold Baumschlager, Neustraße 29, 4522 Sierning

Die Wirtsleute pflegen einen regen Kontakt zu den Bauern der Umgebung, um deren regionale Spezialitäten in der Küche verarbeiten zu können. Das Ergebnis ist eine abwechslungsreiche und fantasievoll zubereitete Regionalküche.

Markus Huemer

Eisenstraßenschnitzel

ZUTATEN für 4 Portionen

400 g Pilze (nach Saison)
½ Zwiebel
1–2 EL Butter
1/16 l Schlagobers
1–2 EL frische Kräuter, gehackt
4 Hendlbrüste à 160 g
8 Speckscheiben
Salz
Pfeffer aus der Mühle
60 g Semmelbrösel
60 g Cornflakes
60 g Sesam
100 g Mehl (glatt)
2 Eier
Fett zum Ausbacken

ZUBEREITUNG:

Pilze putzen und in Scheiben schneiden. Zwiebel schälen, feinwürfelig schneiden und in zerlassener Butter glasig anrösten. Pilze beifügen und so lange mitrösten, bis die gesamte Flüssigkeit verdampft ist. Obers dazugießen und einkochen lassen. Masse mit Kräutern und Bröseln binden. Auskühlen lassen. Anschließend in 4 Portionen teilen und jede Portion in je 2 Speckscheiben einrollen. Mit einem scharfen Messer in jede Hendlbrust der Länge nach eine Tasche schneiden und diese mit jeweils einem Speckröllchen füllen. Öffnung gut verschließen und die gefüllten Hendlbrüste zu Rouladen formen. Mit Salz und Pfeffer würzen. Brösel mit Cornflakes und Sesam vermengen. Hendlbrüste in Mehl, verquirlten Eiern sowie Sesam-Brösel-Vermengung panieren.
In heißem Fett schwimmend bei geringer Hitze langsam hellbraun backen. Im vorgeheizten Rohr bei 120 °C etwa 15 Minuten nachgaren. Gefüllte Hendlbruste einmal schräg durchschneiden und anrichten. Mit Butterreis und Gemüse nach Saison servieren.

LANDGASTHOF KLAUSNER, Christian Klausner, Hafnerstraße 30, 4591 Molln

Die Familie Klausner bietet hier eine geniale Mischung aus Landgasthof und Seminarhotel. Am Tor zum Nationalpark Kalkalpen gelegen, zählt das Haus zu den angenehmsten Familienbetrieben der Umgebung.

Christian Klausner

Gefüllter Traunviertler Lammrücken mit Linsenpuffer und Speckbohnen

ZUTATEN für 4 Portionen

3 Rosmarinzweige
1 kg Lammrücken mit Lungenbraten, ausgelöst und zugeputzt
Salz, Pfeffer aus der Mühle

Füllung:
1 Schweinsnetz
1 kleine Zwiebel (50 g)
20 g Butter
80 g Blattspinat, blanchiert
1 Knoblauchzehe, zerdrückt
½ Semmel
100 g Lammfleisch
(z. B. aus der Schulter)
Salz, Pfeffer aus der Mühle
4 EL Öl
200 ml Bouillon oder Fond
½ KL Stärkemehl

Linsenpuffer:
150 g braune oder grüne Linsen
500 g mehlige Erdäpfel
Salz, Pfeffer
6 Dotter
2 KL Petersilie, gehackt
Pfeffer aus der Mühle
Olivenöl zum Braten

ZUBEREITUNG:

Rosmarin von den Zweigen zupfen und fein hacken. Lungenbraten vom Lammrücken mit einem scharfen Messer ablösen und für die weitere Verarbeitung beiseite legen. Lammrücken mit Salz, Pfeffer sowie Rosmarin einreiben.

Füllung: Schweinsnetz in kaltem Wasser einweichen. Blattspinat etwas ausdrücken und fein hacken. Zwiebel schälen und feinwürfelig schneiden, in zerlassener Butter glasig anrösten, Spinat beifügen, mit Knoblauch würzen, gut durchrühren, von der Hitze nehmen und auskühlen lassen. Semmel in kaltem Wasser einweichen. Lammfleisch mit der ausgedrückten Semmel faschieren, Blattspinat beifügen, gut vermengen und mit Salz sowie Pfeffer würzen. Lammrücken mit einem scharfen Messer doppellappig zu einer großen Platte aufschneiden, mit der Füllung bestreichen, Lungenbraten in die Mitte legen und die Fleischplatte einrollen. Schweinsnetz gut ausdrücken, ausbreiten und die Lammrückenroulade darin einwickeln, mit Küchengarn binden. In heißem Öl rundum scharf anbraten und in das auf 250 °C vorgeheizte Backrohr geben. Die Backrohrtemperatur auf 180 °C herunterschalten und das Fleisch 10 Min. braten. Anschließend die Backrohrtemperatur auf 70 °C herunterschalten und den Lammrücken weitere 30 Min. braten. Lammrücken aus der Pfanne nehmen und etwa 10 Min. rasten lassen. Inzwischen Bratrückstand mit Bouillon oder Fond aufgießen, aufkochen und einkochen lassen. Durch ein Sieb seihen. Stärkemehl mit Wasser glattrühren und den Bratensaft damit binden. Lammrücken in Scheiben schneiden, mit Saft begießen und mit Linsenpuffern anrichten. **Linsenpuffer:** Linsen in kaltem Wasser – am besten über Nacht – einweichen. Abseihen und die Linsen in Salzwasser weichkochen, abseihen und gut abtropfen lassen. Rohe Erdäpfel schälen und grob raffeln. Erdäpfelmasse salzen und pfeffern, mit Dottern, Petersilie und Linsen gut vermengen. Aus der Masse Laibchen formen und in heißem Olivenöl beidseitig knusprig ausbacken. Auf Küchenkrepp abtropfen lassen. Wir servieren zu diesem Gericht noch Speckbohnen.

LANDHOTEL MADER, Familie Johann u. Eleonore Mader, Stadtplatz 36, 4400 Steyr

Das Haus im Zentrum von Steyr bietet den Gästen ein breites Angebot. So kann entweder im rustikalen Weinkeller, im Sommer im Renaissance-Arkadenhof oder einfach in der gemütlichen Gaststube gespeist werden.

Hans Mader (r.) und Peter Waldbrunner

Florianer Klosterfilet

ZUTATEN für 4 Portionen

600 g Schweinslungenbraten im Ganzen, zugeputzt
1 Zwiebel
Salz
Pfeffer aus der Mühle
3 EL Öl
1 Schweinenetz
Butterflocken zum Belegen

Semmelkruste:
1 kleine Zwiebel (50 g)
50 g Butter
100 g Blattspinat (blanchiert)
250 g Knödelbrot (Semmelwürfel)
etwa 3/8 l Milch
2 Eier
Salz
Thymian (getrocknet)

Rahmerdäpfel:
300 g fest kochende Erdäpfel, geschält
100 ml Schlagobers
60 ml Sauerrahm
1 Ei
1 Eiklar
Salz
Pfeffer aus der Mühle
1 Knoblauchzehe, zerdrückt
Butter für die Form

ZUBEREITUNG:

Schweinslungenbraten mit Salz und Pfeffer würzen. Öl in einer Pfanne erhitzen und das Fleisch rundum anbraten; von der Hitze nehmen. Schweinsnetz in kaltem Wasser einweichen.

Semmelkruste: Zwiebel schälen, fein hacken, in zerlassener Butter glasig anrösten und über die Semmelwürfel gießen. Spinat hacken. Milch mit Eiern verquirlen und mit dem Spinat zur Semmelmasse geben; gut vermengen. Mit Salz und Thymian würzen. Schweinsnetz gut ausdrücken und auflegen. Semmelmasse gleichmäßig darauf verteilen. Filet darauflegen, einrollen und gänzlich mit dem Schweinsnetz umwickeln. Mit Butterflocken belegen und im vorgeheizten Rohr bei 180 °C etwa 15–20 Minuten braten. **Hinweis:** Das Fleisch soll innen noch rosa sein. In Scheiben schneiden und mit Rahmerdäpfeln anrichten. Dazu passen Rahmsauce und marktfrisches Gemüse.

Rahmerdäpfel: Erdäpfel in 2–3 mm dünne Scheiben schneiden. Obers mit Rahm, Ei, Eiklar verrühren, Erdäpfelscheiben beifügen, mit Salz, Pfeffer und Knoblauch würzen. Erdäpfelmasse in eine befettete Auflaufform füllen, glattstreichen und im vorgeheizten Rohr bei 180 °C etwa 20–25 Minuten backen.

LANDGASTHOF ZUR KANNE, Familie Gabriele u. Rudolf Koppler, Marktplatz 7, 4490 St. Florian

Der traditionsreiche Landgasthof wird von den Bauern der Region mit allen möglichen Produkten und Spezialitäten beliefert. Der Wirtsfamilie Koppler ist die Verwendung solch regionaler Besonderheiten schon immer ein Anliegen gewesen.

Rudolf Koppler

Marinierte Rindsfiletspitzen mit Pilzen auf Toast, dazu eine leichte Avocadocreme

ZUTATEN für 4 Portionen

Marinade:
4 EL Austernsoße
4 EL Sojasoße
1 EL Stärkemehl
2 Knoblauchzehen, geschält
Salz
Pfeffer aus der Mühle

320 g Rindsfilet, zugeputzt

Avocadocreme:
1 gut reife Avocado
6 EL Joghurt
2 Knoblauchzehen, geschält
Salz
Pfeffer aus der Mühle
1 Fleischparadeiser

4 Scheiben Sandwichtoastbrot
160 g Pilze, geputzt
Cocktailparadeiser
2–3 EL Öl zum Braten

ZUBEREITUNG:

Marinade: Austernsoße mit restlichen Zutaten verrühren, mit Salz und Pfeffer abschmecken. Rindsfilet in feine Streifen schneiden, in die Marinade einlegen und etwa 1 Stunde marinieren lassen.

Avocadocreme: Avocado schälen, entkernen, Fruchtfleisch in Würfel schneiden und mit Joghurt, Knoblauch pürieren. Mit Salz und Pfeffer würzen. Paradeiser schälen, vierteln, entkernen und kleinwürfelig schneiden; unter das Püree mengen.

Toastbrot hellbraun toasten. Pilze in Scheiben schneiden. Cocktailparadeiser waschen, eventuell halbieren. Rindfleisch aus der Marinade nehmen, etwas abtropfen lassen und in heißem Öl mit den Pilzen und Cocktailparadeisern unter Wenden braten. Toastbrot diagonal durchschneiden, Rindsfiletspitzen mit Pilzen und Paradeisern darauf anrichten und mit der Avocadocreme überziehen.

LANDGASTHOF MAXLHAID, Kurt Krennmayr, Maxlheid 9, 4600 Wels

In diesem typischen oberösterreichischen Vierkanthof ist die Küche traditionell bodenständig. Der Wirt Kurt Krennmayr legt Wert auf regionale Spezialitäten, die Gäste schätzen das und kommen mitunter auch von weit her angereist.

Elfriede Schludermann

PONGAU · PINZGAU · LUNGAU

Die Gebirgsgaue Pongau, Pinzgau und Lungau im Bundesland Salzburg zählen wohl zu den interessantesten Genussregionen Österreichs. Während die Küche der Stadt Salzburg von der Salzburger Hofküche des 17. und 18. Jahrhunderts geprägt wurde, hat sich auf dem Lande eine eher einfache Bergbauernküche entwickelt. Einfach bedeutet in diesem Fall aber keineswegs karg. Schon seit jeher war der kulinarische Reichtum im Salzburgerland ausgeprägter als anderswo in Österreich.

Franz Aichhorn (l.) und Franz Schneider.

Nicht nur deshalb ist die Region heute mehr denn je ein einziger Delikatessenladen. Das Spektrum reicht von Flusskrebsen, die schon in grauer Urzeit etwa im Pinzgau gezüchtet wurden, bis zu allen erdenklichen Produkten aus der in dieser Region dominanten Almwirtschaft. Die Erzeugung von Hart- und Halbhartkäsen im Pongau ist legendär, der Lungauer Ziegenkäse eine ganz besondere Köstlichkeit und das Fleisch der berühmten Pinzgauer Rinder ein in dieser Gegend nicht wegzudenkendes Grundprodukt. Das Pinzgauer Rind ist übrigens die einzig autochthone Rinderrasse Österreichs, das Fleisch dieser Tiere genießt inzwischen Weltruf und ist vor allem wegen der speziellen Marmorierung und feinen Faserung berühmt.

Nicht weniger herausragend sind sämtliche Produkte vom Tauern-Lamm, das ebenfalls im Pinzgau und im Pongau beheimatet ist. Eine der segensreichsten Errungenschaften dieser Region ist die Tauernlammgenossenschaft, die vor 25 Jahren von 15 Bauern gegründet wurde. Heute vermarktet die Vereinigung jährlich etwa 3000 Lämmer und 200 Altschafe.

Vor allem das langsame Wachstum, aber auch die Ernährung der Tiere sorgt für den unvergleichlichen Geschmack und die besondere Zartheit des Fleisches. Deshalb haben sich viele engagierte Metzger auf die Verarbeitung von Pinzgauer Rindern, aber auch Kälbern und Schweinen spezialisiert. Wie etwa die Metzgerei Schultes in Zell am See im Pinzgau, wo herrliche Spezialitäten wie Hauswürstel, Bergsteigerwurst, Kaminwurzen und Schinkenspeck hergestellt werden.

Auch die diversen Lammwürste und der burgunderrote Lammschinken vom Tauernlamm werden inzwischen von Feinschmeckern weit über die Grenzen der Region hinaus geschätzt. Ihre Herstellung benötigt Zeit und einige Ingredienzen wie Rosmarin, Thymian, Salbei, Pfeffer und Knoblauch. Beim Räuchern wird nur Buchenholz verwendet, das den unvergleichlichen Geschmack erzeugt, danach reifen die Würste in der Trockenkammer.

1. HOTEL/GASTHOF MARKTERWIRT, Altenmarkt-Zauchensee
2. RESTAURANT CAFÉ AICHHORN, Kleinarl
3. S'WIRTSHAUS IM SEMINARHOTEL ESCHBACHER, Filzmoos
4. PANORAMAGASTHOF STEINER, Mariapfarr
5. WIRTSHAUS MEILINGER TAVERNE, Mittersill
6. GASTHOF STEINERWIRT, Zell am See

Lammfleisch war in dieser Gegend schon im 17. und 18. Jahrhundert sehr beliebt. So enthält etwa das „Neue und nutzbare Kochbuch" der Adeligen Eleonore Lichtenstein aus dem Jahre 1699 einige Zubereitungsarten von Lamm, darunter „Lamm Brüstlein", gefüllt mit Sellerie, Eiern, Butter, Semmeln und Kräutern. Zu den traditionellen Gerichten des Pinzgau gehören auch die berühmten „Pressknödel", flachgedrückte Semmelknödel mit Speck. Wird Käse beigemengt, heißen sie „Kaspressknödel".

Die Käseproduktion hat in dieser Region eine alte Tradition, auf die sich heute wieder mehr Produzenten besinnen. Viele der Salzburger Käsehersteller haben sich auch im Ausland inspirieren lassen, wie etwa Gunther Naynar aus Göriach im Lungau. Er erzeugt in seiner kleinen Käserei mit der Milch von 13 Kühen und 15 Ziegen regionale Käsespezialitäten von ganz außergewöhnlicher Qualität. Viele Tipps hat er sich in Frankreich geholt, dennoch ist sein Rohmilchkäse von Kuh und Ziege ein typisches Lungauer Produkt, entstanden in der würzigen Luft einer Gegend auf über 1000 Metern Seehöhe.

„Zu den ältesten Sennerinnen-Spezialitäten zählt der so genannte ‚Lungauer Rahmkoch'..."

Die Käserei Naynar beliefert übrigens eine Vielzahl von österreichischen Hauben-Restaurants, darunter nicht wenige im Bundesland Salzburg, wo die Dichte an Spitzen-Restaurants besonders hoch ist.

Die Köche dieser Betriebe pflegen einen regen Kontakt zu ihren Lieferanten aus der Region und beeinflussen meist auch ihre Produktionsmethoden. So entsteht oft eine wechselseitig fruchtbare Beziehung, die sich auch auf die Qualität der Produkte auswirkt. Wie etwa im Fall des Walter Trausner, der im Lungau vor einigen Jahren seine „Genusswerkstatt" aus der Taufe gehoben hat. Der einstige Schnapsbrenner erzeugt heute Marmeladen, die ihresgleichen suchen und zu den besten gehören, die in Österreich erzeugt werden. Trausner verwendet nur handverlesenes Obst von bester Qualität. Für seine Marmelade unter der Bezeichnung „Die wilden Lungauer" etwa verwendet er eine „Wildsammlung", bestehend aus Schwarz-, Preisel-, Vogelbeeren und roten Ribiseln. Die Marmeladen aus Trausners Genusswerkstatt sind zu einem Aushängeschild lokaler Delikatessenproduktion geworden, allein ihr extrem hoher Fruchtanteil macht sie unverwechselbar.

Einer, der sich ebenfalls von großen Köchen inspirieren hat lassen, ist der Patissier Bernd Hochleitner in Tamsweg im Lungau. Er stand bereits im Münchner Tantris sowie in Restaurants in Brüssel, Zürich und im Elsass als Patissier in der Küche und hat dort eine Menge Erfahrungen sammeln können. Die er nun im elterlichen Betrieb nutzt, der bereits in vierter Generation geführt wird. Hochleitner vergleicht die Patisserie mit der Haute Couture und teilt sein Sortiment tatsächlich in Winter- und Sommerkollektion auf. Zu den ältesten Sennerinnen-Spezialitäten zählt der so genannte „Lungauer Rahmkoch“, bestehend aus Rahm, Butter, Milch, Zucker, Gewürzen, Zimt, Korinthen und Rum. Weiters werden in der inzwischen auch international berühmt gewordenen Café-Konditorei diverse Pralinen, Kuchen, Christstollen sowie Tee- und Käsegebäck erzeugt.

Auch verschiedene Brotsorten werden im Pinzgau und Lungau seit Urzeiten hergestellt. Die Bäckerei Färbinger in Taxenbach etwa existiert bereits seit 1622, heute sind dort wieder regionale Sorten wie Bauernbrot, Wurzelbrot, Gletscherfloh, Glocknerbrot, Milchbrot, Kletzenlaiberl und Weinbeerweckerl erhältlich.

Rehschnitzerl vom Salzburger Wild mit Eierschwammerlsoße, Kräuterspätzle und Sommergemüse

ZUTATEN für 4 Portionen

Schwammerlsoße:
500 g Eierschwammerln
1 Zwiebel
2 EL Öl
3 EL Mehl (glatt)
1/8 l Grüner Veltliner
1 Lorbeerblatt
½ KL Wacholderbeeren
1 l Schlagobers
Salz
Pfeffer aus der Mühle

Kräuterspätzle:
250 g Mehl (glatt)
3 Eier
150–200 ml Milch
Salz
30 g Butter zum Schwenken
3 EL Kräuter (Petersilie und Schnittlauch), fein geschnitten

Sommergemüse:
3 Zucchini
2 rote Paprikaschoten
1 Zwiebel
2 EL Öl
Salz
Pfeffer aus der Mühle

4 Rehschnitzel (von der Rehschale) à 140-160 g
Salz
Pfeffer aus der Mühle
1–2 EL frischer Thymian, fein gehackt

ZUBEREITUNG:

Schwammerlsoße: Eierschwammerln putzen – falls notwendig – waschen, gut abtrocknen und grob hacken. Zwiebel schälen und feinwürfelig schneiden. Öl in einem Topf erhitzen, Schwammerln darin anrösten, Zwiebel beifügen und so lange rösten, bis die Flüssigkeit fast vollständig verdampft ist. Mit Mehl stauben, mit Wein aufgießen, Gewürze beifügen und mit Schlagobers auffüllen; aufkochen lassen und etwas einkochen. Schwammerlsoße mit Salz und Pfeffer abschmecken.

Kräuterspätzle: Mehl mit Eiern und Milch mit einem Kochlöffel glattrühren. **Hinweis:** Die genaue Milchmenge richtet sich nach dem Klebergehalt des Mehls. Mit Salz würzen. Teig portionsweise mit Hilfe eines speziellen Nockerlsiebes direkt in das Kochwasser drücken. **Hinweis:** Öfter umrühren, damit keine Klümpchen entstehen. Nockerln 3–4 Minuten ziehen lassen. **Hinweis:** Die Nockerln sind gar, wenn sie auf die Wasseroberfläche steigen. Nockerln abseihen, kalt abschwemmen. Butter in einer Pfanne schmelzen und die Nockerln mit den Kräutern darin schwenken.

Sommergemüse: Zucchini putzen, waschen und in Scheiben schneiden. Paprikaschoten putzen, waschen, vierteln, entkernen und in Streifen schneiden. Zwiebel schälen und in Ringe oder Streifen schneiden. Alles in heißem Fett unter Wenden bissfest braten und mit Salz sowie Pfeffer würzen. Rehschnitzel zwischen Frischhaltefolie mit der flachen Seite des Fleischklopfers vorsichtig klopfen, Folie entfernen und das Fleisch beidseitig mit Salz sowie Pfeffer würzen. Öl in einer Pfanne erhitzen und Rehschnitzel darin beidseitig – jeweils etwa 1 Minute – braten; mit Thymian bestreuen. **Hinweis:** Fleisch soll innen noch rosa sein.

HOTEL/GASTHOF MARKTERWIRT, Franz Schneider, Marktplatz 4, 5541 Altenmarkt-Zauchensee

Der Markterwirt ist ein über 900 Jahre altes Juwel, beliebter Treffpunkt für Freunde nostalgischer Gasthausatmosphäre und lebendigem Brauchtum. Traditionelle Gerichte wie Pongauer Kasnocken und Salzburger Nockerln gehören zum Standardrepertoire.

Hausherr Franz Schneider

Pongauer Tauern-Henderl

ZUTATEN für 4 Portioten

2 bratfertige Bauernhendln
à 1,2 kg mit Innereien
4 EL Butterschmalz
2 l kräftiger Hühnerfond (aus dem Glas) oder Hühnerbouillon
Kräutersalz
Pfeffer aus der Mühle

Selleriepüree:
1 Sellerie (etwa 700 g)
¼ l Schlagobers
⅛ l Milch
Salz

2 EL Butter
2 EL Sonnenblumenöl (kaltgepresst)
3 säuerliche Äpfel (z.B. Kronprinz Rudolf, Bartlmä, Renetten), geschält, geviertelt, entkernt
Pfeffer aus der Mühle
Koriander (ganz)
4 EL Apfelsaft

4 mittelgroße Karotten, gewaschen und geschält
120 g Erbsenschoten (oder frische Saubohnen)
2 EL Butter
2 EL Rapsöl

Soße:
½ KL Koriander (ganz)
1 EL Apfel-Balsamessig
Pfeffer aus der Mühle
2 EL kalte Butter
2–3 EL frischer Majoran, gehackt

Majoranzweige zum Garnieren

ZUBEREITUNG:

Von den Hendln die Haxerln mit einem scharfen Messer abtrennen, Hendlhaxen in heißem Butterschmalz rundum anbraten. Hühnerfond erhitzen und die Hendlhaxen darin bei geringer Hitze gar ziehen. Vor dem Anrichten die Haxerln aus dem Fond nehmen, gut abtropfen lassen. **Hinweis:** Hühnerfond für die weitere Verarbeitung beiseitestellen. Von Hendlober- und -unterkeulen die Knochen auslösen. **Hinweis:** Die Haxenform soll erhalten bleiben. Mit der Haut nach oben auf ein Backblech legen und im vorgeheizten Rohr bei starker Oberhitze knusprig bräunen. Hendlbrüste ebenfalls von den Hendln abtrennen. **Hinweis:** Die Flügel sollen an den Hendlbrüsten daran bleiben. Hendlbrüste in heißem Butterschmalz anbraten, mit Kräutersalz sowie Pfeffer würzen. Im vorgeheizten Rohr bei 180°C etwa 20 Minuten braten. **Selleriepüree:** Sellerie schälen, in kleine Würfel schneiden. Milch und Obers vermischen, Sellerie darin bei geringer Hitze etwa 12 Min. weich dünsten. Mit dem Stabmixer pürieren; salzen. **Hinweis:** Eventuell mit 50 g zerlassener Butter verfeinern. Butter mit Sonnenblumenöl erhitzen, Äpfel darin braten, mit Pfeffer und Koriander würzen. Apfelsaft beifügen und Äpfel bei geringer Hitze bissfest dünsten. Karotten in Scheiben schneiden; im Hühnerfond garziehen lassen. Zuckerschoten putzen, waschen (**Hinweis:** Bei Verwendung von Saubohnen, diese unbedingt vorher kurz blanchieren). Butter mit Sonnenblumenöl erhitzen, Gemüse darin glasieren, mit etwa ⅛ l Hühnerfond untergießen und Gemüse bissfest garen; mit Kräutersalz abschmecken. **Soße:** Hühnerfond durch ein Sieb seihen. ½ l Hühnerfond aufkochen, Koriander beifügen; bei mittlerer Hitze auf die Hälfte einkochen. Mit Essig sowie Pfeffer würzen, durch Einrühren kalter Butter binden, mit Majoran verfeinern. Hendlhaxerln in der Mitte halbieren, Hendlbrüste in schräge Scheiben schneiden, auf Selleriepüree anrichten, Äpfel und Gemüse dekorativ umlegen und mit Soße beträufelt servieren.

RESTAURANT-CAFE AICHHORN, Franz Aichhorn, 5603 Kleinarl 216

Franz Aichhorn in der Küche ist ein wahrer Meister und hat sich als Haubenkoch schon vor Jahren einen Namen gemacht. Wie kaum ein anderer verwendet er regionale Top-Produkte für seine phantasievolle und handwerklich perfekte Küche.

Franz Aichhorn

Schwarzbrotpudding mit Rotweinschaum

ZUTATEN für 4 Portionen

Pudding:
75 g Schwarzbrotbrösel
60 ml Rotwein
2 Eier
Prise Salz
75 g Butter
80 g Staubzucker
1 Messerspitze Zimt
1 Packung Vanillezucker
Schale von ½ Orange (unbehandelt), abgerieben
25 g Haselnüsse, gerieben
Butter für die Formen

Rotweinschaum:
40 ml Rotwein
1 gehäufter EL Kristallzucker
2 Dotter

Preiselbeerenkompott zum Garnieren

ZUBEREITUNG:

Pudding: Schwarzbrotbröseln mit Rotwein übergießen und ziehen lassen. Eier trennen. Eiklar mit Prise Salz zu steifem Schnee schlagen. Weiche Butter mit Dottern, Staubzucker, Zimt, Vanillezucker sowie Orangenschale – am besten mit dem Handrührgerät – schaumig rühren, Rotwein-Schwarzbrotbröseln und Haselnüsse unterrühren. Schnee vorsichtig unterheben. Masse in befettete Formen (eventuell Kaffeetassen) dreiviertelhoch einfüllen. Formen in ein 1,5 cm hohes Wasserbad stellen und im vorgeheizten Rohr bei 200 °C etwa 20–25 Minuten garen.

Rotweinschaum: Rotwein mit Zucker und Dottern verrühren; über Dampf mit der Schneerute schaumig aufschlagen. **Hinweis:** Das Volumen soll sich verdoppeln.

Puddings behutsam auf Teller stürzen und
mit Rotweinschaum überziehen.
Mit Preiselbeerenkompott garniert servieren.

S'WIRTSHAUS IM SEMINARHOTEL ESCHBACHER, Peter Eschbacher, 5532 Filzmoos 104

In dem kleinen Familienhotel mit heimeliger Atmosphäre wird herzhaft gekocht. Die Gäste schätzen den Charme des Hauses, aber auch die persönliche Betreuung durch die Wirtsfamilie.

Peter Eschbacher

Lungauer Schöpsernes mit Krenkoch

ZUTATEN für 4 Portionen

1,5 kg verschiedenes Lammfleisch (Schlögel, Schulter, Rücken), mit Knochen
1 Zwiebel
1 Bund Wurzelwerk
Salz, Pfeffer aus der Mühle
3–4 Knoblauchzehen
½ KL schwarze Pfefferkörner
2 Lorbeerblätter
Fenchelsamen (ganz)
2–3 Öl
¼ l Rindsbouillon
Je 2 Rosmarin-, Thymian- und Majoranzweige

750 g fest kochende Erdäpfel (Lungauer Echtlinge)
Kümmel (ganz)

Frische Kräuterzweige (Rosmarin und Thymian) zum Garnieren

Krenkoch:
½ l Milch
1 EL Staubzucker
Salz, Pfeffer aus der Mühle
Etwa 200 g Semmelwürfel
¼ l Sauerrahm
3 EL Kren, frisch gerieben

ZUBEREITUNG:

Lammfleisch, am besten vom Fleischhauer, in 4–6 cm große Stücke (mit Knochen!) schneiden lassen. Zwiebel schälen und in Würfel schneiden. Wurzelwerk putzen, waschen und ebenfalls würfelig schneiden. Fleisch rundum salzen, pfeffern und mit Gemüse, Zwiebel, ganzen Knoblauchzehen, Pfefferkörnern, Lorbeerblättern, Fenchelsamen in heißem Öl unter Rühren kräftig anbraten. Mit Bouillon aufgießen, Kräuterzweige beifügen und im vorgeheizten Rohr bei 130 °C etwa 2 Stunden braten.
Hinweis: Öfter mit Bratensaft übergießen.Erdäpfel schälen, vierteln, nach 1 Stunde Bratzeit zum Fleisch geben und mit Kümmel bestreuen. Fleisch mit Erdäpfeln aus der Bratwanne nehmen. Bratensaft abseihen, eventuell Fett abschöpfen. Fleisch mit Erdäpfeln auf heißer Bratenplatte mit Saft anrichten, mit frischen Kräutern garnieren. Mit Krenkoch als Beilage servieren. Dazu passen noch Wildpreiselbeeren und Krautsalat oder Rettichsalat sehr gut.

Krenkoch: Milch aufkochen, Semmelwürfel zugeben und bei geringer Hitze etwa 15 Minuten kochen lassen. Von der Hitze nehmen und mit dem Schneebesen glatt rühren, mit Salz und Prise Zucker würzen, Sauerrahm sowie Kren untermengen.
Hinweis: Die Menge der Semmelwürfel kann sehr schwanken und richtet sich nach deren Konsistenz, wie viel Milch sie aufnehmen.

Wichtig: Lammfleisch sollte immer sehr heiß serviert werden, Platte oder Teller unbedingt vorwärmen!

PANORAMAGASTHOF STEINER, Albert Steiner, Bergstraße, 5571 Mariapfarr

Kultur ist auch Esskultur. Deshalb legt Wirt Albert Steiner von jeher Wert auch traditionsreiche Gastlichkeit. Die Küche ist bekannt für herzhafte Hausmannskost und feine Schmankerln aus der Region.

Albert Steiner

Beiriedschnitte mit Eierschwammerl-Frischkäsefülle in der Nussrahmkruste auf Anissafterl, dazu Polentamus

ZUTATEN für 4 Portionen

4 Beiriedscheiben à 160 g vom Pinzgauer Rind
150 g Eierschwammerln, geputzt und kleinwürfelig geschnitten.
1 EL Butter
1 Schalotte, fein gehackt
100 g Frischkäse oder Hüttenkäse
2 EL frische Kräuter, gehackt
Salz
Pfeffer aus der Mühle
50 g Butterschmalz

Rahmkruste:
100 ml Schlagobers
100 g verschiedene Nüsse (z. B. Haselnüsse, Walnüsse), grob gehackt
30 g Semmelbrösel

Anissafterl:
50 ml Rindsbouillon
100 ml Rotwein
20 ml Balsamicoessig
2 Gewürznelken
Anis (ganz)
Pfeffer aus der Mühle
50 g kalte Butterstücke

Polentamus:
50 g Hamburgerspeck
½ l Gemüsefond oder Gemüsebouillon
80 g Butter
100 g Maisgrieß
Salz
Muskat

ZUBEREITUNG:

In jede Beiriedscheibe eine Tasche schneiden. Eierschwammerln in zerlassener Butter rösten, bis die gesamte Flüssigkeit verdampft ist. Von der Hitze nehmen und etwas überkühlen lassen. Schalotte schälen, feinwürfelig schneiden, mit Frischkäse, Eierschwammerlröstung, Kräutern gut vermengen und mit Salz sowie Pfeffer würzen. Fleischscheiben mit der Masse füllen und die Öffnung mit Zahnstochern verschließen. Mit Salz und Pfeffer würzen. In einer Pfanne Butterschmalz erhitzen, Fleisch einlegen und bei großer Hitze auf beiden Seiten – jeweils etwa 2 Minuten – anbraten; von der Hitze nehmen.

Rahmkruste: Obers mit Nüssen dick einkochen und mit Bröseln binden. Fleisch mit der Nussmasse gleichmäßig bestreichen und im vorgeheizten Rohr bei 180 °C knusprig überbacken.

Anissafterl: Bouillon mit Rotwein, Essig, Gewürznelken und Anis bei mittlerer Hitze um ein Drittel einkochen, pfeffern und durch Einrühren von kalter Butter binden.

Polentamus: Speckwürfel in einer Pfanne ohne Fett knusprig rösten; von der Hitze nehmen. Gemüsefond mit Butter und Gewürzen aufkochen, Maisgrieß einrühren, mit Salz sowie Muskat würzen und unter ständigem Rühren breiig einkochen. Speckwürfel untermengen. Gefüllte Beiriedscheiben in fingerdicke Tranchen schneiden, auf Anissafterl mit dem Polentamus dekorativ anrichten.

WIRTSHAUS MEILINGER TAVERNE, Anneliese Klackl, Am Marktplatz 10, 5730 Mittersill

Anneliese Klackl in der Küche, ihr Mann Robert leitet den Service: eine perfekte Arbeitsaufteilung in einem charmanten Traditionsgasthaus. Den Großteil der frischen Produkte bezieht die Köchin von Bauern aus der Nationalparkregion.

Robert Klackl

Moosbeernocken

ZUTATEN für 4 Portionen

750 g Moosbeeren (oder Heidelbeeren), verlesen
Salz
225 g Mehl (glatt)
Butter zum Braten
Staubzucker zum Bestreuen

ZUBEREITUNG:

225 ml Wasser zum Kochen bringen. Inzwischen Moosbeeren mit einer Prise Salz und dem Mehl vermengen, mit heißem Wasser übergießen und zu einem relativ festen Teig verrühren.

Hinweis: Ist der Teig zu flüssig, etwas Mehl beifügen. Butter in einer Pfanne erhitzen, aus der Moosbeermasse mit einem Esslöffel oder Kochlöffel Portionen abstechen und daraus Laibchen formen (etwa 2 cm dick), in die Pfanne einlegen und bei mittlerer Hitze auf beiden Seiten – jeweils etwa 2 Minuten – knusprig anbraten. Anschließend im vorgeheizten Rohr bei 220 °C etwa 5 Minuten fertigbacken. Moosbeernocken mit Staubzucker bestreut anrichten.

Tipp: Man kann für dieses Rezept auch tiefgekühlte Heidelbeeren verwenden. Diese unbedingt vor der Zubereitung auftauen und gut abtropfen lassen.

Marillenknödel

ZUTATEN für 10 Knödel

Topfenteig:
60 g Butter
Schale von ½ Zitrone (unbehandelt), abgerieben
Prise Salz
1 Ei (50 g)
250 g Magertopfen
150 g Mehl (glatt)
Mehl zum Ausarbeiten

10 Marillen
10 Stück Würfelzucker

Butterbrösel:
200 g Butter
500 g Semmelbrösel
200 g Zucker

Staubzucker zum Bestreuen

ZUBEREITUNG:

Topfenteig: Zimmerwarme Butter mit Zitronenschale und Prise Salz cremigrühren. Ei verquirlen und unterrühren. Topfen und Mehl unterziehen und alles zu einem glatten Teig verarbeiten. Teig etwa 20 Minuten rasten lassen. Marillen waschen, entkernen, gut abtrocknen und mit je einem Stück Würfelzucker füllen. Teig auf einer bemehlten Arbeitsfläche etwa 3–4 mm dick ausrollen und in 10 Quadrate schneiden. Jede Portion mit einer Marille belegen, mit bemehlten Händen zu Knödeln formen. Knödel in kochendes Wasser einlegen und bei geringer Hitze etwa 10–15 Minuten kochen. **Hinweis:** Die Knödel sind gar, wenn sie an die Oberfläche steigen.

Butterbrösel: Butter in einer Pfanne aufschäumen lassen, Brösel und Zucker darin hellbraun rösten.

Knödel mit einem Lochschöpfer aus dem Wasser heben, gut abtropfen lassen und in Butterbröseln wälzen. Auf Tellern anrichten und mit Staubzucker bestreut servieren.

GASTHOF STEINERWIRT, Familie Schwaninger, Dreifaltigkeitsgasse 3, 5700 Zell am See

Küchenchef Robert Bulfone ist ein Meister der traditionellen Hausmannskost mit besten Grundprodukten und starkem Regionalbezug. Das Fleisch etwa bezieht er von Bauern aus dem Nationalpark Hohe Tauern. Bei der Speisekarte setzt man auf saisonale Schwerpunkte und zeitgemäße bodenständige Gerichte.

Gunda Schwaninger

SALZBURG UND UMGEBUNG

Jahrhundertelang repräsentierten Salzburgs Fürsterzbischöfe autonom die weltliche und kirchliche Macht im Land. Ihre Residenz war die Stadt Salzburg, ihr Reichtum gründete sich vor allem auf den Salzabbau und Salzhandel.

Ernst Kronreif, Eveline Bimminger, Johannes Brandstätter (v. l. n. r.).

Damals prägten jedoch die Erzbischöfe, der Adel und das Bürgertum auch die Küchenkultur. Das bezeugt nicht zuletzt das „Neue Salzburgische Kochbuch" von Conrad Hagger, das um 1718 erstmals erschienen ist und eine kulinarisch-historische bedeutende Rezeptsammlung beinhaltet – mit mehr als 2500 Speisen und 542 Fischgerichten.
Fisch spielt auch heute noch in der Region um Salzburg eine große Rolle. Allein der Fuschlsee birgt 14 verschiedene heimische Fischsorten. Aus der Schlossfischerei Fuschl stammen deshalb Köstlichkeiten wie Seesaibling, Seeforelle, Aal, Schleie, Zander, Karpfen, Hecht und Barsch. Sie werden dort entweder fangfrisch, geräuchert oder mariniert angeboten. Aber auch die anderen Seen mit Trinkwasserqualität sorgen für Reinanken und Forellen von Weltklasse.

Berühmt für den Flachgau ist aber vor allem der Heumilchkäse. Der Flachgau, ein Gebiet nordöstlich der Landeshauptstadt Salzburg, ist eines der letzten traditionellen Heumilchgebiete Europas. Von dort stammt eine Milch von außergewöhnlicher Qualität – ideal für die Käseherstellung. Die Futterbasis der Milchkühe im Flachgau sind saftige Wiesen und Weiden. Im Sommer bekommen die Tiere nur Gras, Klee und Kräuter, im Winter hingegen vor allem sorgfältig geerntetes Heu. Futtergetreide wird nur als Ausgleich und für die Gesunderhaltung der Milchkühe eingesetzt. Die Heumilchbauern, meist bäuerliche Familienbetriebe, verzichten zur Gänze auf gärende Futtermittel (Silage), das ergibt eine Milch mit einem reinen und unverfälschten Geschmack.
Der Flachgauer Heumilchkäse aus Rohmilch ist deshalb eine lokale Spezialität, die aus dieser Region nicht mehr wegzudenken ist.
Das wichtigste Gemüseanbauland Salzburgs ist das „Walser Gemüseland" zwischen dem Untersberg und der Mozartstadt. Die Palette an Gemüsesorten aus diesem fruchtbaren Gebiet ist groß und reicht von frischen Blattsalaten bis hin zu Fruchtgemüse wie Tomaten, Paprika, Gurken und Zucchini.

1. **LANDGASTHOF HOLZNERWIRT, Eugendorf**
2. **GASTHOF HOHLWEGWIRT, Hallein-Taxach**
3. **K+K-RESTAURANT AM WAAGPLATZ, Salzburg**
4. **RESTAURANT BRUNNWIRT, Fuschl am See**
5. **GASTHOF ZUR POST, St. Gilgen**

In Golling wiederum werden in der Metzgerei Döllerer Würste hergestellt, die ohne Übertreibung zu den besten der Welt zählen: die so genannten „Frischen". Auch wenn sie auf den ersten Blick so aussehen, die Bezeichnung Weißwurst ist dabei völlig unzutreffend, denn die Frischen bestehen aus feinstem Kalbfleisch und werden mit Ingwer, Muskatnuss, Zitrone, Zwiebel, Salz und Pfeffer gewürzt. Das sind Zutaten, die in dieser Form und Qualität bei keiner Weißwurst verwendet werden, weshalb die Salzburger auch zu Recht auf diese Wurstspezialität besonders stolz sind.

Aus der ausgezeichneten Milch werden im Flachgau zuweilen auch ganz exotische und für diese Gegend gar nicht typische Produkte erzeugt: so entsteht etwa im „Flachgauer Käsehof" in Irrsdorf neben traditionellen Käsesorten auch tatsächlich eine Art Parmesan aus italienischen Milchsäurebakterien. Dieses Produkt nennen die Salzburger „Mamma Luisa" und lassen es nach der Herstellung in Salzbädern 18 Monate in der Nähe von Parma reifen.

Bärlauch-Heumilchkäse-Knödel

ZUTATEN für 4 Portionen

¼ l Milch
250 g Semmelwürfel
Salz
Pfeffer aus der Mühle
½ Zwiebel
1 EL Butter
1 Knoblauchzehe, fein gehackt
3 EL Petersilie, gehackt
250 g Bärlauch, fein gehackt
2 Eier
150 g Heumilch-Emmentaler, frisch gerieben
3 EL Butter
Heumilch-Käse, frisch gerieben, zum Bestreuen
Schnittlauch, geschnitten, zum Garnieren

ZUBEREITUNG:

Milch aufkochen lassen. Semmelwürfel salzen und pfeffern, mit der heißen Milch übergießen und etwa 10 Minuten ziehen. Zwiebel schälen, feinwürfelig schneiden, in zerlassener Butter glasig anrösten, Knoblauch, Petersilie unterrühren, Bärlauch beifügen und kurz durchrühren; von der Hitze nehmen und mit Semmelwürfeln gut vermengen; Masse etwa 5 Minuten ziehen lassen. Eier und Heumilchkäse untermengen. Aus der Masse mit befeuchteten Händen kleine Knödel formen; in kochendes Salzwasser einlegen und offen bei geringer Hitze etwa 8 Minuten kochen. Mit einem Lochschöpfer aus dem Wasser heben und gut abtropfen lassen. Butter hellbraun erhitzen. Knödel mit Käse bestreuen, mit Butter übergießen und mit Schnittlauch garniert servieren.

Hinweis: Anstelle von Bärlauch kann man natürlich auch Blattspinat verwenden.

LANDGASTHOF HOLZNERWIRT, Eveline Bimminger, Haus Nr. 4, 5301 Eugendorf

In dem Haus inmitten einer großen Grünanlage wird seit über 600 Jahren eine herzliche Gastlichkeit gepflegt. Dass eine Vielzahl an typischen Salzburger Gerichten auf der Karte stehen, hat hier eine lange Tradition.

Eveline Bimminger

Terrine vom Süßwasserkrebs

ZUTATEN für 4 Portionen

Terrine:
12 dünne Scheiben Pressschinken
300 g frische Hechtfilets (keine Tiefkühlfilets)
¼ l gut gekühltes Schlagobers
500 g Krebsschwänze, ausgelöst
Salz
Pfeffer aus der Mühle

Melissenjoghurt:
¼ l Joghurt
1 El frische Zitronenmelisse, fein gehackt
1 KL Zitronensaft
Salz
Staubzucker

Melisseblätter zum Garnieren

ZUBEREITUNG:

Terrine: Eine Terrinenform (25 cm Länge) zuerst mit Alufolie, dann mit Schinken so auslegen, dass sowohl Folie als auch Schinken über den Terrinenrand überlappen. Hechtfleisch in Würfel schneiden und mit Schlagobers pürieren. Farce durch ein Sieb streichen und mit Salz sowie Pfeffer würzen. Masse halbieren. Eine Hälfte mit Krebsschwänzen vermengen. Mit der Hechtfarce die vorbereitete Terrinenform – am besten mit einer Palette – gleichmäßig ausstreichen. **Hinweis:** Etwas Farce zum Abdecken aufheben. Krebsfarce einfüllen, glattstreichen, restliche Hechtfarce auftragen und glattstreichen. Folien- und Schinkenenden darüber klappen. Terrine in ein etwa 2 cm hohes Wasserbad stellen und im vorgeheizten Rohr bei 200 °C etwa 45 Minuten garen. Aus dem Wasserbad nehmen, mit einem schweren Gegenstand beschwert vollständig erkalten lassen. Terrine vor dem Servieren etwa 1 Tag im Kühlschrank rasten lassen.

Melissenjoghurt: Joghurt mit Zitronenmelisse, Zitronensaft, Prise Salz und Staubzucker verrühren.

Gut gekühlte Terrine vorsichtig – am besten mit einem mit einem scharfen Messer oder auch Elektromesser – in etwa 1 cm dicke Scheiben schneiden, mit Melissenjogurt anrichten und mit Melisseblättern garniert servieren. Dazu reichen Sie Toast und Butter.

GASTHOF HOHLWEGWIRT, Ernst Kronreif, Salzachtal-Bundesstr./Nord 62, 5400 Hallein-Taxach

Der Inhaber Ernst Kronreif verfügt über fünf liebevoll eingerichtete Gästezimmer und verwöhnt seine Gäste im Wirtshaus mit kulinarisch anspruchsvoller Regionalküche.

Ernst Kronreif

Heidentorte

ZUTATEN für 12 Stück

8 Eier
180 g Butter
200 g Staubzucker
Abgeriebene Schale und Saft von
1 Zitrone (unbehandelt)
200 g Heidenmehl
100 g Mandeln, gerieben
Butter und Mehl für die Form
Etwa 150 g Preiselbeermarmelade zum Bestreichen
Staubzucker und Preiselbeerobers zum Dekorieren

ZUBEREITUNG:

Eier trennen. Weiche Butter mit Staubzucker, Zitronenschale und -saft – am besten mit dem Handrührgerät – etwa 5 Minuten cremigrühren. Die Dotter nach und nach unterrühren. Eiklar zu steifem Schnee schlagen. Heidenmehl mit Mandeln vermengen und abwechselnd mit dem Schnee vorsichtig nach und nach unter den Butterabtrieb heben. Masse in eine befettete und bemehlte Springform (26 cm Durchmesser) füllen, glattstreichen und im vorgeheizten Rohr bei 180 °C etwa 35–40 Minuten backen. Torte in der Form auskühlen lassen; aus der Form lösen und die Torte einmal quer durchschneiden. Einen Tortenboden mit Preiselbeermarmelade bestreichen und zweiten Tortenboden darauflegen. Torte vor dem Servieren bezuckern und mit Preiselbeerobers dekorieren.

K+K-RESTAURANT AM WAAGPLATZ, Helmut Ponstingl, Waagplatz 2, 5020 Salzburg

Traditionsbetrieb in einem historischen Altstadthaus im Zentrum von Salzburg. Auf vier Etagen sorgt Küchenchef Rudolf Löckner für kulinarische Erlebnisse aus dem Fundus der österreichischen, aber auch internationalen Küche.

Rudolf Löckner

Geschmorte Fuschlsee-Aalrute mit Paradeisern, dazu Erdäpfelnudeln

ZUTATEN für 5 Portionen

2 Aalruten à 500 g, mit Leber
6 Paradeiser
Salz
2 Knoblauchzehen
4 Thymianzweige
6 EL Olivenöl

Erdäpfelnudeln:
220 g mehlige Erdäpfel, gekocht und geschält
1 Dotter
60 g Mehl (griffig)
Salz
Muskat
Mehl (griffig), zum Ausarbeiten
30 g Butter

ZUBEREITUNG:

Aalruten am besten vom Fischhändler ausnehmen lassen. Paradeiser in Salzwasser blanchieren, kalt abschrecken, schälen, vierteln und entkernen. Fische waschen, trockentupfen, innen und außen salzen. Aalruten jeweils in die Mitte einer entsprechend großen Alufolie setzen. In die Bauchhöhle die Leber und halbierte Knoblauchzehe füllen, Fische mit Paradeisern, Thymianzweigen belegen, mit jeweils 3 Esslöffeln Olivenöl beträufeln. Alufolie über den Fischen zusammenfalten, Enden gut verschließen. Auf ein Blech legen und im vorgeheizten Rohr bei 160 °C etwa 30 Minuten backen.

Erdäpfelnudeln: Erdäpfel durch eine Erdäpfelpresse drücken und mit Dotter, Mehl, Salz und Muskat rasch zu einem glatten Teig verarbeiten. Teig auf einer bemehlten Arbeitsfläche zu einer fingerdicken Rolle formen, mit einer bemehlten Teigkarte in etwa 2 cm lange Stücke teilen und diese mit der Hand zu Nudeln „wuzeln". Nudeln in kochendes Salzwasser einlegen und bei geringer Hitze etwa 3 Minuten kochen lassen. **Hinweis:** Die Nudeln sind gar, wenn sie an die Oberfläche steigen. Mit einem Lochschöpfer vorsichtig aus dem Wasser heben, gut abtropfen und in zerlassener Butter schwenken. Aalruten in der Folie auf einer Platte mit den Erdäpfelnudeln servieren. Bei dieser Garungsmethode ist die Fischhaut nicht sehr schmackhaft, aber das Fleisch wird unvergleichlich gut. **Hinweis:** Aalruten (Trüschen) sind die einzigen Süßwasservertreter der Dorschfamilie.

RESTAURANT BRUNNWIRT, Johannes Brandstätter, Brunn 8, 5330 Fuschl am See

Läuten, erst dann wird man hineingelassen: Dieses Ritual gehört zum Haus wie die bekannt gute Küche und der grandiose Garten direkt am Fuschl-See. Regionale Küche mit vielen Fischgerichten, gute Weinauswahl.

Johannes Brandstätter

Aberseer Schafskäse im Speckmantel

ZUTATEN für 4 Portionen

2 Rollen Aberseer Schafskäse à 200 g
2–4 EL Petersilie, grob gehackt
16 dünne Scheiben Bauchspeck (mindestens 12 cm lang)
1 Kopf Salat (Lollo rosso, Eichblatt oder grüner Salat)
Wachteleier, gekocht und geschält, zum Garnieren
Cocktailparadeiser zum Garnieren
1 EL Olivenöl

Marinade:
2 EL Kernöl
2 El Olivenöl
2 EL Weißweinessig
Salz
Staubzucker
Pfeffer aus der Mühle

16 Scheiben Baguette oder Bauernbrot
2 EL Gartenkresse

ZUBEREITUNG:

Schafkäse in 16 etwa 1,5 cm dicke Scheiben schneiden. Jede Käsescheibe mit Petersilie bestreuen und mit einer Scheibe Bauchspeck umwickeln. Blattsalat putzen, waschen, gut abtrocknen lassen, in mundgerechte Stücke schneiden und auf Tellern dekorativ anrichten. Paradeiser waschen, halbieren und Salatblätter damit und mit Wachteleiern garnieren.

Marinade: Beide Ölsorten mit Essig, Salz, Prise Zucker sowie Pfeffer verrühren und Salat damit übergießen.

Baguettescheiben toasten. Schafkäse bei starker Hitze rundum kurz anbraten und die Baguettescheiben damit belegen.
Auf Salat anrichten, mit Kresse bestreuen und sofort servieren.

GASTHOF ZUR POST, Norbert Leitner, Mozartplatz 8, 5340 St. Gilgen

Der Gasthof zur Post in St. Gilgen steht für eine solide Gastlichkeit. Die Weine aus dem gut sortierten Keller passen wunderbar zu den kulinarischen Köstlichkeiten, die hier von Wirt Norbert Leitner persönlich zubereitet werden.

Norbert Leitner

SÜDSTEIERMARK

Das Hügelland der südlichen Steiermark gehört unzweifelhaft zu den reizvollsten Landschaften Österreichs. Die pittoresken Hügelketten, die charakteristische Architektur der Häuser, Höfe und Winzerhäuschen, die weitgehend von Bauwildwuchs verschonte Landschaft und die vielen Weinberge bilden ein Ensemble, das viele Menschen begeistert. Dieses intakte landschaftliche Ambiente haben wir paradoxerweise dem Umstand zu verdanken, dass diese Grenzregion zum ehemaligen Jugoslawien bis vor zwei Jahrzehnten kaum Beachtung fand, weshalb selbst heute noch die Anzahl der Gästebetten eigentlich kaum dem Besucherinteresse gerecht wird.

Guido Dillinger, Melitta Dillinger, Bernhard Schröttner, Pujan Rohani (v. l. n. r.).

Als einstmals sehr arme Region hat das Land südlich von Graz eine gewisse Authentizität bewahren können. Industrie hat sich außer im Raum Leibnitz kaum angesiedelt, die schmalen hügelauf- und hügelabwärts mäandernden Straßen standen einer weiterführenden Erschließung entgegen. Die kulinarischen Sensationen beschränkten sich vor einem Vierteljahrhundert auf nicht mehr als eine Reihe so genannter Backhendlstationen, die zwar meist ein redliches Backhendl zu servieren vermochten, aber auch nicht viel mehr, das aber busladungsweise.

Spätestens mit dem Weinboom wurde alles anders. Heutzutage kennt die ganze Welt die Weine der Südsteiermark, und auch das Kürbikernöl ist ein überaus gefragtes Produkt geworden. Das ging allerdings nicht von selbst. Da bedurfte es visionärer Winzer-Persönlichkeiten, die das „Weinwunder der Südsteiermark“ möglich machten.

1 ABEL'S WIRTSHAUS AM KÄSEHOF, Leutschach
2 WEINGASTHAUS „WEINGUT SABATHIHOF", Leutschach
3 KONDITOREI AN DER WEINSTRASSE, Gamlitz
4 AN DER LAGE HOCHGRASSNITZBERG, Spielfeld

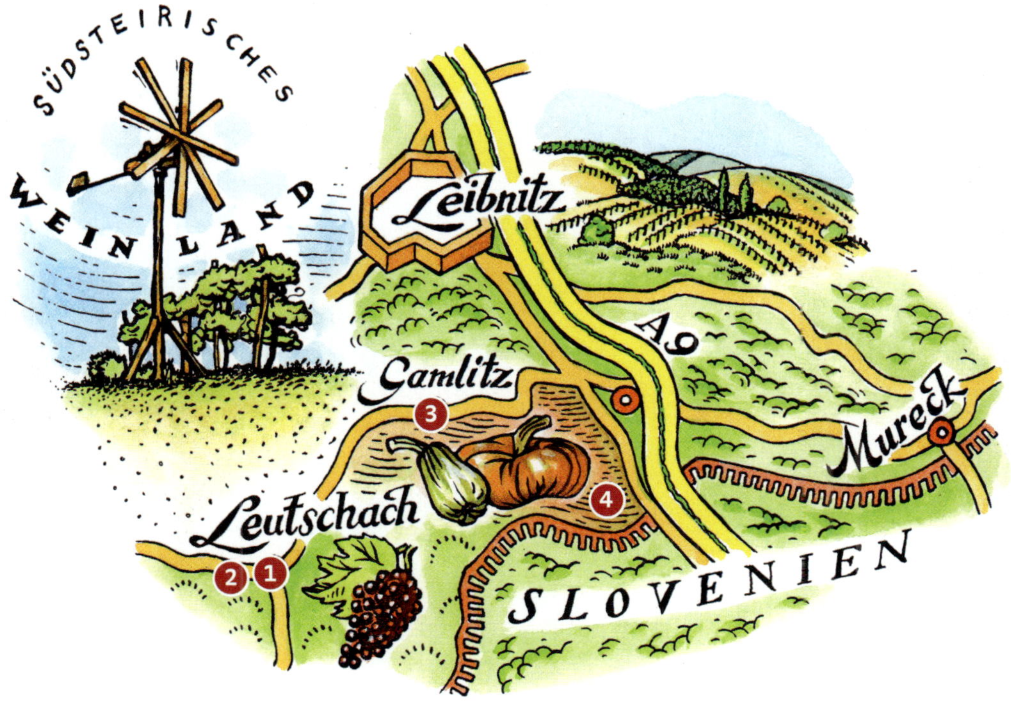

Im Windschatten solcher Pioniere ist das Land regelrecht aus einem Dornröschenschlaf erwacht, den man heute kaum mehr nachvollziehen kann – am ehesten noch gleich über der Grenze in Slowenien, wo sich die Landschaft topografisch kaum von der diesseitigen unterscheidet, vieles aber nach wie vor in einem Dämmerzustand liegt. Nicht nur das Kürbiskernöl ist mittlerweile zu verdienten Ehren gekommen, Käsebauern wie die Abels in Leutschach profilierten sich oder auch die Hofkäserei von Franz Deutschmann in Frauental, aus deren Palette besonders der Rohmilchcamembert oder der Fasslkäse herausragen – genau genommen gehört der Ort schon zur Weststeiermark, dem traditionellen Schilchergebiet also. Spezialitäten wie das Sulmtaler Huhn, eine durchaus gewichtige Hühnerrasse mit viel eigenständiger Charakteristik, sind wieder im Aufwind, nachdem sie neben dem gemeinen Backhendl fast völlig in Vergessenheit geraten waren. Verhackertes oder Kübelfleisch erleben eine Renaissance – beides ist Speck bzw. Fleisch, das in Schmalz gereift und gelagert wird, ähnlich einem französischen Confit.

Mittlerweile stößt auch eine zweite Generation von erfolgshungrigen Winzern nach. Und natürlich besteht in der Südsteiermark eine lange Tradition des Schnapsbrennens, wobei Traubentrester und Kriecherln – sie gehören zur Familie der Pflaumen –, aber auch das Obst der weitläufigen Plantagen verwendet werden. Waltraud Jöbstl aus Wernersdorf, Franz Tinnauer aus Gamlitz und neuerdings Michael Weutz aus St. Nikolai im Sausal gehören zu den rührigsten Brennern der Region. Letzterer hat sich zusammengetan mit Michael Löscher, der das nur regional bekannte Flamberger Bier braut, das man als Bierliebhaber unbedingt kosten sollte, und zwar neben dem normalen Bier gleich auch das Hanfbier.

Bier ist in der Region übrigens schon erstaunlich lange verwurzelt, was auf einen ehemaligen Erben der Reininghausbrauerei zurückgeht, der den Hopfenanbau in einer Laune bereits vor hundert Jahren nach Leutschach gebracht hat. Heute sind die Anbauflächen dafür zwar geschrumpft und werden nur mehr von 17 Familien bewirtschaftet, die Qualität des Leutschacher Hopfens überzeugt aber immer noch – zu verkosten im Reininghaus Jahrgangspils.

Die Küche der Region wirkt ebenfalls wie wachgeküsst, erfreulich auch, dass dies nicht nur entlang der touristischen Hauptrouten geschieht, sondern vermehrt in „abgelegeneren" Orten. So erleben auch alte Gerichte, die hier traditionell auf Basis von Mais oder Erdäpfeln beruhen, eine Renaissance. Als Nachspeise oder zu einem Glas Welschriesling etwa sind die Spagatkrapfen oder die Strauben sehr beliebt. Wer Gelegenheit hat, eine Gibaniza, eine recht heftige Nachspeise mit Nüssen und Mohn, zu kosten, sollte diese ebenfalls nützen – eigentlich eine slowenische Speise, wird sie nicht selten von Köchinnen angefertigt, die über die Grenze zur Arbeit in die Südsteiermark kommen.

Der große Reiz der Gegend spiegelt sich auch in den Kürbissen und ihrem Öl. Bis in den Herbst hinein liegen die runden Riesen irgendwie gemütlich und stoisch in den Feldern, bevor sie eingesammelt und ihre Kerne in den vielen umliegenden Mühlen zu Kernöl verarbeitet werden. Die malerische Kürbisernte ist vorbei: Da saßen meist Frauen oft tagelang auf einem Schemel im Feld und brachen die Kürbisse auf, die sich dann links und rechts stapelten, bis sie in einem Kürbisgebirge saßen.

Heute kommt der Traktor mit einer großen Trommel, auf deren Dornen die Früchte im Vorbeifahren aufgespießt und anschließend gleich zerlegt werden. Dafür weiß man heute auch mehr über die besten Produktionsbedingungen fürs Kernöl. Die Höhe der Temperatur und Dauer des Röstens der Kerne vor dem Pressen ist entscheidend. Außerdem bringen die Kürbisbauern nicht gleich die gesamte Ernte in die Mühlen. Weil Kürbiskernöl rasch konsumiert werden sollte, werden die getrockneten Kerne immer erst für den aktuellen Bedarf gepresst. Wenn solch frisches Öl dann über den Salat oder das saure Rindfleisch gegossen wird, verströmt es einen unvergleichlichen Duft – ein Geruch, der typisch ist für eine der bemerkenswertesten Genussregionen Österreichs.

„Wenn solch frisches Öl dann über den Salat oder das saure Rindfleisch gegossen wird, verströmt es einen unvergleichlichen Duft – ein Geruch, der typisch ist für eine der bemerkenswertesten Genussregionen Österreichs."

Kastaniennockerln mit Eierschwammerl-Kürbisgemüse

ZUTATEN für 4 Portionen

Kastaniennockerln:
180 g Kastanienmehl
180 g Mehl (Typ 480)
2 Eier
2 Dotter
100 ml Milch
Salz
1 EL Öl oder flüssige Butter
etwa 80 g Butter
zum Schwenken

1 Zwiebel
250 g Eierschwammerln
1 grüne Paprikaschote
250 g Kürbisfleisch (Butternuss), geschält und entkernt
1 EL Butter
16 Stück Edelkastanien, gekocht und geschält
50 ml Weißwein
Salz
Pfeffer aus der Mühle
100 g Parmesan

ZUBEREITUNG:

Kastaniennockerln: Beide Mehlsorten mit Eiern, Dottern, Milch, Salz und flüssiger Butter mit einem Kochlöffel glattrühren. Teig portionsweise mit Hilfe eines speziellen Nockerlsiebes direkt in kochendes Salzwasser streichen. **Hinweis:** Öfter umrühren, damit keine Klümpchen entstehen. Nockerln einmal aufkochen lassen. **Hinweis:** Die Nockerln sind gar, wenn sie auf die Wasseroberfläche steigen. Nockerln abseihen, heiß abschwemmen. Butter in einer Pfanne schmelzen und die Nockerln darin schwenken.

Inzwischen Zwiebel schälen und feinwürfelig schneiden. Eierschwammerln putzen und je nach Größe halbieren oder vierteln. Paprikaschote putzen, waschen, vierteln, entkernen und in feine Streifen schneiden. Kürbis in kleine Würfel schneiden. Butter in einer Pfanne aufschäumen, Zwiebel darin glasig anrösten, Kürbis, Eierschwammerln, Kastanien und Paprika beifügen und mitbraten, mit Weißwein aufgießen, aufkochen und einkochen lassen. Mit Salz, Pfeffer würzen, Kastaniennockerln untermengen, Parmesan frisch darüberreiben und sofort servieren.

ABEL'S WIRTSHAUS AM KÄSEHOF, Familie Andreas u. Gabi Abel, Fötschach 9, 8463 Leutschach

Das Wirtshaus der Familie Abel im Bezirk Leibnitz, 45 Minuten von Graz entfernt, liegt in einer traumhaft schönen Gegend der Südsteiermark. Hier wird auf hohem Niveau bodenständig gekocht.

Gabi Abel

Terrine von Ziegen- und Schafskäse mit Kübiskernpesto

ZUTATEN für 4–6 Portionen

Terrine:
400 g Ziegenkäse
150 g Schafkäse
125 g Mascarpone
60 ml Sauerrahm
4 Blätter Gelatine
Salz
Pfeffer aus der Mühle
16 blaue Weintrauben

Pesto:
60 g Kürbiskerne
12 EL Kernöl
4 EL Olivenöl
Knoblauchzehen, geschält, gehackt, nach Geschmack
Salz
Basilikum, grob gehackt, nach Geschmack

ZUBEREITUNG:

Terrine: Beide Käsesorten grobwürfelig schneiden, mit Mascarpone und Sauerrahm – am besten im elektrischen Zerkleinerer – fein pürieren oder mit der feinen Scheibe des Fleischwolfs faschieren. Masse mit Salz und Pfeffer abschmecken. Gelatine in kaltem Wasser einweichen, gut ausdrücken und vorschriftsmäßig auflösen; unter die Käsemasse rühren. Die halbe Masse in eine mit Klarsichtfolie ausgelegte Terrinenform (etwa ¾ l Inhalt) füllen, glattstreichen. Weintrauben waschen, gut trockentupfen und gleichmäßig als Einlage auf die Käsemasse geben. Restliche Masse darüber auftragen, glattstreichen und Terrine zugedeckt mindestens 4 Stunden kalt stellen.

Pesto: Kürbiskerne mit den restlichen Zutaten im Mixaufsatz der Küchenmaschine pürieren. Mit Salz abschmecken.

Terrine behutsam aus der Form stürzen, Folie entfernen, Terrine in Scheiben schneiden, mit Pesto anrichten und eventuell mit Salat garniert servieren. **Tipp:** Mit gutem Essig nach Wahl die Terrine vor dem Servieren besprühen.

WEINGASTHAUS „WEINGUT SABATHIHOF“,
Familie Guido u. Melitta Dillinger, Glanz 142, 8463 Leutschach

Genießen Sie in der einzigartigen Kulisse gepflegte Gastlichkeit und eine nicht alltägliche steirische Küche. Wir servieren bodenständige Spezialitäten und Schmankerln aus der Region mit den dazupassenden Weinen aus dem eigenen Weingut. Ruhe und Erholung finden Sie in unseren neu gestalteten Winzerzimmern.

Guido Dillinger

Kürbiskern-Apfel-Zimttorte

ZUTATEN für 12 Portionen

4 Eier
240 g Staubzucker
200 g Butter
1 Packung Vanillezucker
Schale von ½ Zitrone (unbehandelt), abgerieben
60 ml Kürbiskernöl (100 %)
80 g Mehl (glatt)
150 g Kürbiskerne, gerieben
1 KL Backpulver
Butter und Mehl für die Form

Creme:
2 Äpfel
40 g Staubzucker
4 Blätter Gelatine
½ l Schlagobers
Zimt

½ l Schlagobers
Apfelspalten und geröstete Kürbiskerne zum Dekorieren

ZUBEREITUNG:

Eier trennen. Eiklar mit 80 g Staubzucker zu steifem Schnee schlagen. Zimmerwarme Butter mit restlichem Staubzucker, Vanillezucker, Zitronenschale und Kernöl schaumig rühren. Dotter nach und nach unterrühren. Schnee behutsam unter den Butterabtrieb heben. Mehl, Kürbiskerne und Backpulver unterziehen. Boden einer Tortenform (24 cm Durchmesser) mit Backtrennpapier auslegen, Tortenreifen befetten und bemehlen, Masse einfüllen, glattstreichen und im vorgeheizten Rohr bei 180 °C etwa 35 Minuten backen. Tortenboden aus dem Rohr nehmen, etwas überkühlen lassen, samt Springform auf ein Kuchengitter stürzen und vollständig auskühlen lassen.

Creme: Äpfel waschen, schälen, vierteln, entkernen und in Spalten schneiden. Äpfel mit Zucker vermengen, in wenig Wasser blanchieren. Gelatine in kaltem Wasser einweichen, gut ausdrücken, vorschriftsmäßig auflösen und unter die Äpfel mengen; abkühlen lassen. Schlagobers steifschlagen, Zimt aromatisieren und unter die Äpfel heben. Tortenboden aus der Form lösen, Papier abziehen und den Tortenboden mit einem Sägemesser einmal quer durchschneiden. Einen Tortenboden auf den Boden einer Springform legen (24 cm Durchmesser), Tortenreifen um den Tortenboden geben, fixieren und Backtrennpapierstreifen (72 cm lang und 8 cm breit) einlegen. Zimt-Apfelmasse gleichmäßig auf dem Tortenboden verteilen, zweiten Tortenboden darauflegen. Torte mit Folie abdecken und mindestens 4–5 Stunden kaltstellen.
Schlagobers steifschlagen. Torte aus der Form lösen und mit Hilfe einer Palette oder eines breiten Messers vollständig mit der halben Menge Schlagobers bestreichen. Restliches Schlagobers in einen Spritzsack mit gezackter Tülle füllen und 12 Obersrosetten kreisförmig auf die Torte dressieren. Torte mit Apfelspalten und Kürbiskernen dekorieren. Torte bis zum Servieren kaltstellen.

KONDITOREI AN DER WEINSTRASSE, Anton Oswald, Obere Hauptstraße 43, 8462 Gamlitz

Die Konditorei an der Weinstraße ist die Geburtstätte der so genannten „Steirertorte" – mit einer Glasur aus weißer Schokolade und einem Schuss Kernöl. Dieses Tortenwunder kann hier natürlich auch verkostet werden.

Anton Oswald

Sauerrahmschmarren

ZUTATEN für 4 Portionen

4 Eier
280 ml Sauerrahm
1 Packung Vanillezucker
1/8 l Schlagobers
1 EL Rum
1 EL Zitronensaft
1 EL Mehl (glatt)
1 ½ EL Kristallzucker
50 g Butter zum Anbraten
40 g Rosinen
1 EL Staubzucker
Walnüsse, gehackt, zum Bestreuen
Staubzucker zum Bestreuen

ZUBEREITUNG:

Eier trennen. Sauerrahm mit Vanillezucker, Obers, Dottern, Rum und Zitronensaft glattrühren, Mehl unterrühren. Eiklar mit Zucker zu steifem Schnee schlagen und vorsichtig unter die Masse heben. Butter in einer beschichteten Panne (ohne Kunststoffgriff) schmelzen, Masse einfüllen, mit Rosinen bestreuen und bei geringer Hitze etwa 3 Minuten anbacken. Im vorgeheizten Rohr bei 180 °C etwa 18–20 Minuten hellbraun backen. Pfanne herausnehmen, den Teig mit Staubzucker bestreuen und am Herd bei geringer Hitze backen, bis der Zucker karamellisiert. Schmarren mit zwei Essgabeln in Stücke teilen, auf Tellern anrichten und mit Nüssen sowie Staubzucker bestreut servieren. Zum Sauerrahmschmarren schmeckt Apfelmus oder Hollerröster sehr gut.

AN DER LAGE HOCHGRASSNITZBERG, Waltraud Hutter, Grassnitzberg 67, 8471 Spielfeld

Waltraud Hutter betreibt am Gipfel des Hochgrassnitzbergs ein durch und durch ungewöhnliches Hotel. Ein Haus, gewidmet dem Wein, der Kochkunst, der Ruhe und dem Genuss.

Waltraud Hutter

VULKANLAND

Das steirische Vulkanland ist Beispiel gebend für die gelungene Suche einer Region nach einem eigenen Profil, vor allem in kulinarischer Hinsicht. Diese Metamorphose gelang aber erst in jüngster Vergangenheit. Zuvor glänzte man eher mit Altherren-Image. Das einstmals ehrwürdige, aber dann in die Jahre gekommene Kurzentrum Bad Gleichenberg und die Weinstadt Klöch mit dem nicht weniger welken Image hatten schon längere Zeit als Zugpferde ausgedient und lockten die Menschen kaum mehr in Scharen hierher. Wenn Feinschmecker von der Steiermark sprachen, dann meinten sie die südsteirische Weinstraße.

Stefan Wippel (l.), Hans Peter Siegel.

Doch im Laufe nur weniger Jahre ist hier vieles anders geworden, sind die vielfältigsten Produktionen und Kooperationen für kulinarische Leckerbissen in völlig unerwarteter Anzahl und Qualität entstanden. Jetzt kennt jeder den Vulcano-Schinken, in Feldbach von drei Bauern und einem Fleischer initiiert, und Zotters Schokoladen sieht man allerorten in den feinsten Läden gestapelt.

Jahre zuvor war nur Alois Gölles, der Schnapsbrenner und Essigspezialist aus Riegersburg, Kennern ein Begriff gewesen, rundherum war förmlich Wüste. Berühmt geworden mit der Alten Zwetschke oder seinen legendären Vogelbeerbränden war er einer der ersten, die auf diese Region aufmerksam machten. Im Windschatten von Leuten wie ihm ist der neue kulinarische Aufschwung im Vulkanland eingezogen. Sie haben rechtzeitig dazu ermahnt, auf Qualität und unverwechselbaren Charakter zu setzen und nicht auf schnellen Erfolg. Dazu kommt noch der Mut einer jungen Generation, die eine Reihe ausgesprochen interessanter Delikatessen entstehen ließ.

1. **GASTHOF FINK, Riegersburg**
2. **GASTHOF ERHARDT, Bad Waltersdorf**
3. **THERMENHOTEL KOWALD, Loipersdorf**
4. **HOTEL THERMENHOF PAIERL, Bad Waltersdorf**
5. **RESTAURANT-KURCAFÉ-PENSION KOTZIAN, Laßnitzhöhe**

Etwa Krispels weißer Speck von Mangalitza-Schweinen – die übrigens buchstäblich im Wald aufwachsen – ist keineswegs nur ein Imitat des italienischen Lardo, sondern eine couragierte Idee und eine überzeugende Spezialität der Region. Die Chutneys und Soßen der Familie Fink bestechen durch Harmonie und sind weit mehr als der Senf zur Wurst, sie sind eine eigene, spannende Geschmacks-Welt. Zotters Schokoladen wiederum begnügen sich nicht damit, köstlich zu sein, sondern umgeben sich darüber hinaus mit einer künstlerischen Aura. Nicht zu vergessen schließlich die knackigen oststeirischen Äpfel, sie sind berühmt für diese Region. Bei dieser Vielfalt an Köstlichkeiten muss noch ein anderer guter Geist gewaltet haben, denkt man sich unweigerlich – möglicherweise jener des landauf und landab beliebten Erzherzogs Johann, über den es heißt, sein Wirken für eine vielfältige steirische Landwirtschaft sei absolut segensreich gewesen.

Neben all den Gaumenfreuden bietet das Vulkanland auch eine außergewöhnliche und intakte Landschaft, magische Orte wie die weithin sichtbare Riegersburg, von den Liechtensteins erbaut und immer noch bewohnt, andere romantische und von Reisenden bewohnbare Burgen wie jene von Kapfenstein sowie malerisch gelegene Flecken wie Straden – oder St. Anna am Aigen, dessen Winzer zu den Geheimtipps zählen. Das Vulkanland, beinah erloschen geglaubt, ist nun zu neuer Glut entfacht. Es ist bereits jetzt vielen Feinschmeckern einen beträchtlichen Umweg wert und wird es in Zukunft noch viel mehr sein, so der Trend der vergangenen Jahre anhält.

Riegersburger Heckenklescher-Rostbraten mit schwarzen Nüssen

ZUTATEN für 4 Portionen

1 EL Rosinen
1 EL Rum
2 Karotten
2 gelbe Rüben
4 Scheiben Rostbraten vom Almo à 200 g
Salz, Pfeffer aus der Mühle
2 EL Mehl (glatt)
4 EL Öl zum Braten
1/8 l Heckenkleschermost
1/8 l Traubenmost
¼ l Kalbsjus (ersatzweise kräftige Rindsbouillon)
1 Prise Zimt
1 Prise Piment
1 Thymianzweig
8 schwarze Nüsse, in Scheiben (Fink's Delikatessen)
frische Kräuter zum Garnieren

ZUBEREITUNG:

Rosinen in Rum einweichen. Karotten, gelbe Rüben putzen, waschen und in dünne Scheiben schneiden. Rostbraten mit Salz und Pfeffer würzen, eine Seite in Mehl wenden und in erhitztem Öl beidseitig rasch anbraten; aus der Pfanne nehmen und warmstellen. Bratrückstand mit Heckenkleschermost und Traubenmost aufgießen und auf ein Drittel einkochen lassen. Kalbsjus dazugießen und die Soße mit Zimt, Piment sowie Thymian würzen. Karotten, gelbe Rüben und Rumrosinen beifügen und das Gemüse bei geringer Hitze bissfest kochen. Fleisch einlegen und fertiggaren; Soße mit Salz und Pfeffer abschmecken.
Hinweis: Sollte die Soße zu dick sein, mit etwas Gemüsebouillon aufgießen. Rostbraten mit Soße auf Tellern anrichten, mit schwarzen Nüssen und frischen Kräutern garniert servieren.

Weinempfehlung: St. Laurent 2005, Weinhof Martin Wippel, Riegersburg.

GASTHOF FINK, Familie Christa u. Gottfried Fink, Haus Nr. 29, 8333 Riegersburg

Menschen wie die Familie Fink sind für jede Genussregion von unschätzbarem Wert. Im Finkwirt kocht Stefan eine grandiose Regionalküche, aus der hauseigenen Fabrikation stammt der Riegersburger Turmschinken sowie zahllose andere Spezialitäten.

Stefan Wippel

Almochs trifft Berglamm auf dreierlei Soßen, dazu rotes Bohnengemüse

ZUTATEN für 4 Portionen

400 g Lammkarree, zugeputzt
Dijonsenf
Salz, Pfeffer aus der Mühle
1 EL frischer Rosmarin, fein gehackt
1–2 EL frische Kräuter, gehackt,
2–3 EL Olivenöl

Rosmarinsoße:
¼ l Rotwein
1 KL Stärkemehl
50 g Rosmarinzweige
1 EL kalte Butter

Petersiliensoße:
20 g Petersilzweige
100 ml Rindsbouillon
1/16 l Schlagobers

Rotweinsoße:
2 EL Kristallzucker
½ l Rotwein (trocken)
100 g kalte Butterstücke
400 g Rindslungenbraten im Ganzen, vom steirischen Almochsen
Salz, Pfeffer aus der Mühle
2–3 EL Olivenöl

Bohnengemüse:
200 g rote Bohnen
Salz
2 EL Olivenöl
200 g grüne Prinzessfisolen
20 g Hamburgerspeck
50 g Zwiebel

ZUBEREITUNG:

Lammkarree mit Senf bestreichen, mit Salz, Pfeffer, Rosmarin und Kräutern würzen und in heißem Olivenöl rundum anbraten, im vorgeheizten Rohr bei 180°C etwa 8–10 Minuten fertiggaren. Karree aus der Pfanne nehmen und etwa 5 Minuten rasten lassen.
Rosmarinsoße: Bratrückstand mit Rotwein aufgießen, loskochen und einkochen lassen. Rosmarin von den Zweigen zupfen und feinhacken, beifügen. Stärkemehl mit etwas Wasser glattrühren. Soße durch Einrühren kalter Butter sowie Stärkemehl binden.
Petersiliensoße: Petersilie blanchieren, in Eiswasser abschrecken und im Mixer mit Bouillon pürieren. Püree in einen Topf füllen und mit Schlagobers sämig einkochen. **Rotweinsoße:** Zucker hellbraun karamellisieren, mit Rotwein aufgießen, zur gewünschten Konsistenz einkochen lassen und die Soße durch Einrühren kalter Butter binden. Rindsfilet in 4 gleich dicke Scheiben schneiden, beidseitig salzen und pfeffern und in heißem Öl auf beiden Seiten – jeweils etwa 1 Minute – braten. **Hinweis:** Das Fleisch soll innen noch rosa sein. Lammkarree zwischen den Rippenknochen in 4 Tranchen schneiden. Lammkarree mit Rindsfilet auf den drei Soßen dekorativ anrichten und mit Bohnengemüse servieren. **Bohnengemüse:** Rote Bohnen über Nacht in Wasser einweichen. Wasser abseihen und die Bohnen in Salzwasser weichkochen, abseihen und gut abtropfen lassen. Fisolen putzen, waschen und in Salzwasser bissfest kochen, abseihen, kalt abschrecken und gut abtropfen lassen. Speck in kleine Würfel schneiden. Zwiebel schälen, feinhacken, in Öl glasig anrösten, Speck beifügen und kurz mitrösten. Bohnen sowie Fisolen dazugeben, kurz durchschwenken, mit Salz und Pfeffer würzen.

GASTHOF ERHARDT, Reinhold Erhardt, Waltersdorfberg 99, 8271 Bad Waltersdorf

Der ganzjährig geöffnete Gasthof besticht durch eine vorzügliche gutbürgerliche Küche, die jahreszeitlich abgestimmte, monatlich wechselnde Saisonschmankerln bietet. Im Juni stehen Spargelspezialitäten und Erdbeeren auf der Karte, im November gibt es Wildbretwochen und Martinigansl.

Reinhold Erhardt

Roulade vom Freilandhuhn mit Apfel-Rotkraut

ZUTATEN für 4 Portionen

Roulade:
2 Hühnerbrüste à 150 g
1 Hühnerkeule (250 g)
100 ml Schlagobers, 1 Eiklar, Salz, Pfeffer aus der Mühle
3 EL frische Kräuter (Petersilie, Basilikum, Schnittlauch), sehr fein gehackt
150 g Karotten, gelbe Rüben und Sellerie
4 Scheiben Toastschinken
1 EL Erdnussöl
3/8 l Hühnerbouillon

Apfel-Rotkraut:
500 g Rotkraut
1 Apfel
Saft von 1 Orange
4 EL Apfelessig
200 ml Rotwein (trocken)
1 mittlere Zwiebel
1 EL Butter
1 EL Kristallzucker
1 KL Pfefferkörner
1 Lorbeerblatt, Kümmel (ganz)
2–3 Gewürznelken
Salz, Pfeffer aus der Mühle
1 KL Stärkemehl

ZUBEREITUNG:

Hühnerbrüste und Keulen am besten vom Geflügelhändler oder Fleischhauer auslösen lassen. **Farce:** Keulenfleisch faschieren und kaltstellen. Gut gekühltes Keulenfleisch mit Obers und Eiklar pürieren, mit Salz und Pfeffer würzen. Masse halbieren. In eine Hälfte die Kräuter einmixen. Beide Massen getrennt kühlstellen. Karotten, gelbe Rübe und Sellerie waschen, putzen, in 5 mm dicke Stifte schneiden und in Salzwasser blanchieren, abseihen, kalt abschrecken und gut abtropfen lassen.

Rouladen: Hühnerbrüste mit einem scharfen Messer zu großen Schnitzeln aufschneiden und zwischen Folie mit der glatten Seite des Fleischklopfers behutsam flach klopfen, Folie entfernen, Fleisch mit Salz und Pfeffer würzen. Hühnerschnitzel mit grüner Farce bestreichen, mit jeweils 1 Schinkenblatt belegen, helle Farce daraufstreichen und der Breite nach in den ersten zwei Dritteln mit Gemüsestiften belegen. Fleisch eng einrollen, mit Küchengarn umwickeln und festbinden. Rouladen in heißem Fett rundum anbraten, mit Bouillon aufgießen und zugedeckt im vorgeheizten Rohr bei 140 °C etwa 15–20 Minuten fertigdünsten. Küchengarn entfernen und Rouladen etwa 5 Minuten rasten lassen. Saft etwa 5 Minuten einkochen. Rouladen in fingerdicke Scheiben schneiden und mit Saft sowie Apfel-Rotkraut anrichten.

Apfel-Rotkraut: Rotkraut putzen, Strunk entfernen und das Kraut in feine Streifen schneiden. Apfel waschen, samt Schale über das Rotkraut raffeln. Mit Orangensaft, Apfelessig sowie 100 ml Rotwein übergießen, gut vermengen und Kraut marinieren lassen. Gewürze in ein Leinensäckchen geben und mit Küchengarn zubinden. Zwiebel schälen, feinwürfelig schneiden, in zerlassener Butter glasig anrösten, Zucker einstreuen und karamellisieren lassen, mit restlichem Rotwein aufgießen und so lange kochen, bis sich der Zucker vollständig aufgelöst hat. Rotkraut samt Marinade und Gewürzsäckchen beifügen, mit Salz und Pfeffer würzen und bei mittlerer Hitze bissfest dünsten. Stärkemehl mit wenig Wasser glatt rühren und das Kraut damit binden. **Hinweis:** Dadurch bekommt das Rotkraut einen schönen Glanz. **Tipp:** Aus den Knochen und Hühnerabschnitten (Parüren) selbst einen Geflügelfond herstellen und die Rouladen damit aufgießen.

Holunderblüten-Palatschinkentorte mit sonnengereiften Erdbeeren und Kürbiskernparfait

ZUTATEN für 4–6 Portionen

Parfait:
1 Ei, 2 Dotter
1 Messerspitze Vanillezucker
1 Messerspitze Zimt, Salz
1 EL Zitronensaft
Kristallzucker nach Geschmack
2 EL Kürbiskerne, geröstet und gehackt
1–2 EL Kürbiskernöl
¼ l halbfest geschlagenes Schlagobers

Palatschinkentorte
Teig:
¼ l Milch, 2 Eier
125 g Mehl
Schale von ½ Zitrone (unbehandelt), abgerieben
½ Packung Vanillezucker
Salz
1 EL zerlassene Butter
Fett zum Ausbacken

Füllung:
250 g Magertopfen, 2 Eier
etwa ¼ l Sauerrahm
1 EL Vanillepuddingpulver
Schale von jeweils ½ Orange und Zitrone (unbehandelt), abgerieben
Staubzucker und Rum nach Geschmack

Marinierte Erdbeeren:
500 g Erdbeeren
Zucker und Grand Marnier nach Geschmack

ZUBEREITUNG:

Parfait: Ei mit Dottern, Vanillezucker, Zimt, Salz, Zitronensaft und Zucker nach Geschmack gut verrühren und über Dampf mit der Schneerute schaumig aufschlagen (auf 75 °C). **Hinweis:** Das Volumen soll sich verdoppeln. Von der Hitze nehmen und Masse über Eiswasser kaltschlagen, Öl einrühren. Kürbiskerne und Schlagobers unterziehen. Masse in eine mit Frischhaltefolie ausgelegte Terrinenform füllen, glattstreichen, mit Folie abdecken und mindestens 4 Stunden tiefkühlen.
Palatschinkentorte: Teig: Milch mit Eiern gut verrühren, Mehl nach und nach unterrühren, Zitronenschale und Vanillezucker sowie Prise Salz beifügen und – am besten mit dem Stabmixer – zu einem glatten Teig verarbeiten. Flüssige Butter unterrühren. Palatschinkenteig etwa 30 Min. rasten lassen. Aus dem Teig in einer beschichteten Pfanne (20 cm Durchmesser) in heißem Fett dünne Palatschinken backen. **Füllung:** Topfen mit restlichen Zutaten glattrühren. 1 Palatschinke in eine Springform (20 cm Durchmesser) legen, darauf 3 Esslöffel Füllung gleichmäßig verstreichen, mit einer weiteren Palatschinke belegen und so fortfahren, bis Füllung und Palatschinken aufgebraucht sind. Mit Topfenmasse abschließen. Torte im vorgeheizten Rohr bei 170 °C 45 Min. backen (**Hinweis:** Heißluft 150 °C 30 Min.). **Marinierte Erdbeeren:** Erdbeeren waschen, putzen, gut abtrocknen lassen, je nach Größe halbieren oder in Spalten schneiden, mit Zucker sowie Grand Marnier vermengen und 30 Min. marinieren lassen. Torte aus dem Rohr nehmen, etwas überkühlen lassen, aus der Form lösen und in Stücke schneiden. Parfait aus der Form stürzen, in Scheiben schneiden. Torte mit Parfait anrichten und mit marinierten Erdbeeren servieren. **Tipp:** Die halbe Parfaitmasse in die Terrinenform füllen, mit halbfester Erdbeermarmelade gleichmäßig belegen, restliche Parfaitmasse auftragen und tiefkühlen.

THERMENHOTEL KOWALD, Familie Ingrid u. Franz Kowald, Loipersdorf 215, 8282 Loipersdorf

Liebevoll gestaltetes Ambiente mit naturbelassenem Holz und einer wohnlichen Atmosphäre: das Thermenhotel Kowald bietet ein ausgewogenes Wellness-Programm und eine interessante Naturküche mit Vollwertkost.

Rupert Werner

Nüsschen vom Reh auf Wacholdersoße mit sautierten Steinpilzen und Apfel-Preiselbeertaschen

ZUTATEN für 4 Portionen

Wacholdersoße:
800 g Abschnitte vom Rehschlögel
4 EL Olivenöl
400 g Karotten,
300 g Sellerie, geputzt
1 Zwiebel, geschält, Knoblauch
200 g Hamburgerspeck, in Würfel geschnitten
½ l Rotwein
½ l Gemüsebouillon
3 Wacholderbeeren
½ KL Pfefferkörner, Salz
2 Lorbeerblätter
je 1–2 frische Thymian-, Rosmarin- und Majoranzweige

Apfel-Preiselbeertaschen:
300 g mehlige Erdäpfel, gekocht, geschält
30 g Butter, 3 Dotter
50 g Stärkemehl
Salz
1 Apfel
3 EL Preiselbeerenmarmelade
Mehl (griffig) zum Ausarbeiten

8 Rehnüsschen (vom Rehschlögel) à 50 g
Salz
Frischer Thymian, feingehackt
3 EL Olivenöl

ZUBEREITUNG:

Wacholdersaft: Knochen vom Rehschlögel vom Wildhändler in kleine Stücke hacken lassen. Knochen in erhitztem Öl kräftig rundum anbraten, kleingeschnittene Abschnitte dazugeben; mitrösten, bis die Knochen gebräunt sind. Karotten, Sellerie sowie Zwiebel in etwa 2 cm große Würfel schneiden. Mit Speck beifügen, mitrösten, bis alles gebräunt ist. **Achtung:** Nicht anbrennen lassen, da der Fond sonst bitter wird. Paradeisermark einrühren, kurz mitrösten. Mit der halben Menge Rotwein aufgießen, vollständig einkochen lassen, restlichen Rotwein dazugießen; wieder fast zur Gänze einkochen lassen. Ansatz in einen Topf geben. Bratrückstand mit Gemüsebouillon loskochen und in den Topf gießen. Gewürze und Kräuter beifügen, Fond aufkochen und bei geringer Hitze etwa 2 Stunden kochen lassen. **Hinweis:** Den aufsteigenden Schaum immer wieder abschöpfen. Fond durch ein engmaschiges Sieb seihen; abschmecken. **Apfel-Preiselbeertaschen:** Erdäpfel noch heiß durch die Erdäpfelpresse drücken. Mit Butter, Dottern, Maizena und Salz rasch zu einem glatten Teig verarbeiten. Teig auf einer bemehlten Arbeitsfläche etwa 0,5 cm dick ausrollen. Aus dem Teig Scheiben (8 cm Durchmesser) ausstechen. Äpfel waschen, schälen und rund ums Kerngehäuse grob raffeln und gut ausdrücken; mit Preiselbeeren vermengen. Teigscheiben jeweils mit 1 Kaffeelöffel Füllung belegen, Teigränder zusammendrücken; in kochendem Salzwasser bei geringer Hitze etwa 5 Min. kochen. Aus dem Wasser heben, gut abtropfen. Nüsschen mit Salz, frischem Thymian würzen; in Olivenöl auf beiden Seiten insgesamt 3 Min. rosa braten. Herausnehmen und 2 Min. rasten lassen. Rehnüsschen auf Wacholdersaft und mit den Apfel-Preiselbeertaschen anrichten.

HOTEL THERMENHOF PAIERL, Erwin Paierl, Wagerberg 120, 8271 Bad Waltersdorf

Der Thermenhof Paierl ist das herausragende familiengeführte Wellnesshotel im steirischen Thermenland. Ein Hotelrestaurant, das zu den besten der Steiermark in gehobener 4-Sterne-Qualität zählt. Geboten wird alles, von der Vitalküche bis hin zur 5-Elemente-Küche.

Wolfgang Passegger

Laßnitzhöher Lammrücken in der Kräuterkruste auf Bohnen-Paradeisergemüse und Polentapüree

ZUTATEN für 4 Portionen

Kräuterkruste:
5 Weißbrotscheiben
1 Handvoll Petersilie
Estragon und Schnittlauch
Fett zum Ausbacken
1,6 kg Lammkarrees, ohne Rückgrat, zugeputzt
Salz, Pfeffer aus der Mühle
Je zwei Rosmarin- und Thymianzweige
4 EL Olivenöl
Dijonsenf
¼ l Bouillon
1–2 EL kalte Butterstücke

Bohnen-Paradeisergemüse:
100 g Fisolen (grüne Bohnen)
1 Zwiebel, 1 Zucchini
Je 1 rote und gelbe Paprikaschote
2 Paradeiser
Salz, Pfeffer aus der Mühle
1–2 EL Butter
1 EL Thymian und Rosmarin, feingehackt

Polentapüree:
200 g Maisgrieß
1 l Gemüsebouillon
1 Knoblauchzehe
2 EL Thymian und Rosmarin, feingehackt

ZUBEREITUNG:

Kräuterkruste: Brotscheiben entrinden, in kleine Würfel schneiden und im vorgeheizten Rohr bei 160 °C trocken backen. Kräuter in heißem Fett frittieren. **Vorsicht:** Fett spritzt sehr stark, Topfdeckel als Spritzschutz verwenden. Kräuter mit einem Lochschöpfer aus dem Fett heben und auf Küchenkrepp gut abtropfen lassen. Mit Weißbrot in einem elektrischen Zerkleinerer fein zerbröseln und anschließend durch ein Sieb streichen. Lammkarrees mit Salz sowie Pfeffer würzen, in heißem Öl rundum kräftig anbraten, Kräuter beifügen und im vorgeheizten Rohr bei 190 °C etwa 10 Minuten garen.
Bohnen-Paradeisergemüse: Gemüse waschen, putzen und alles außer Paradeiser in gleichgroße Stifte schneiden, in Salzwasser 2 Min. bissfest kochen, kalt abschrecken und gut abtropfen lassen. Paradeiser waschen, mit einem scharfen Messer kreuzweise einschneiden, blanchieren, kalt abschrecken, schälen, vierteln, entkernen und in Würfel schneiden. Butter in einer Pfanne aufschäumen lassen, Gemüse darin erwärmen, mit Salz, Pfeffer und Kräutern würzen.
Polentapüree: Bouillon mit Knoblauch und Kräutern aufkochen, Maisgrieß beifügen und unter Rühren dickbreiig einkochen lassen. Lamm aus dem Rohr nehmen, Oberfläche gleichmäßig mit Senf bestreichen, Kräuterkruste darauf verteilen und im Rohr bei starker Oberhitze hellbraun überbacken. Lamm herausnehmen und 5 Min. rasten lassen. Bratrückstand mit Bouillon aufgießen, aufkochen, durch Einrühren kalter Butter binden und durch ein Sieb seihen. Lammkarree tranchieren, dekorativ mit Gemüse, Polentapüree anrichten und mit Soße umgießen.

RESTAURANT-KURCAFÉ-PENSION KOTZIAN, Familie Kotzian, Hauptstraße 25, 8301 Laßnitzhöhe

Haubenrestaurant und hauseigene Konditorei tragen viel zum Ruf dieses Hauses bei. Die Spezialitäten auf der Karte sind saisonabhängig und werden solide zubereitet.

Astrid Flaßer und Denise Rosmanith

GRAZ UND UMGEBUNG

Er spiegelt trefflich die kulinarische Kultur von Graz und Umgebung: der Kaiser-Josef-Markt inmitten der Murmetropole. Ein durch und durch bäuerlicher Markt in einem urbanen Umfeld, das trotz städtischem Flair nichts von seinem fast familiären Charme eingebüsst hat. Auf dem täglich abgehaltenen Markt hinter der Grazer Oper tummeln sich die alle Bevölkerungsschichten, betuchte Herrschaften kaufen die violett schimmernden Käferbohnen ebenso wie Studenten. Neben Bauern, die ihre schlichte Ware verkaufen, findet man Spezialisten, die Gourmandisen feilbieten.

Das Angebot ist nicht das eines Feinschmeckerladens, aber es ist, genauso wie die Marktstandler selbst, sehr authentisch, und es repräsentiert das, was in der Umgebung wächst. Hier am Markt scheint der Bezug zu Traditionellem stark verankert, Kaviar und Trüffel kennt man zwar, aber ein Ritschert (ein Gericht aus Bohnen, Gerste und Selchfleisch) steht offenbar höher im Kurs.

Graz liegt wunderbar eingebettet in eine stark verwurzelte bäuerliche Landschaft, von der es die Lebensmittel bezieht und wohin die Bevölkerung schon nach nur kurzer Fahrt zur Erholung gelangt. Der Übergang von Stadt zu Land und umgekehrt ist fließend, und selbst in der Stadt hat man irgendwie den Eindruck am Land zu sein. Hier am Markt erklärt sich die Vielfalt des Gebotenen übrigens auch aus der Vielfalt der steirischen Landschaften, die so unterschiedlich sind wie die dafür charakteristischen „überlieferten Ordnungsformen bäuerlicher Kost", wie Wissenschaftlerin Anni Gemarith in einer ihrer Arbeiten über steirische Küche schreibt.

Die Umgebung von Graz ist nordseits bewaldet und traditionell der Ochsen- und Rindermast zugeneigt – das Styria Beef, für das Kälber verwendet werden, die bis zu zehn Monate mit ihren Müttern aufwachsen (man spricht von Mutterkuhhaltung), ist eines der bekanntesten Produkte dieses landwirtschaftlichen Zweigs. Gleichzeitig öffnen sich gegen Süden die großen Maisfelder, die den Kukuruz liefern für den berühmten steirischen Sterz. Eine besondere Form davon ist der Heidensterz, der aus Buchweizenmehl hergestellt wird und zu dem wiederum eine Klachlsuppe (ausgekochte Schweinshaxe) passt, womit wir bei der Schweinezucht wären, die ebenfalls sehr verbreitet ist in diesem Raum und die Ausgangsware liefert für vielerlei Selchwaren, Würste und Verhackertes.

Graz ist nicht zuletzt auch eine Stadt des Bieres. Die großen Brauereien von Reininghaus und Puntigamer, aber auch das Bier aus Göss, das kaum 60 Kilometer entfernt gebraut wird, belegen eine intensive und traditionelle Konzentration auf diesen Sektor. Und noch etwas fällt auf in Graz: die Bäckereien.

Auch wenn nicht alle die Grandezza der Hofbäckerei Edegger-Tax mit ihrem spektakulären Portal aus Holzeinlegearbeiten haben, das Brot, das die Grazer backen, ist schon etwas Besonderes – beispielsweise die flachen, großen, knusprigen Fladen der Bäckerei Auer, gar nicht zu reden von den Köstlichkeiten der Bäckerei Sorger in der Sporgasse. Ein Stückchen weiter nur gibt es übrigens eines der besten Käsesortiments in Graz: bei „Alles Käse" in der Paradeisgasse. Und noch ein Stückchen weiter gelangt man kurz vor der Mur in ein kleines Grätzel, in dem sich Gasthaus an Gasthaus reiht, einfach eingerichtet wie eh und je, nur so weit dem Zeitgeist angepasst wie eben erforderlich. Hier hat man den Eindruck, dass die Leute sich wohlfühlen, bei einfacher Kost und einem Glas Bier oder Wein. Für die ganz hochgestochene Küche sind die Grazer nur bedingt begeisterungsfähig, das hat schon so mancher Gastronom einsehen müssen. Man schätzt es gemütlich, traditionell, vielleicht ein wenig mediterran, denn zur Adria ist es ja doch nur ein Katzensprung.

Legenstein-Steirerschnitzel

ZUTATEN für 4 Portionen

4 Kalbsschnitzel
(von der Schale) à 160 g
50 g Kürbiskerne
1 KL ÖL
50 g Schwarzbrotbrösel
2 Eier
100 g Mehl (griffig)
Salz
Fett zum Ausbacken
Krauspetersilie

ZUBEREITUNG:

Kürbiskerne in Öl rösten, von der Hitze nehmen und auskühlen lassen. Kürbiskerne fein hacken und mit Schwarzbrotbröseln vermengen. Eier mit Prise Salz verquirlen. Schnitzel zwischen Folie klopfen, Folie entfernen und Schnitzel salzen. Schnitzel in Mehl, Eiern sowie Kürbiskern-Schwarzbrotbröseln wenden und in heißem Fett bei mittlerer Hitze – auf jeder Seite etwa 2–3 Minuten – schwimmend ausbacken. Auf Küchenkrepp gut abtrocknen lassen. Petersilie von den Stängeln zupfen und im heißen Fett knusprig ausbacken. Gut abtrocknen lassen. Steirerschnitzel mit Petersilie garniert servieren. Dazu passt Salat.

LANDGASTHOF HÄUSERL IM WALD,
Familie Cäcilia u. Anton Legenstein, Roseggerweg 105, 8044 Graz

Das am Stadtrand von Graz in ruhiger Lage gelegene familienfreundliche Restaurant „Häuserl im Wald" wartet mit vielen regionalen, aber auch internationalen Spezialitäten auf.

Anton Legenstein

Tempura vom Kürbis auf Styria-Beef-Carpaccio

ZUTATEN für 4 Portionen

300 g Rindsfilet im Ganzen,
vom Styria Beef, zugeputzt
150 g Rucola
Salz
Pfeffer aus der Mühle
2 EL Apfel-Balsamessig
4–6 EL Kürbiskernöl

Tempura vom Kürbis:
50 g Weizenmehl (glatt)
1 KL Kurkuma (Gelbwurzpulver)
90 g Stärkemehl
Salz
eventuell Sojasoße
300 g Muskatkürbis, geschält, entkernt
Öl zum Ausbacken

ZUBEREITUNG:

Rindslungenbraten für etwa 3 Stunden in den Tiefkühler geben. Rucola putzen, waschen und gut abtropfen lassen. Das angefrorene Filet – am besten mit der Wurstschneidemaschine – in sehr dünne Scheiben schneiden und sofort mit Rucola dekorativ anrichten. Salzen, pfeffern und mit Apfelbalsamessig und Kürbiskernöl marinieren.

Tempura vom Kürbis: Mehl mit Kurkuma, Stärkemehl verrühren und so viel eiskaltes Wasser dazu gießen, dass ein glatter Ausbackteig entsteht. Mit Salz und eventuell Sojasoße abschmecken. Kürbis in 0,5 cm dicke Scheiben schneiden, durch den Tempurateig ziehen, abtropfen lassen und in heißem Fett – beidseitig jeweils etwa 1 Minute – knusprig ausbacken. Auf Küchenkrepp abtropfen lassen.

Kürbis auf Carpaccio anrichten, mit Zitrone, Kapernbeeren und Kapuzinerkresse garniert servieren.

Weinempfehlung:
Sauvignon 2005, Pfarrweingarten
Weinbau Andreas Pusswald
Untere Brühlgasse 17

PUSSWALD RESTAURANT & VINOTHEK, Hannes Pusswald, Grazer Straße 18, 8230 Hartberg

Für Hannes Pusswald ist Kochen mehr als nur das geschickte Zubereiten von Speisen, bei ihm ist immer auch eine gehörige Portion Leidenschaft und Lust am Kochen im Spiel. Regionale Aspekte vermischen sich hier gekonnt mit asiatischen Einflüssen.

Hannes Pusswald

Schwarzbeerdalken

ZUTATEN für 2 Portionen

2 Eier
100 ml Sauerrahm
70 g Mehl (glatt)
Salz
30 g Staubzucker
1 EL zerlassene Butter oder Butterschmalz
1 Becher frische Schwarzbeeren, verlesen
Staubzucker zum Bestreuen

ZUBEREITUNG:

Dotter mit Sauerrahm, Mehl und Prise Salz glatt rühren. Eiklar mit Zucker zu steifem Schnee schlagen und unterheben. Die Vertiefungen einer Dalkenpfanne (ersatzweise Spiegeleierpfanne) mit flüssiger Butter bestreichen, jeweils 1 Esslöffel Masse einfüllen, und mit jeweils 1 Esslöffel Schwarzbeeren bestreuen. Dalken im vorgeheizten Rohr bei 160 °C etwa 5 Minuten backen. Mit Staubzucker bestreut servieren.

GASTHOF EBERHARD, Familie Eberhard-Mohri, Raiffeisenstraße 24, 8770 St. Michael

Der Gasthof Eberhard mitten im Dorf St. Michael in der Obersteiermark ist seit 1505 Hof, Wirtshaus und Herberge – tief verwurzelt in der Region und im Jahreskreis. Alldas spiegelt sich in steirischen Spezereien rund um Wald, Weide, Fluss und Garten wider. Der Weinkeller ist außerordentlich gut sortiert, mit steirischen Weißen und burgenländischen Roten.

Ilse Blachfellner-Mohri

Steak vom Almochsenrücken unter der Kräuter-Kürbiskernhaube im Rahm-Strohgemüsebett

ZUTATEN für 4 Portionen

3 Schalotten
Essig
2 Eier
100 g Butter
Frische Kräuter wie Thymian, Rosmarin und Petersilie
50 g gehackte Kürbiskerne
100 g Semmelbrösel
Feines Natursalz
Pfeffer aus der Mühle
4 Entrecotesteaks (Beiried) à 180 g vom Almochsenrücken
Natursalz
Pfeffer aus der Mühle
3 EL Öl
2 Karotten
2 gelbe Rüben
1 Sellerie
1 Stange Lauch
2 Lorbeerblätter
Natursalz
Pfeffer aus der Mühle
1 Zwiebel
2 Knoblauchzehen
1 EL Butter
1/8 l Weißwein
500 ml Obers
Kräuter, frisch gehackt, zum Garnieren

ZUBEREITUNG:

Die Schalotten schälen, fein hacken und in mit Essig versetztem Wasser blanchieren, abseihen und gut abtropfen lassen. Zimmerwarme Butter schaumig rühren, Schalotten, Dotter, Thymian, Rosmarin und Petersilie sowie Kürbiskerne nach und nach unterrühren. Semmelbröseln beifügen, mit Natursalz und Pfeffer abschmecken. Eiklar zu steifem Schnee schlagen und unterheben.
Steaks mit Küchengarn in Form binden, Steaks salzen und pfeffern, in heißem Öl beidseitig scharf anbraten und im vorgeheizten Rohr bei 160 °C etwa 8 Minuten garen. Kräuter-Kürbiskernmasse gleichmäßig auf Steaks streichen und bei 220 °C etwa 2 Minuten überbacken.
Gemüse putzen, waschen, falls notwendig schälen und in feine Streifen schneiden. In mit Lorbeerblättern, Natursalz sowie Pfeffer versetztem Wasser bissfest kochen. Abseihen und gut abtropfen lassen. Zwiebel und Knoblauch schälen, fein hacken, in zerlassener Butter glasig anrösten, mit Weißwein und Obers aufgießen. Bei mittlerer Hitze sämig einkochen lassen, mit einem Stabmixer pürieren und die Soße mit Natursalz sowie Pfeffer würzen. Gemüse auf Tellern anrichten, mit wenig Soße begießen, Steaks darauf anrichten und mit Kräutern dekorativ bestreut servieren.

NATURHOTEL ENZIANHOF, Alois Farmer, Haus Nr. 49, 8563 Ligist

Im Naturhotel Enzianhof kocht Bernhard Schrötter für Hotel- und Restaurantgäste vor allem steirische Regionalgerichte und legt Wert darauf, so oft es nur geht, Produkte aus der Umgebung zu verwenden.

Bernhard Schröttner

Terrine vom Lärchberger Schafskäse im Spinatmantel auf Salat und Gemüsevinaigrette

ZUTATEN für 4 Portionen

100 g Schafskäse
100 g Topfen (20 % Fett)
100 g Crème fraîche
½ Knoblauchzehe gehackt
¼ Salatgurke
2 Blätter Gelatine
1/16 l Schlagobers
Salat, Pfeffer aus der Mühle
300 g Blattspinat, geputzt

Gemüsevinaigrette:
½ Zucchini
¼ rote Paprikaschote
¼ gelbe Paprikaschote
¼ Karotte
Salz, Pfeffer aus der Mühle
4 EL Gemüsebouillon
2 EL Weißweinessig
1 EL Petersilie, gehackt
Staubzucker
2 El Maiskeimöl
Salate der Saison, geputzt, gewaschen

ZUBEREITUNG:

Terrine: Schafskäse mit Topfen, Crème fraîche, Knoblauch – am besten mit dem Handrührgerät – glattrühren. Gurke schälen, in kleine Würfel schneiden, beifügen. Gelatine in kaltem Wasser einweichen, gut ausdrücken, vorschriftsmäßig auflösen und in die Käse-Topfenmasse rühren. Schlagobers steifschlagen und unterheben, mit Salz und Pfeffer abschmecken. Blattspinat in Salzwasser blanchieren, kalt abschrecken und gut abtropfen lassen. Eine mit Frischhaltefolie ausgelegte Terrinenform mit Blattspinat auskleiden. **Hinweis:** Spinatblätter sollen am Rand etwas überlappen. Schafskäse-Topfenmasse einfüllen, glattstreichen und die Masse mit den überlappenden Spinatblättern zudecken. Mit Frischhaltefolie abgedeckt mindestens 4 Stunden kalt stellen.

Gemüsevinaigrette: Zucchini, Paprikaschoten und Karotten waschen, putzen, feinwürfelig schneiden. In Salzwasser bissfest kochen, abseihen und gut abtropfen lassen. Kurz mit Wasser überkochen abseihen. Gemüsebouillon mit Essig, Petersilie, Salz, Pfeffer, Prise Zucker und Öl gut verrühren, mit dem Gemüse vermengen.

Terrine behutsam aus der Form stürzen und Folie entfernen. Terrine in Scheiben schneiden, auf Salaten dekorativ anrichten, mit Gemüsevinaigrette beträufeln und servieren.

Weinempfehlung:
Steirischer Sauvignon von Jöbstl

HOTEL GASTHOF LERCHER, Adolf und Dagmar Lercher, Schwarzenbergstraße 10, 8850 Murau

Im mit 2 Hauben ausgezeichneten Abendrestaurant „Lercher's Panorama" wird eine hochqualitätsbewusste Küche mit einem Hauch steirischer Regionalität geboten. Gleichzeitig bieten wir in unseren traditionellen, gutbürgerlichen Gaststuben ganztägig steirische, regionaltypische und internationale Speisen und Getränke an.
Erich Pucher

Ochsenschwanzsuppe

ZUTATEN für 4 Portionen

800 g Ochsenschwanz
3–4 EL Öl
1,5 l Rindsbouillon
1 gelbe Rübe
2–3 Karotten
¼ Sellerieknolle
1 Zwiebel
1 Knoblauchzehe
1 Lorbeerblatt
10 Pfefferkörner
1 KL Thymian (gemahlen)
Salz
1/16 l Sherry (trocken)

Einlage:
100 g Karotten
100 g Sellerie
6 Kohlsprossen
6 Champignons

ZUBEREITUNG:

Ochsenschwanz am besten beim Fleischhauer vorbestellen und gleich vom Fleischhauer in etwa 4 cm breite Stücke schneiden lassen. Ochsenschwanzstücke heiß waschen und gut abtropfen lassen. In einem großen Topf in heißem Öl etwa 5 Min. rundum anbraten. Mit Bouillon aufgießen. Wurzelgemüse waschen, putzen, in Würfel schneiden und mit halbierter Zwiebel (samt Schale), Knoblauch sowie Gewürzen beifügen. Suppe bei geringer Hitze offen etwa 2 Stunden langsam kochen.

Einlage: Gemüse putzen und waschen. Karotten und Sellerie in kleine Würfel schneiden. Champignons putzen und vierteln. Gemüse und Champignons in Salzwasser bissfest kochen. Suppe durch ein engmaschiges Sieb seihen und eventuell das Fett abschöpfen. Fleisch von den Knochen ablösen, in kleine Würfel schneiden und gemeinsam mit Gemüse und Pilzen als Einlage in die Suppe geben. Suppe mit Salz und Sherry abschmecken.

HOTEL-RESTAURANT SCHWAIGER, Alfred Schwaiger, 8982 Tauplitz 89

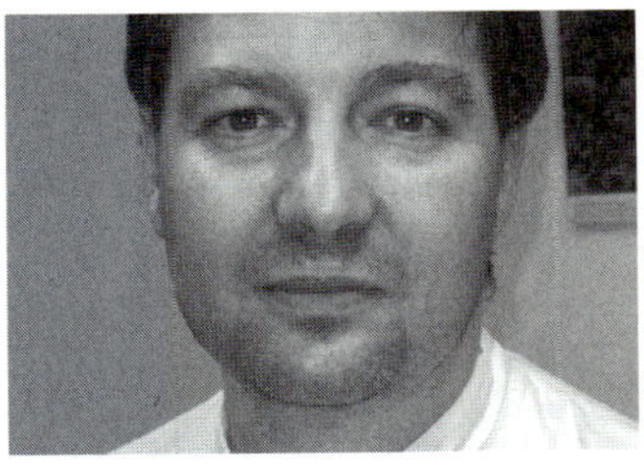

Ein Familienbetrieb, der in der Umgebung unter anderem auch für seine Wildbretwochen bekannt geworden ist. Dabei wird Wild in allen möglichen Varianten zu traditionellen Gerichten verarbeitet.

Alfred Schwaiger

Styria Beef auf roten Rüben

ZUTATEN für 4 Portionen

1 kg rote Rüben (**Hinweis:** Möglichst gleichgroße Rüben kaufen)
Salz, Kümmel (ganz)
100 g Kristallzucker
1/8 l Weißweinessig
1 Lorbeerblatt
Muskat
Weißer Pfeffer aus der Mühle
½ Zwiebel
3 EL Butter
Knoblauch, nach Geschmack
2 KL kalte Butter
4 Rindslungenbratensteaks (oder 4 Scheiben vom weißen Scherzel) à 180 g
Mehl
4 EL Öl
1 EL Zwiebel, gehackt
1 Knoblauchzehe
je 1 Rosmarin- und Thymianzweig
1/16 l Weißwein
1/8 l Rindsbouillon
Kren, frisch gerieben
Schnittlauch, geschnitten

ZUBEREITUNG:

Rote Rüben putzen, waschen, abtrocknen, einzeln mit Salz und Kümmel in Alufolie wickeln. Bei 130 °C Heißluft (oder im vorgeheizten Rohr bei 200 °C 1, 5 Stunden) – je nach Größe – etwa 40–60 Min. garen. **Hinweis:** Sie sollen nicht ganz weich sein. Überkühlen lassen und mit einem kleinen Messer die Schale abziehen. **Hinweis:** Schalen für den Fond aufheben. Zucker in einem Topf hell karamellisieren, mit Essig und 1 Liter Wasser aufgießen, rote Rübenschalen, Lorbeerblatt und etwas Kümmel beifügen, mit Salz, Muskat und Pfeffer würzen; bei geringer Hitze auf die halbe Menge einkochen lassen. Fond durch ein Sieb seihen, aufkochen, rote Rüben einlegen, nochmals aufkochen und anschließend bei geringer Hitze einkochen und ziehen lassen. Fond mit Salz, Pfeffer, Muskat sowie Essig abschmecken und rote Rüben – am besten über Nacht – im Fond auskühlen lassen. (**Hinweis:** Rote Rüben in saubere Gläser füllen, „einrexen", so sind sie im Kühlschrank mehrere Monate haltbar.) Zwiebel schälen und fein hacken. 2–3 rote Rüben in dünne Stifte schneiden, mit Zwiebel in 1 EL Butter glasig anrösten, nach Geschmack Knoblauch beifügen, mit Rote-Rüben-Fond aufgießen, aufkochen und durch Einrühren kalter Butter binden. Steaks auf einer Seite salzen, pfeffern, mit einer Seite in Mehl wenden, mit bemehlter Seite in heißem Öl scharf anbraten, Hitze reduzieren, Fleisch wenden, restliche Butter, gehackte Zwiebel, Knoblauch und Kräuter beifügen; fertigbraten. Steaks aus der Pfanne nehmen, zugedeckt warm rasten lassen. Bratrückstand mit Mehl stauben, mit Wein aufgießen, aufkochen lassen, Bouillon dazu gießen, nochmals aufkochen lassen; Saft durch ein Sieb seihen. Fleisch einlegen und darin einige Minuten ziehen lassen. Steaks auf roten Rüben mit Saft rundherum beträufelt anrichten, mit Kren und Schnittlauch bestreut servieren. Als Beilage: Grießnocken und glasierte Apfelspalten.

WEINGASTHOF-HOTEL GUSSMACK,
Familie Josef Gußmack, Conrad-von-Hötzendorf-Straße 17, 8570 Voitsberg

Sepp Gußmack ist ein begabter und engagierter Koch. Seine Spezialitäten werden in der ganzen Region geschätzt, ebenso das Weinangebot sowie die geschmackvoll eingerichteten Gästezimmer.

Sepp Gußmack

INNTAL

„Ihr eigentliches Wesen ist, dass sie ihr ganzes Leben in der Welt herumfahren und mit Obst, Geschirr und anderen kleinen Waren handeln. Viele besitzen keinen eigenen Herd, um sich zur Ruhe zu setzen, die reichsten nur ein kleines Häuschen. Ihr Fahrzeug ist ein kleiner Karren, den sie selber ziehen, wenn nicht ein Eselchen oder eine abgejagte Mähre aushilft." Das schrieb der bayrische Reiseschriftsteller Ludwig Steub in seinem 1845 erschienen Buch „Drei Sommer in Tirol" über die so genannten „Korrner" des Tiroler Oberlandes.

Markus Decristoforo, Edmund Steindl, Joschi Sailer jun. (v. l. n. r.).

Viele der Korrner gingen über die Pässe und Joche als „Schwabenkinder" nach Deutschland, um sich dort als schlecht bezahlte Dienstboten zu verdingen. Heute ist das umgekehrt. Es sind vor allem Touristen aus Deutschland, die in Tirol im Sommer und Winter Urlaub machen und den einzelnen Regionen zu Wohlstand verhalfen. Sie schätzen die Gastfreundlichkeit der Tiroler, die Vorzüge der Landschaft und auch das kulinarische Angebot, das sich vor allem in letzter Zeit erfreulich entwickelt hat.

Dazu haben unter anderem auch viele Produzenten beigetragen, die sich zum Teil alter Traditionen aber vor allem der Pflege regionaler Produkte angenommen haben. Diese Entwicklung ist noch eher jung. Mit dem Aufkommen der Direktvermarktung bäuerlicher Produkte sind viele Kleinsennereien und Bio-Produzenten entstanden, die diese Gegend zu einer interessanten Genussregion gemacht haben.

1 **HOTEL-RESTAURANT TIROLERHOF, Telfs**
2 **HOTEL SAILER, Innsbruck**
3 **GOURMET-HOTEL-HABHOF, Seefeld**
4 **HOTEL-RESTAURANT SCHROFENSTEIN, Landeck**
5 **GOURMETHOTEL UNTERWIRT, Ebbs**
Betriebe restliches Tirol:
6 **HOTEL ZUR TENNE KITZBÜHEL, Kitzbühel**
7 **LANDGASTHOF LINDE, Stumm/Zillertal**
8 **ARLBERG HOSPIZ HOTEL, St. Christoph am Arlberg**
9 **GENIESSERWIRTSHAUS HOTEL ALPIN, Achenkirch**

Erzeugt werden unter anderem hochqualitative Edelbrände, Fleisch- und Wurstwaren, verschiedene Brotsorten, Honig, aber auch Konditoreiwaren, wie etwa jene der Familie Valier, die in Innsbruck eine Café-Konditorei betreibt. Und zwar eine höchst bemerkenswerte. Dank ihrer Vorfahren aus Venedig entstehen dort nicht nur Tiroler Schneeflockerln, Edelbrandpralinen, Cassis-Mousse, und Passionsrouladen, sondern auch so Raritäten wie venezianische Fritelle.

Auf köstliche Beeren haben sich hingegen Martin und Martina Mair aus Rietz im Tiroler Oberland verlegt. Aus ihren Gärten stammen ganz außergewöhnliche Himbeeren, Stachelbeeren, Johannisbeeren, Holunder und Heidelbeeren.
Die Bewässerung erfolgt durch Gebirgsquellen, die von Hand geernteten Beeren werden danach zu allerlei Produkten verarbeitet: Von Marmeladen, Fruchtsäften, Sirupe bis zu Fruchtbränden und Likören reicht das Sortiment, das inzwischen auf über 40 Erzeugnisse angewachsen ist.

Ein typisches Tiroler Produkt ist der Graukäse, wie ihn etwa Thomas Lieb aus Weerberg herstellt. An dieser Käsesorte haben sich schon viele versucht, doch nur den wenigsten gelingt eine Qualität wie diese. Vermutlich auch deshalb, weil in diesem Betrieb diese Käsespezialität schon in vierter Generation hergestellt wird.

Auch regionales Fleisch hat in dieser Region inzwischen wieder an Bedeutung gewonnen. Deshalb setzt etwa die Landmetzgerei Piegger in Sistrans, südlich von Innsbruck, mehr denn je auf Tiere aus der Region. Etwa auf das Tiroler Vollmilchkalb, auf das Stubaier Berglamm oder das Tiroler Bergrind.

Einem Betrieb, dem es gelang, seine Produkte praktisch rund um den Globus zu verkaufen, ist die Brennerei Rochelt. Hier wird nicht nur irgendein Schnaps gebrannt, hier wird das Aushängeschild Tiroler Brennkunst hergestellt. Rochelt-Schnäpse sind längst weltberühmt geworden und werden, wie das bei derart erfolgreichen Produkten auch notwendig ist, in einer entsprechenden Art präsentiert: in Flakons, wie sie sonst nur die großen Parfum-Konzerne verwenden.

Nüsschen von der Karwendelgams mit Erdäpfelwirler und Apfelrotkraut

ZUTATEN für 4 Portionen

400 g Gamsrücken, ausgelöst und zugeputzt
Salz, Pfeffer aus der Mühle, Muskat, Wacholder
4 EL Schweineschmalz, 1 Schweinsnetz
50 g mageres Gamsfleisch (z. B. aus der Schale)
50 g Hendlfilet, 100 g Eierschwammerln, geputzt
70 ml Schlagobers, Pastetetengewürz
Ananaskompott

Erdäpfelwirler:
4 mehlige Erdäpfel, gekocht
2 Dotter, etwas Mehl (griffig)
Salz, Muskat
60 g Butterschmalz zum Ausbacken

Apfelrotkraut
1 Kopf Rotkraut, 3 Äpfel (Jonathan)
1/8 l Orangensaft, 1 EL Zitronensaft
2 EL Preiselbeerenkompott
Salz, 2 EL Kristallzucker
1/4 l Rotwein, 1 kleine Zwiebel (50 g)
1 EL Butterschmalz

ZUBEREITUNG:

Gamsrücken in 8 gleich große Stücke (Nüsschen) teilen, mit Salz, Pfeffer, Muskat sowie Wacholder würzen, in heißem Schweineschmalz (2 EL) kurz anbraten, aus der Pfanne nehmen und beiseite legen. Schweinsnetz in kaltem Wasser einweichen.
Gut gekühltes Gamsfleisch und Hendlfilet in kleine Würfel schneiden und mit dem Obers in einem elektrischen Zerkleinerer (Cutter) zu einer Farce pürieren. Mit Pastetengewürz abschmecken. Eierschwammerln eventuell halbieren, im Bratrückstand des Gamsrückens anrösten und so lange rösten, bis die gesamte Flüssigkeit verdampft ist; von der Hitze nehmen, auskühlen lassen und unter die Farce mengen. Schweinsnetz gut ausdrücken, und in 8 etwa 10 x 10 cm große Stücke schneiden. Jeweils ein Stück auf der Arbeitsfläche ausbreiten, etwas von der Farce in die Mitte auf das bereitgelegte Netz streichen, Nüsschen darauflegen und mit Farce einstreichen. Mit dem Schweinsnetz umwickeln. In einer Pfanne im restlichen Butterschmalz rundum anbraten, im vorgeheizten Rohr bei 220 °C fertiggaren. Aus dem Rohr nehmen und 5 Minuten rasten lassen. Mit Erdäpfelwirler und Apfelrotkraut anrichten.
Erdäpfelwirler: Erdäpfel schälen, durch eine Erdäpfelpresse drücken und mit Dotter, etwas Mehl, Salz und Muskat – am besten mit einer Sterzgabel – zu einem lockeren Teig verarbeiten. Butterschmalz in einer Pfanne erhitzen, Masse hineingeben und bei mittlerer Hitze unter Schwenken backen. Mit zwei Essgabeln die „klumpigen Stücke" wie einen Schmarren zerreißen. **Apfelrotkraut:** Rotkraut putzen, vierteln, Strunk entfernen und das Kraut – am besten mit der Wurstschneidemaschine – sehr fein schneiden. Äpfel waschen, schälen und feinwürfelig schneiden, mit Orangen- und Zitronensaft, Preiselbeerenkompott, Salz und Rotwein zum Kraut geben und gut vermengen. Rotkraut über Nacht ziehen lassen. Zwiebel schälen, in heißem Schmalz glasig anrösten, Zucker beifügen und karamellisieren lassen. Rotkraut gut ausdrücken. **Hinweis:** Marinade auffangen. Zwiebel mit der Rotkrautmarinade aufgießen, etwas einkochen lassen, Rotkraut und Ananaskompott beifügen und zugedeckt bei geringer Hitze etwa 30–40 Minuten weichdünsten.

HOTEL-RESTAURANT TIROLERHOF, Paul Krug, Bahnhofstraße 28, 6410 Telfs

In dem typisch tirolerischen Hotel-Restaurant hat sich die Küche in den letzten Jahren bemerkenswert entwickelt. Guido Spitzer in der Küche verarbeitet ausschließlich frische Naturprodukte aus der Region.

Guido Spitzer

Gebratener Hirschrücken mit Eierschwammerln

ZUTATEN für 4 Portionen

2 Hirschkalbsrücken (à 450 g), ausgelöst und zugeputzt
1 Thymianzweig, Salz
10 schwarze Pfefferkörner und
10 Wacholderbeeren, zerdrückt
50 g Öl, 4 dünne Speckscheiben
1 Thymianzweig
10 schwarze Pfefferkörner
5 Wacholderbeeren
1/8 l Rotwein, 20 ml Rotwein
1/2 l Wildfond (ev. aus dem Glas)
1 EL Stärkemehl
50 g Preiselbeerenmarmelade, passiert, Saft von 1 Zitrone
2 Kaffeelöffel Senf
1/8 l Sauerrahm

250 g Eierschwammerln
150 g Zwiebeln
60 g Butter
1/16 l Weißwein
Weißer Pfeffer aus der Mühle
Salz, 30 g Petersilie, gehackt

250 g Maroni
800g mehlige Erdäpfel
2 Dotter, 30 g Butter
1 Prise Salz, Muskat

ZUBEREITUNG:

Hirschrücken mit Thymian, Pfefferkörnern und Wacholderbeeren würzen und zugedeckt im Kühlschrank eine Stunde ziehen lassen. Hirschrücken auf allen Seiten in heißem Fett rundum anbraten und herausnehmen. Anschließend das Fleisch salzen, mit Speckscheiben umwickeln und mit Küchengarn binden. Im vorgeheizten Rohr bei 200 °C etwa 10–15 Min. rosa braten. **Hinweis:** Öfter mit Bratensaft begießen. Aus der Pfanne nehmen und warmstellen. Thymian, Pfefferkörner und Wacholderbeeren in den Bratrückstand geben, sofort mit Rotwein aufgießen und zur Gänze einkochen lassen. Mit Wildfond aufgießen und 10 Min. bei geringer Hitze kochen lassen. Saft durch ein Sieb seihen, noch einmal aufkochen lassen. Rotwein mit Stärkemehl glattrühren und in die Soße mengen. Preiselbeermarmelade mit Zitronensaft sowie Senf verrühren und beifügen. **Hinweis:** Die Soße darf nicht mehr kochen! Soße mit Rahm verfeinern. Eierschwammerln putzen, waschen und gut abtrocknen. Zwiebeln schälen, feinhacken und zerlassener Butter glasig anrösten. Eierschwammerl beifügen, mitrösten und mit Weißwein aufgießen und aufkochen. Eierschwammerln mit Salz und Pfeffer würzen und mit Petersilie bestreuen. Maronischalen mit einem kleinen Gemüsemesser auf der gewölbten Seite kreuzweise einschneiden und Maroni in einer Pfanne zugedeckt bei mittlerer Hitze etwa 10 Min. trocken braten dünsten lassen. **Hinweis:** Eventuell etwas Wasser dazu gießen. Maroni etwas überkühlen, schälen und durch ein Sieb passieren oder durch eine Erdäpfelpresse drücken. Erdäpfel schälen, in kleine Würfel schneiden, in Salzwasser kochen, abseihen und im vorgeheizten Rohr bei 180 °C ausdampfen und gut trocknen lassen. Erdäpfel durch die Erdäpfelpresse drücken und mit Dottern, Butter vermengen, mit Salz sowie einer Prise Muskat würzen. Anschließend mit dem Maronipüree vermengen, Masse in einen Spritzsack mit gezackter Tülle füllen und in Form eines länglichen Sockels auf eine Platte dressieren. Bei starker Oberhitze kurz überbacken. Inzwischen Küchengarn und Speckscheiben vom Hirschrücken entfernen. Hirschfleisch in fingerdicke Scheiben schneiden, auf Maronipüreesockel legen, Eierschwammerln daneben anrichten. Die Soße separat reichen.
Dazu passen Mandelerdäpfel und Rotkraut.

HOTEL SAILER, Familie Maria u. Josef Sailer, Adamgasse 6–10, 6020 Innsbruck

Das Hotel Sailer im Zentrum Innsbrucks hat eine fast hundertjährige Geschichte. Das Restaurant mit den landestypischen Zirbenholz-Stuben bietet eine interessante Küche sowie echt Tiroler Flair.

Joschi Sailer jun.

Tartar von der Leutascher Räucherforelle mit Erdäpfelrösti

ZUBEREITUNG:

Forellenfilet in feine Würfel schneiden und mit restlichen Zutaten gut vermengen; mit Salz, Pfeffer und Kren abschmecken.
Rohe Erdäpfel waschen, schälen, grob raffeln und salzen. In einer beschichteten Pfanne Fett erhitzen. Aus den Erdäpfelmasse mit Hilfe eines Löffels 12 Portionen einlegen, flachdrücken und beidseitig knusprig ausbacken.
Forellentartar mit den Rösti abwechselnd zu Türmchen zusammensetzen. Mit Sauerrahm und Forellenkaviar garniert anrichten.
Anrichtetipp: Dekorativ auf Gurkenscheiben oder Rucola anrichten.

ZUTATEN für 4 Portionen

300 g geräuchertes Forellenfilet, ohne Haut
80 g Radieschen, fein gehackt
250 g Paradeiser, geschält, entkernt
und kleinwürfelig geschnitten
150 g Crème fraîche
2 EL Olivenöl
1 EL Schnittlauch, fein geschnitten
Salz
Pfeffer aus der Mühle
Kren, nach Geschmack, frisch gerieben

2 mittlere Erdäpfel
Salz
Fett zum Braten

Sauerrahm und Forellenkaviar zum Garnieren

GOURMET-HOTEL-HABHOF, Familie Decristoforo-Sauter, Brochweg 1, 6100 Seefeld

Im Feinschmecker-Hotel Habhof wird hoch über dem Inntal bei herrlicher Fernsicht einer typischen Tiroler Regionalküche gefrönt. Die Gäste schätzen die familiäre Atmosphäre und den persönlichen Service.

Hans-Peter Braunhofer

Dreierlei von der „Stanzer Zwetschke“

ZUTATEN für 4 Portionen

Zwetschkeneis:
450 g Zwetschken, Mark von 1 Vanilleschote
1 Messerspitze Zimt (gemahlen)
450 g Kristallzucker, 1 Kaffeelöffel Stärkemehl

Zwetschkenknödel:
60 g Butter, 1 Ei, 250 g Topfen, 125 g Mehl (glatt)
4 Zwetschken, Mark von ½ Vanilleschote
1 KL Zitronensaft
Schale von 1 Zitrone (unbehandelt), abgerieben
4 kleine Stücke Marzipanrohmasse, zum Füllen
Süße Brösel (von Striezel oder Briochegebäck) zum Wälzen
Salz, Staubzucker zum Bestreuen

Zwetschken-Cappuccino:
400 g Zwetschken, 5 EL roten Portwein
3 EL Kristallzucker, ½ KL Ingwer, gerieben
1 Messerspitze Zimt (gemahlen)
Aufgeschäumte Milch

ZUBEREITUNG:

Zwetschkeneis: Zwetschken waschen, gut abtrocknen, halbieren, entsteinen und feinhacken. 1 Liter Wasser mit Zimt, Vanillemark und Zucker aufkochen lassen. 3 Esslöffel Wasser mit Stärkemehl glattrühren und durch Einrühren das Zuckerwasser binden. Zwetschken beifügen, bei mittlerer Hitze weichkochen, von der Hitze nehmen und mit einem Stabmixer pürieren. Kaltstellen. Abgekühlte Zwetschkenmasse etwa 24 Stunden tiefkühlen. Anschließend in der Eismaschine zu Eis rühren.

Zwetschkenknödel: Weiche Butter schaumig rühren, Ei, Vanillemark, Zitronensaft und -schale beifügen. Topfen und Mehl unterrühren. Teig etwa 15 Minuten rasten lassen. Zwetschken waschen, abtrocknen, halbieren, entkernen und mit Marzipan füllen. Teig in 4 gleich große Portionen teilen, flachdrücken, mit jeweils einer Zwetschke belegen und zu Knödeln formen. Knödel in kochendes Salzwasser einlegen und bei geringer Hitze etwa 12 Minuten ziehen lassen, bis sie an die Oberfläche steigen. Knödel in süßen Bröseln wälzen und bezuckern.

Zwetschkencappuccino: Zwetschken waschen, gut abtrocknen, halbieren und entkernen. Zucker hell karamellisieren, mit Portwein und 1/8 l Wasser aufgießen. Bei mittlerer Hitze kochen lassen, bis sich der Zucker vollständig aufgelöst hat. Ingwer und Zwetschken beifügen und weichkochen. Mit einem Stabmixer pürieren und durch ein Sieb passieren. Kaltstellen. In Gläser füllen und mit aufgeschäumter Milch garnieren.

Zwetschkenknödel mit Zwetschkeneis und Zwetschken-Capuccino servieren.

HOTEL-RESTAURANT SCHROFENSTEIN, Familie Peter Völk, Malser Straße 31, 6500 Landeck

Das Schrofenstein ist einer der ältesten Gastronomiebetriebe Landecks. Seit mehr als 150 Jahren werden hier die Gäste mit klassischen Gerichten der Tiroler Küche verwöhnt.

Hermann Gapp

Ravioli auf Steinpilzragout und Lorbeercreme

ZUTATEN für 4 Portionen

Ravioli, Nudelteig:
300 g Mehl (griffig), Mehl zum Ausarbeiten
½ KL Salz, 3 Eier, 1 EL Olivenöl

Füllung:
4 große mehlige Erdäpfel
250 g Trüffelbutter, 6 EL Weißbrotbrösel
(in Feinkostgeschäften erhältlich)
120 g Parmesan, frisch gerieben
Salz, Pfeffer aus der Mühle

Steinpilzragout:
3 Karotten (gewaschen), 2 Zwiebeln
4 Knoblauchzehen, 1 Lorbeerblatt
3 EL Maiskeimöl, 2 EL Olivenöl
250 ml Weißwein, 2 EL Brandy
1 l Pilzfond (aus dem Glas), 100 g Butter
250 g eingelegte Dosenparadeiser (Pelati)
1 kg Steinpilze, geputzt, 1 Spritzer Zitronensaft
Salz, Pfeffer aus der Mühle

Lorbeercreme:
1 l Schlagobers, 6 frische Lorbeerblätter
Salz, Zitronensaft

Parmesan, frisch gehobelt und Petersilie, gehackt, zum Garnieren

ZUBEREITUNG:

Ravioli: Nudelteig: Mehl mit Salz in einer Schüssel vermengen. Eier mit Olivenöl verquirlen, zum Mehl geben und alles mit den Knethaken des Handrührgerätes zu einem glatten Teig verkneten. Teig zu einer Kugel formen und in Frischhaltefolie gewickelt etwa 30 Min. rasten lassen. **Füllung:** Erdäpfel schälen, vierteln, in Salzwasser weich kochen, abseihen, ausdampfen lassen und durch die Erdäpfelpresse drücken. Mit weicher Butter, Käse und Bröseln zu einer festen Masse verarbeiten. Salzen und pfeffern. Masse in einen Spritzsack mit großer glatter Tülle füllen.

Nudelteig vierteln, jedes Teigstück nochmals durchkneten und auf bemehlter Arbeitsfläche etwa 1 mm dünn ausrollen (evtl. mit Nudelmaschine). Ausgerollte Teigstücke halbieren und in regelmäßigen Abständen die Füllung aufdressieren. Teig rund um die Füllung mit Wasser bestreichen. Restliche Teigplatten darüberlegen. Teig rund um die Füllung fest andrücken. Mit einem Teigrad Ravioli ausradeln. Ravioli in kochendem Salzwasser etwa 3–4 Min. kochen; abseihen, gut abtropfen lassen.
Steinpilzragout: Karotten, ungeschälte Zwiebeln und Knoblauchzehen grobhacken, in heißem Öl unter Rühren braun anrösten. Mit Weißwein und Brandy aufgießen, aufkochen; auf die Hälfte einkochen. Pilzfond, Paradeiser samt Saft und Lorbeerblatt beifügen. Zugedeckt bei geringer Hitze etwa eine Stunde kochen. Durch ein Sieb in einen anderen Topf passieren und offen bei mittlerer Hitze auf etwa 300 ml einkochen. Pilze je nach Größe halbieren oder vierteln. Öl erhitzen, Pilze darin braten, bis die austretende Flüssigkeit verdampft ist, mit Paradeisersoße aufgießen; bei mittlerer Hitze etwa 3 Min. garen, Butter einrühren und einkochen.
Mit Salz, Pfeffer sowie Zitronensaft abschmecken. Pilzragout in tiefen Tellern mit Ravioli anrichten, mit Lorbeercreme überziehen und mit Parmesanspänen und Petersilie garniert servieren.
Lorbeercreme: Obers mit Lorbeerblättern dickcremig einkochen. Lorbeerblätter entfernen. Creme mit Salz und Zitronensaft abschmecken.

GOURMETHOTEL UNTERWIRT, Familie Anni u. Edmund Steindl, Wildbichlerstraße 38, 6341 Ebbs

In dem altehrwürdigen Haus in Ebbs, nahe von Kufstein, stehen meist traditionelle Gerichte und regionale Spezialitäten auf der Karte. Eine herzhafte Küche, die durch internationale Speisen ergänzt wird.

Edmund Steindl

Rückenstück vom Tiroler Milchlamm im Kräuterbiskuit mit jungem Gemüse, dazu Maisgrießtorte

ZUTATEN für 4 Portionen

Kräuterbiskuit:
5 Eier, 25 g Butter
50 g Kräuter (Liebstöckel, Kerbel, Petersilie, Thymian, Rosmarin, Estragon), feingehackt
50 g Spinat, passiert (eventuell tiefgekühlt) und gut ausgedrückt
Salz, Pfeffer aus der Mühle
Muskat, 100 g Mehl (glatt)
Mehl zum Ausarbeiten

720 g Lammrücken, ausgelöst und zugeputzt
3 EL Öl
1 Schweinsnetz

Maisgrießtorte:
1,2 l Gemüsefond (oder Gemüsebouillon)
100 g Wurzelgemüse, feinwürfelig geschnitten
200 g Maisgrieß
2 Eier, 50 g Butter
Salz, Pfeffer aus der Mühle
Muskat
Butter für die Form
5 Strudelblätter

250 g zartes Gemüse (Karotten, zarte Rübchen, Zuckerschoten ...)
2 EL Butter
Salz, Pfeffer aus der Mühle

ZUBEREITUNG:

Kräuterbiskuit: Eier trennen. Dotter mit Butter cremigrühren. Spinat sowie Kräuter unterrühren, mit Salz, Pfeffer und Muskat würzen. Eiklar mit Prise Salz zu steifem Schnee schlagen und abwechselnd mit dem Mehl unterheben. Masse auf ein mit Backtrennpapier ausgelegtes Blech streichen und im vorgeheizten Rohr auf mittlerer Schiene bei 170 °C etwa 15 Min. backen. Auf ein mit Mehl bestreutes Backtrennpapier stürzen, mitgebackenes Papier ablösen und das Biskuit einrollen. Auskühlen lassen. Schweinsnetz in kaltem Wasser einweichen. Lammrücken in vier gleich dicke Scheiben schneiden, in heißem Fett kurz anbraten, aus der Pfanne nehmen und etwas überkühlen lassen. Schweinsnetz gut ausdrücken und in 4 gleich große Stücke schneiden. Biskuit aufrollen, in vier gleich große Quadrate schneiden. Jeweils 1 Lammrückenstück in Biskuit einrollen und mit bereitgelegtem Schweinsnetz umwickeln. Auf ein Blech legen und im vorgeheizten Rohr bei 180 °C etwa 12–15 Min. fertig garen. **Maisgrießtorte:** Fond oder Bouillon mit Wurzelgemüse aufkochen, Maisgrieß einrühren und bei geringer Hitze unter ständigem Rühren etwa 5 Min. kochen; von der Hitze nehmen und überkühlen lassen. Eier trennen. Zimmerwarme Butter schaumig rühren, Dotter nach und nach beifügen. Mit Grießmasse vermengen. Eiklar zu steifem Schnee schlagen und unterheben. Masse in eine bebutterte und mit Strudelblättern ausgelegte Teflon-Tortenform füllen, überlappende Strudelblätter darüberschlagen und im vorgeheizten Rohr bei 180 °C etwa 10 Min. backen. Gemüse waschen, putzen, blanchieren, kalt abschrecken und gut abtropfen lassen. In zerlassener Butter schwenken, mit Salz und Pfeffer würzen. Lamm in Kräuterbiskuit mit Maisgrießtorte und jungem Gemüse anrichten.

HOTEL ZUR TENNE KITZBÜHEL, Johannes Mitterer, Vorderstadt 8–10, 6370 Kitzbühel

Die Tenne ist nicht nur seit vielen Jahren ein Treffpunkt der internationalen Prominenz, sondern überzeugt auch mit einer gelungenen Mischung aus traditioneller österreichischer Küche und internationalen Spezialitäten. Vor allem die Suppen, Fleischgerichte und die Desserts sind allemal einen Abstecher in das wunderschöne Haus im Herzen Kitzbühels wert.
Andrea Pürstinger-Seban

Rostbraten mit karamellisierten Schalotten und Erdäpfel-Rahmpaunzen

ZUTATEN für 4 Portionen

Erdäpfel-Rahmpaunzen:
250 g mehlige Erdäpfel
1 kleine Zwiebel
2 EL Schnittlauch, feingeschnitten
100 g Mehl (glatt)
80 g Magertopfen
1 Ei, Butter zum Braten
Salz, Pfeffer aus der Mühle
Muskat
Mehl zum Ausarbeiten.
2 EL Schlagobers

Schalotten:
12 Schalotten
1 KL Butter
1–2 EL Zucker
1 KL Honig
¼ l Rotwein
50 ml Rindsbouillon
1 Lorbeerblatt
2 Gewürznelken
Salz, Pfeffer aus der Mühle
Spritzer Balsamico-Essig

4 Zwischenrippenstücke (Entrecote) à 180 g
Salz, Pfeffer aus der Mühle
2 EL Mehl
1 KL Senf
1 EL Olivenöl zum Braten
⅛ l Rotwein
200 ml Rindsbouillon
1 EL kalte Butter
Balsamico-Essig und Cognac zum Abschmecken

ZUBEREITUNG:

Erdäpfelpaunzen: Erdäpfel waschen, über Dampf in einem Dämpfeinsatz dämpfen, schälen und noch heiß durch die Erdäpfelpresse drücken. Auskühlen lassen. Zwiebel schälen, feinwürfelig schneiden und mit Schnittlauch, Mehl, Topfen, Ei zur Erdäpfelmasse geben, mit Salz, Pfeffer sowie Muskat würzen und alles rasch zu einem glatten Teig verarbeiten. Teig auf einer bemehlten Arbeitsfläche zu einer daumendicken Rolle formen, diese in 3 cm lange Stücke schneiden und mit bemehlten Händen zu Paunzen (Rollen) formen. Schalotten schälen. **Hinweis:** Zwiebelansätze nicht abschneiden. Schalotten in Salzwasser blanchieren, abseihen und gut abtropfen lassen. Butter schmelzen, Zucker und Honig beifügen und karamellisieren. Mit Rotwein und Suppe aufgießen, Gewürze dazugeben, mit Essig abschmecken. Schalotten darin weichkochen. Anschließend Schalotten herausnehmen und den Sud sirupartig einkochen. Vom Zwischenrippenstück eventuell die Fleischränder einschneiden. **Hinweis:** Fleisch zwischen Frischhaltefolie klopfen, Folie entfernen und das Fleisch beidseitig salzen, pfeffern und eine Seite leicht in Mehl wenden. Erdäpfelpaunzen in aufgeschäumter Butter bei geringer Hitze rundum hellbraun braten, Obers dazugießen und einkochen lassen. In einer Pfanne Öl erhitzen, Fleisch mit der bemehlten Seiten nach unten einlegen, bei mittlerer Hitze etwa 3 Minuten anbraten, Fleisch wenden, mit Senf bestreichen und 1 weitere Minute braten. **Hinweis:** Fleisch soll innen noch rosa sein. Fleisch aus der Pfanne nehmen und warmstellen. Bratrückstand mit Rotwein aufgießen, aufkochen, Bouillon dazugießen und einkochen lassen. Kalte Butter einrühren und mit Salz, Pfeffer, Essig und Cognac abschmecken. Fleisch mit Soße anrichten und mit karamellisierten Schalotten sowie Erdäpfelpaunzen servieren.
Dazu passt gedünstetes Gemüse.

LANDGASTHOF LINDE, Familie Mag. Christina u. Hannes Ebster, 6272 Stumm/Zillertal 2

Hannes Ebster kocht in diesem traditionsreichen Wirtshaus mit der stattlichen Linde vor der Tür eine sorgfältig hergestellte Regionalküche. Die Grundprodukte stammen vorwiegend aus der Umgebung, die Rezepturen sind nicht selten uralt.

Hannes Ebster

Crème brûlée mit Tiroler Wildkräutern und Zwergorangen

ZUTATEN für 4 Portionen

750 ml Schlagobers
¼ l Milch
2 Vanilleschoten
10 Dotter
150 g Kristallzucker
2–3 EL brauner Rohrzucker
verschiedene Wildkräuter, gehackt, zum Bestreuen

Zwergorangenragout:
500 g Zwergorangen
Spritzer Zitronensaft
100 g Kristallzucker
Mark von 1 Vanilleschote

ZUBEREITUNG:

Vanilleschoten der Länge nach aufschneiden. Obers mit Milch und Schoten aufkochen lassen. Von der Hitze nehmen. Dotter mit Kristallzucker verquirlen und unterrühren. Masse durch ein engmaschiges Sieb abseihen und in eine hitzebeständige Form oder in Portionsauflaufformen füllen. Im vorgeheizten Rohr bei 120 °C etwa 40 Minuten stocken lassen. Aus dem Rohr nehmen und im Kühlschrank etwa 1 Stunde auskühlen lassen. Creme mit braunem Zucker bestreuen und mit einem Bunsenbrenner (Flambierer) karamellisieren oder im vorgeheizten Rohr auf zweiter Schiene von oben auf höchster Grillstufe etwa 2–2,5 Minuten karamellisieren lassen. **Wichtig:** Creme durch das Backrohrfenster ständig beobachten, damit der Zucker nicht zu dunkel wird. Crème brûlée mit Wildkräutern bestreuen und mit Orangenragout servieren.

Zwergorangenragout: Zwergorangen waschen, halbieren oder in Scheiben schneiden, eventuell entkernen. 50 ml Wasser mit Spritzer Zitronensaft, Zucker und Vanillemark aufkochen, Zwergorangen beifügen. Stärkemehl mit 3 Esslöffeln Wasser glattrühren, einrühren und Zwergorangen bei geringer Hitze etwa 10 Minuten weichdünsten.

Hinweis: Meine Wildkräutermischung besteht – je nach Jahreszeit – aus verschiedenen frischen oder getrockneten Wildkräutern (Goldmelisse, Ringelblume, Moschus-Schafgarbe, Bergbohnenkraut, Alpenquendel usw.), die ich in einer Seehöhe von etwa 1800 Meter aufwärts pflücke.

ARLBERG HOSPIZ HOTEL, Florian Werner, 6580 St. Christoph am Arlberg

Hausherr und Weinguru Adi Werner ist ein Vollblutgastronom mit hohem Qualitätsbewusstsein. Deshalb werden den Gästen hier eine große Küche und eine sagenhafte, weit über die Grenzen Tirols bekannte Weinsammlung geboten.

Klaus Lettner

„Achentaler Reh" mit Gebirgskräuteraromaten, getürmtem Apfelrotkraut und Erdäpfel-Nussnockerln

ZUTATEN für 4 Portionen

600 g Rehrücken, ausgelöst und zugeputzt
1/8 l Wacholderöl
1 EL Butter
verschiedene Gebirgskräuter (Thymianblüten, Rosmarin, Wacholderzweig, Tannenwipfel, Latschenkiefer)

Erdäpfel-Nussnockerln:
250 g mehlige Erdäpfel, geschält
Salz
75 g Mehl (glatt)
1 Dotter
Pfeffer aus der Mühle
Muskat
2 EL Butter zum Braten
2 EL Haselnüsse, gerieben

Apfelrotkraut:
600 g Rotkraut
3 Schalotten
30 g Butter
2 EL Kristallzucker
1/16–1/8 l Rotwein
Saft von 1 Orange
Saft von 1/2 Zitrone
2 EL Preiselbeermarmelade
Salz
Pfeffer aus der Mühle
Kümmel
Majoran (getrocknet)
4 mittelgroße Äpfel
2 EL Butter
1 EL Kristallzucker

ZUBEREITUNG:

Rehrückenfilet mit Wacholderöl begießen und etwa 24 Stunden marinieren lassen. Butter aufschäumen, Rehrücken darin rundum anbraten, Gebirgskräuter beifügen und anschließend im vorgeheizten Rohr bei 150 °C etwa 3–4 Minuten braten. Fleisch 10 Minuten rasten lassen. Fleisch in Scheiben schneiden und mit Apfelrotkrauttürmchen sowie Erdäpfel-Nussnockerln anrichten. **Erdäpfel-Nussnockerln:** Erdäpfeln in Salzwasser kochen, abseihen, noch heiß durch die Erdäpfelpresse drücken und mit Dotter sowie Mehl rasch zu einem glatten Teig verarbeiten. Mit Salz, Pfeffer sowie Muskat würzen. Aus dem Teig mit einem kleinen Löffel kleine Portionen abstechen und in siedendes Salzwasser einlegen. **Hinweis:** Öfter umrühren, damit keine Klümpchen entstehen. Nockerln einmal aufkochen lassen. **Hinweis:** Die Nockerln sind gar, wenn sie auf die Wasseroberfläche steigen. Nockerln abseihen, heiß abschwemmen. Butter in einer Pfanne schmelzen, Haselnüsse beifügen und die Nockerln darin schwenken. **Apfelrotkraut:** Rotkraut putzen, vierteln, Strunk entfernen und das Kraut in feine Streifen schneiden, Schalotten schälen, feinwürfelig schneiden, in zerlassener Butter glasig anrösten, Zucker beifügen und karamellisieren. Rotkraut dazugeben. Mit Rotwein, Zitronen- und Orangensaft aufgießen und Kraut bei geringer Hitze zugedeckt etwa 30–40 Minuten weichdünsten lassen. Mit Preiselbeermarmelade, Salz, Pfeffer, Kümmel und Majoran würzen. Äpfel waschen, schälen, mit einem Apfelausstecher das Kerngehäuse entfernen und in 1 cm dicke Scheiben schneiden. Butter mit Zucker in einer Pfanne schmelzen, Äpfel darin glasieren. Rotkraut abwechselnd mit Apfelscheiben zu 4 Türmchen zusammensetzen.

GENIESSERWIRTSHAUS HOTEL ALPIN, Armin Gründler, 6215 Achenkirch 35

Dem Achensee ist es zu verdanken, dass im Wirtshaus des Hotel Alpin viele Fischgerichte zu Tisch kommen. Überhaupt legen Armin Gründler und sein Sohn Alexander in der Küche viel Wert auf frische, regionale Zutaten.

Armin Gründler und Alexander Gründler

OBST VOM
BODENSEE

ALPENRHEIN · BODENSEE

Lange bevor der Rhein in Deutschland zu einem schiffbaren Strom wird, trifft sein Graubündner Gletscherwasser erst einmal auf den Bodensee und trennt auf diesem Weg die Schweiz und Vorarlberg. Auf dem fruchtbaren Schwemmland links und rechts des Rheins wird traditionellerweise Obstbau betrieben, wie übrigens in der gesamten Bodenseeregion. Den See wiederum teilen sich gleich drei Staaten untereinander.

Michael Schwarzenbacher, Martha Fulterer, Tibor Danka (v. l. n. r.).

Und diese Vielfalt, die hier nicht nur sprachlich aufeinander trifft, spiegelt sich auch in der Alltagskultur. Die Vorarlberger können neben wirtschaftlichen Erfolgen mit gerechtfertigtem Stolz auf eine der lebendigsten Architekturszenen verweisen, ebenso wie auf ein gutes und breites gastronomisches Angebot – selbst wenn man die Skiorte am Arlberg nicht mitzählt. Egal ob Wirtshaus oder Feinschmeckertempel, auf jedem Niveau gibt es ein solides Angebot. Auch bei den Produkten: Spezialitäten wie etwa der Bodenseefelchen – ein delikater, forellenartiger Fisch – wurden in letzter Zeit deutlich aufgewertet.

Vorarlberg blickt eigentlich kaum auf eine glorreiche lukullische Vergangenheit zurück. Die meisten Menschen waren arm und lebten von der Landwirtschaft. Erst der Austausch mit der Schweiz brachte die Kenntnisse für die Herstellung von Bergkäse und Emmentaler in den Bregenzerwald und andere Regionen – und von dort aus weiter nach Tirol und Salzburg.

Durch die Stickerei kam ein gewisser Wohlstand ins Land, der den Leuten erlaubte, auch andere Dinge als nur Riebel zu essen – ein Gericht auf Basis von Gries, Zucker und Milch, das früher in vielen Haushalten mitunter drei Mal am Tag auf den Teller kam, das aber auch heute noch gerne gegessen wird, manchmal zusammen mit Kaffee.

Erst wenige Jahre alt, ist die Käsestraße durch den Bregenzerwald zu einer der kulinarischen Hauptattraktionen des Landes geworden. Erstmals zeigt dieses Projekt die Kraft und Qualität, die in dieser Region und in diesem Produkt stecken. Käse aus dem Bregenzerwald ist für gewöhnlich von guter Qualität, immer öfter findet man heute auch ganz außergewöhnliche Produzenten. Wer nicht die Zeit für eine ausgedehnte Erkundungstour hat, ist gut beraten, in einem winzigen Laden in Schwarzenberg einzukehren. Dort bieten Maria Vögl und ihre Nachfolgerin eine ausgesuchte Palette verschiedener Käse an. Anderen seien die Bio-Käserei in Sulzberg oder die Sennerei Langenegg ans Herz gelegt, oder man geht einfach zum Käsfreddy in Bregenz. Die besten Käse stammen übrigens aus der Alpsennerei, wobei zu beachten wäre, dass ein Unterschied etwa zwischen Käse aus Sommer- oder Herbstmilch besteht.

1. **DEURING SCHLÖSSLE, Bregenz**
2. **RESTAURANT MANGOLD, Lochau**
3. **HOTEL-RESTAURANT SCHÖNBLICK, Eichenberg**
4. **GASTHOF KREUZ, Rankweil**
5. **RESTAURANT MOHREN, Rankweil**
6. **HOTEL-RESTAURANT HIRSCHEN, Dornbirn**
7. **WIRTSHAUS AM SEE, Bregenz**

Most und Schnaps sind hier fast in jedem Haushalt zu finden. Die Obstbäume stehen ja förmlich vor der Tür. Zu den herausragenden Brennern zählen etwa der Freihof, einer der größten und gleichzeitig besten Betriebe Österreichs, oder der Michelehof von Albert Büchele in Hard. Beide bieten auch Subirer an, Schnaps aus einer Birnensorte, die fast ausschließlich in Vorarlberg existiert. Dieses Destillat ist an seinen typischen pikanten, grünschaligen Noten erkennbar. Ein anderes kulinarisches Phänomen im Rheintal ist der Lustenauer Senf der Familie Bösch, der praktisch über ein Monopol in den Ländern Vorarlberg und Tirol verfügt. Daneben gibt es eine reiche Bio-Szene, und Bauernmärkte findet man beinahe täglich in den meisten größeren Orten. Kulinarisch tut sich einiges in Vorarlberg, Bewusstsein ist vorhanden und Stolz ebenso, weshalb man das Wort „Ländle" wie eine Art Gütesiegel auf vielerlei Produkten findet.

Bodenseefelchen in der Kartoffel-Sellerie-Kruste

ZUTATEN für 4 Portionen

12 Felchenfilets
Salz
Pfeffer aus der Mühle
Cayennepfeffer
Mehl
1 Ei
1 Sellerie, geputzt
3 große mehlige Erdäpfel
80 g Butterschmalz

Spinat:
200 g frischer Blattspinat, geputzt
50 g Butter
50 ml Schlagobers
Salz
Pfeffer aus der Mühle
Muskat
Eventuell:
1 Knoblauchzehe, geschält

Soße:
1 KL Schalotten, feinwürfelig geschnitten
1 KL Butter
100 ml Weißwein
100 ml Fischfond (aus dem Glas)
100 ml Schlagobers
Salz
Pfeffer aus der Mühle
100 g Butter
Felchenkaviar
Frische Kräuter, gehackt

ZUBEREITUNG:

Von den Fischfilets eventuelle Gräten mit einer Pinzette entfernen, Felchenfilets mit Salz, Pfeffer sowie Cayennepfeffer würzen, mit der Fleischseite in Mehl drücken und mit verquirltem Ei bestreichen. Sellerie und Erdäpfel schälen, in sehr feine Streifen schneiden, vermengen und auf die Fischfilets geben und mit den Händen gut andrücken. Butterschmalz in einer Pfanne erhitzen, die Filets mit der Erdäpfel-Sellerieseite nach unten einlegen und bei mittlerer Hitze hellbraun braten, Filets wenden und fertigbraten. Auf Küchenkrepp gut abtropfen lassen. Felchenfilets mit Spinat und Soße anrichten.

Spinat: Spinat waschen, gut abtropfen lassen und in wenig von der Butter in einem flachen Topf zusammenfallen lassen. Spinat leicht ausdrücken. Restliche Butter hellbraun erhitzen, Spinat darin kurz schwenken, mit Obers verfeinern und mit Salz, Pfeffer sowie Muskat würzen. **Hinweis:** Für ein leichtes Knoblaucharoma die ganze, geschälte Knoblauchzehe mit der Butter erhitzen.

Soße: Schalotten in zerlassener Butter glasig anrösten, mit Weißwein und Fischfond aufgießen und auf die halbe Menge einkochen lassen. Obers beifügen, nochmals einkochen, mit Salz sowie Pfeffer würzen und mit kalter Butter binden. Kaviar und Kräuter in die Soße rühren.

DEURING SCHLÖSSLE, Heino Huber, Ehre-Guta-Platz 4, 6900 Bregenz

Große Küche in einem grandiosen Schloss-Ambiente. Schon seit Jahren ist Heino Huber einer der besten Köche im Ländle. Seine brillanten und harmonischen Kreationen faszinieren eine große Stammklientel.

Heino Huber

Gebratener Bodensee-Zander mit Balsamico-Linsen

ZUTATEN für 4 Portionen

Linsengemüse:
125 g grüne Berglinsen
Salz
40 g Frühstücksspeck
je 40 g Karotten, Sellerie und Schalotten, kleinwürfelig geschnitten
1 EL Olivenöl
20 g Butter
1 EL Paradeisermark
100 ml Rotwein
3–4 EL Portwein
1 Thymianzweig
1 Lorbeerblatt
400 ml Geflügelfond (ersatzweise Hühnerbouillon)
1 EL Kapern, gehackt
1 Sardellenfilet oder Sardellenpaste
40 g Cornichons, gehackt
Schale von jeweils 1/4 Zitrone und Orange (unbehandelt), abgerieben
Dijonsenf
Aceto Balsamico
Muskat

4 Zanderfilets à 80 g als Vorspeise (140 g als Hauptspeise)
Butterschmalz
Salz
Pfeffer aus der Mühle
2–3 EL Butterschmalz
1 Thymianzweig
1 Knoblauchzehe, geschält

ZUBEREITUNG:

Linsengemüse: Linsen in Salzwasser blanchieren, abseihen und kalt abschrecken. Speck in Würfel schneiden. Öl mit Butter erhitzen, Speck und Gemüse darin glasig anrösten. Linsen beifügen und Paradeisermark einrühren. Mit Rot- und Portwein aufgießen und etwas einkochen lassen. Thymian und Lorbeerblatt dazu geben, mit Geflügelfond auffüllen und bei geringer Hitze etwa 15 Minuten kochen lassen. Thymian und Lorbeerblatt entfernen. Kapern, Sardellen und Cornichons beifügen, mit Orangen- sowie Zitronenschale würzen und die Linsen mit Senf, Essig und Muskat abschmecken.

Zanderfilets mit Salz und Pfeffer würzen. In einer Pfanne Butterschmalz erhitzen, Fischfilets mit auf der Hautseite einlegen und knusprigbraten. Thymian und Knoblauchzehe beifügen und kurz mitbraten.

Linsen auf heißen Tellern mit Zanderfilets anrichten und auf Wunsch mit knusprig gebratenem Speck servieren.

RESTAURANT MANGOLD, Michael Mangold, Pfänderstraße 3, 6911 Lochau

Das Restaurant Mangold ist ein Klassiker der Vorarlberger Spitzengastronomie. Küchenchef Michael Schwarzenbacher sorgt für außergewöhnliche Genusserlebnisse auf hohem Niveau. Die Verwendung regionaler Spitzenprodukte ist ihm ebenso ein Anliegen wie Perfektion und Harmonie.

Michael Schwarzenbacher

Geschmorte Bäckle vom Ländlekalb auf getrüffeltem Riebel an kräftiger Zwetschken-Zweigeltsoße

ZUTATEN für 4 Portionen

Gefüllte Kalbsbäckle (Kalbsbacken):
2 Karotten
2 gelbe Rüben
1 Kohlrabi
2 Selleriestangen
¼ Sellerie
1 Stange Lauch
1 kleine Zwiebel
2 Knoblauchzehen
800 g Kalbsbacken, grob zugeputzt
Salz
Pfeffer aus der Mühle
Mehl (glatt), zum Wenden
3 EL Öl
3 EL Tomatenmark
½ l kräftiger burgenländischer Zweigelt
½ l Rindsbouillon
Wacholderbeeren
Lorbeerblatt
etwas Rosmarin und Salbei
500 g Zwetschken

Getrüffelter Riebel:
1 l Rindsbouillon
40 g Butter
160 g Riebel (Maisgrieß)
frische Trüffel oder Trüffelöl, nach Belieben

ZUBEREITUNG:

Kalbsbäckle: 1 Karotte, 1 gelbe Rübe, Kohlrabi und Stangensellerie putzen und in feine Stifte schneiden. Sellerie und Lauch putzen und in Würfel schneiden. Zwiebel sowie Knoblauch schälen und würfelig schneiden. Kalbsbacken mit einem spitzen Messer längs der Faserrichtung einstechen und die Gemüsestäbchen mit den Fingern hineindrücken. Fleisch mit Salz und Pfeffer würzen, in Mehl wenden und heißem Öl rundum scharf anbraten. Kalbsbacken herausnehmen. Im Bratrückstand Gemüsewürfel langsam braun anrösten, Paradeisermark einrühren und kurz mitrösten. Mit Rotwein aufgießen, auf die Hälfte einreduzieren lassen, mit Bouillon auffüllen, restliche Gewürze und Kräuter dazugeben und Kalbsbacken einlegen. Bei geringer Hitze zugedeckt etwa 1 Stunde 20 Minuten schmoren lassen. Zwetschken waschen, trockentupfen, halbieren und entkernen. Fleisch herausnehmen und warmstellen. Soße durch ein Sieb seihen. Zwetschken in die Soße geben, aufkochen und bei geringer Hitze noch etwa 5 Minuten kochen lassen. Kalbsbacken einmal durchschneiden mit Zwetschkensoße und getrüffelten Riebelnocken anrichten.

Getrüffelter Riebel: Bouillon mit Butter aufkochen, Maisgrieß einrühren und bei geringer Hitze unter Rühren etwa 8 Minuten breiig einkochen lassen, salzen und pfeffern. Mit Salz und Pfeffer abschmecken. Mit Trüffelöl oder frisch gehobelter Trüffel verfeinern. Aus der Masse mit Hilfe eines Esslöffels Nockerln formen und anrichten.

HOTEL-RESTAURANT SCHÖNBLICK, Karlheinz Hehle, Dorf 6, 6911 Eichenberg

Ein Gastronomiebetrieb, in dem viele Bioprodukte aus der Umgebung Verwendung finden und zu originellen Spezialitäten verarbeitet werden. Natürlich wird hier auch auf Vorarlberger Bergkäse Wert gelegt.

Michael Pawlitschko

Rehleber mit Steinpilzpolenta und Speckdatteln

ZUTATEN für 4 Portionen

500 g Rehleber, zugeputzt
4 kleine Steinpilze
2 EL Öl
2 EL Butter
Salz
Pfeffer aus der Mühle
3–4 Wacholderbeeren
Majoran

Steinpilzpolenta:
200 g Steinpilze
50 g Schalotten
1 Knoblauchzehe
1 EL Olivenöl
40 g Butter
½ l Geflügelfond
(ersatzweise Hühnerbouillon)
90 g Maisgrieß
Salz
Pfeffer aus der Mühle
Kümmel (gemahlen)
1 EL Schlagobers

Speckdatteln:
8 Datteln
8 Scheiben Karreespeck
2 EL Öl

ZUBEREITUNG:

Von der Rehleber eventuell vorhandene Häutchen und Sehnen entfernen. Steinpilze putzen und in dicke Scheiben schneiden. Öl mit Butter erhitzen, Rehleber darin rundum kurz anbraten, mit Salz, Pfeffer, Wacholderbeeren und Majoran würzen. Pilze beifügen und im vorgeheizten Rohr bei 180 °C etwa 8 Minuten braten. Aus dem Rohr nehmen und warmstellen.

Steinpilzpolenta: Pilze putzen und in kleine Würfel schneiden. Schalotten sowie Knoblauch schälen, feinwürfelig schneiden. Öl mit Butter erhitzen, alles darin hell anrösten, mit Fond aufgießen und aufkochen. Polenta einrühren und dickbreiig einkochen lassen. Mit Salz, Pfeffer sowie Kümmel würzen und mit Schlagobers verfeinern.

Speckdatteln: Datteln entkernen, mit einem Speckstreifen umwickeln und in erhitztem Öl bei mittlerer Hitze rundum knusprigbraten.

GASTHOF KREUZ, Martha Fulterer, Ringstraße 43, 6830 Rankweil

In dem gutbürgerlichen Gasthof Kreuz sorgt eine engagierte Küchenbrigade für eine stets solide Vorarlberger Küche, die durch internationale Gerichte ergänzt wird.

Martha Fulterer

Variation von Bodenseefischen

ZUTATEN für 4 Portionen

Felchenfilet:
200 g gekochte Erdäpfel
25 g Stärkemehl
3 Eier
Salz
Pfeffer aus der Mühle
Muskat
Fett zum Ausbacken
1 geräuchertes Felchenfilet
Zwiebelringe und Kapernäpfel zum Garnieren

Welsfilet:
200 g Welsfilets
20 ml Pernod
Salz
Pfeffer aus der Mühle
5 Wacholderbeeren
je 50 g Karotten, Sellerie, gelbe Rübe und Lauch, in feine Stifte geschnitten
Kren, frisch gerieben

Carpaccio vom Zander:
2 Zanderfilets (150 g)
1 Noriblatt
5 g Wasabi
(in der Asia-Abteilung des Supermarktes erhältlich)
80 ml Sauerrahm

2 EL Petersilie, gehackt, zum Bestreuen

ZUBEREITUNG:

Felchenfilet: Kalte Erdäpfel schälen und durch die Erdäpfelpresse drücken, mit Stärkemehl, Eiern vermengen, mit Salz, Pfeffer sowie Muskat würzen. Aus der Masse in erhitztem Fett 4 kleine Crèpes backen. Felchenfilet in 4 gleich große Stücke schneiden und auf den Crèpes anrichten. Mit Zwiebelringen und halbierten Kapernäpfeln garnieren.

Welsfilet: Welsfilet in 4 etwa 5 x 5 cm große Quadrate schneiden. 200 ml Wasser mit Pernod, restlichen Welsabschnitten und der Zanderhaut langsam aufkochen, mit Salz, Pfeffer sowie Wacholder würzen und bei geringer Hitze etwa 20 Minuten kochen. Durch ein Sieb seihen und den Fond nochmals aufkochen. Gemüsestifte beifügen und bei geringer Hitze etwa 5 Minuten kochen lassen. Kren einrühren, Fond der Hitze nehmen, Welsstücke einlegen und darin etwa 5 Minuten ziehen lassen. Wels mit etwas Fond und Gemüse in kleinem, passendem Geschirr anrichten.

Carpaccio vom Zander: Zanderfilets zwischen Frischhaltefolie mit der flachen Seite des Fleischklopfers behutsam etwas flachklopfen, Folie entfernen. **Hinweis:** Die Fischfilets sollen die Größe des Noriblattes haben. Eine Folie auf die Arbeitfläche legen, darauf ein Zanderfilet geben, mit Noriblatt belegen, zweites Zanderfilets darauf legen und mit Hilfe der Folie eng einrollen. Fischrolle etwa 6 Stunden tiefkühlen. Wasabi mit Sauerrahm glatt rühren. Gefrorene Fischrolle – am besten mit der Wurstschneidemaschine – in hauchdünne Scheiben schneiden, sofort kreisförmig, leicht überlappend auf kleine Teller legen und mit Wasabisoße dekorativ beträufeln.

Alle drei Fischspeisen auf einem entsprechend großen Teller zu einem Gericht arrangieren und mit Petersilie bestreut servieren.

Küchenchef Tibor Danka verwendet vorwiegend heimische Produkte, die er mit seiner Küchenmannschaft nach modernen, kreativen und ernährungsbewussten Kriterien zubereitet.

Tibor Danka

Kalbssteak vom Dünserberger Biobauern mit Kräuterkruste an Schwarzbiersoße mit Zucchini-Jungzwiebel-Gemüse und Erdäpfelrösti

ZUTATEN für 4 Portionen

Kräuterkruste:
2 Toastbrotscheiben
1 Ei
20 ml Olivenöl
3 EL frische Kräuter (Rosmarin, Thymian, Petersilie), fein gehackt
1 Knoblauchzehe, zerdrückt
Salz
Pfeffer aus der Mühle

4 Kalbssteaks à 150 g
Salz
Pfeffer aus der Mühle
3 EL Olivenöl zum Braten

Schwarzbiersoße:
2 Schalotten
100 ml Rotwein
¼ l Schwarzbier (Fohrenburger aus Bludenz)
100 g Rohrzucker
Salz
Pfeffer aus der Mühle

Erdäpfelrösti:
4 mittelgroße mehlige Erdäpfel
Salz
Pfeffer aus der Mühle
Muskat
2 EL Butter

Zucchini-Jungzwiebel-Gemüse:
je 1 kleine grüne und gelbe Zucchini
1 Bund Jungzwiebeln
3 EL Olivenöl
Salz
Pfeffer aus der Mühle
1 Knoblauchzehe, zerdrückt

ZUBEREITUNG:

Kräuterkruste: Toastbrot entrinden und in kleine Würfel schneiden. Mit Ei, Öl, Kräutern und Knoblauch gut vermengen. Masse mit Salz und Pfeffer würzen.

Kalbssteaks beidseitig salzen, pfeffern und in heißem Öl beidseitig – jeweils etwa 2 Minuten – braten; Fleisch aus der Pfanne nehmen und warmstellen.

Schwarzbiersoße: Schalotten schälen, halbieren, im Bratrückstand kurz anrösten, mit Rotwein aufgießen, aufkochen und etwas einkochen lassen. 100 ml Wasser sowie Bier dazugießen, Rohrzucker einstreuen, aufkochen und sirupartig einkochen lassen. Mit Salz und Pfeffer abschmecken.

Erdäpfelrösti: Rohe Erdäpfel schälen, grob raffeln, mit Salz, Pfeffer und Muskat würzen. Aus der Erdäpfelmasse kleine flache Laibchen formen und in erhitzter Butter beidseitig knusprig ausbacken. Auf Küchenkrepp gut abtropfen lassen.

Zucchini-Jungzwiebel-Gemüse: Zucchini waschen, putzen und in kleine Stifte schneiden. Jungzwiebeln waschen, putzen, grünes Blattgrün in etwa 0,5 cm dicke Ringe schneiden, kleine Zwiebeln ganz lassen. Öl in einer Pfanne erhitzen, Zucchini und Zwiebeln darin unter Wenden etwa 2 Minuten kräftig braten, mit Salz, Pfeffer und Knoblauch würzen.

Kalbssteaks mit der Kräuterkruste bestreichen und unterm Grill (oder starker Oberhitze) etwa 1 Minute gratinieren. Kalbssteaks mit Schwarzbiersoße, Gemüse und Erdäpfelrösti anrichten.

RESTAURANT MOHREN, Elmar Herburger, Stiegstraße 17, 6830 Rankweil

Der „Mohren" ist ein gastronomischer Klassiker der Region und setzt seit Jahren auf eine Küche mit regionalen Produkten, vom Bio-Kalb- und Lammfleisch aus dem Großwalsertal bis zu Fischspezialitäten vom Bodensee.

Christian Zickler

Schnifener Bergkäsesuppe mit Schwarzbrot-Croûtons

ZUBEREITUNG:

Rindsbouillon mit Schlagobers aufkochen. Stärkemehl mit Wasser glatt rühren, mit einer Schneerute in die Suppe einrühren. Mit Kümmel würzen.

Bergkäse in die heiße Suppe geben und darin schmelzen lassen. Suppe mit einem Stabmixer pürieren. Schwarzbrot in Würfel schneiden und in aufgeschäumter Butter knusprig braten.

Suppe mit Schwarzbrot-Croûtons in tiefen Tellern anrichten.

ZUTATEN für 4 Portionen

400 ml Rindsbouillon
200 ml Schlagobers
1 EL Stärkemehl
Kümmel (ganz)
200 g Schnifener Bergkäse, frisch gerieben
2 Scheiben Schwarzbrot
1 EL Butter

HOTEL-RESTAURANT HIRSCHEN, Familie Hirt, Haselstauderstraße 31, 6850 Dornbirn

Es sind oft die kleinen Dinge, die den großen Unterschied ausmachen. Aus einem starken, stolzen Wirtshaus ist ein stilvolles Hotel entstanden, das seinen ursprünglichen Charme mit gelebter Gastlichkeit unverwechselbar beibehalten hat. Leichtes, Raffiniertes und Regionales, mit österreichischem Ursprung kreiert Erwin Hirt mit seinem engagierten Team.
Erwin Hirt

Ziegenkäse im Kürbiskernmantel mit gerösteten Paradeisern und Rucola-Pesto

ZUTATEN für 10 Portionen

Mousse:
5 Blätter Gelatine
450 g Ziegenkäse
75 g Topfen
300 ml Schlagobers
1 Bund Basilikum
Salz
1 Knoblauchzehe
Weißer Pfeffer aus der Mühle

Kürbiskernmantel:
4 Scheiben Weißbrot, entrindet
300 g Kürbiskerne, gehackt
1 Ei

Rucula-Pesto:
50 g Pinienkerne
1 Bund Rucola (100 g)
Salz
Olivenöl
2 Knoblauchzehen
40 g Parmesan, frisch gerieben

2 Fleischparadeiser
20 ml Olivenöl
Paradeiser-Gewürzsalz

ZUBEREITUNG:

Mousse: Gelatine in kaltem Wasser einweichen. Basilikum von den Stielen zupfen und fein hacken. Ziegenkäse pürieren und mit Topfen und Basilikum glattrühren. Masse mit Salz, Pfeffer sowie Knoblauch würzen. Gelatine gut ausdrücken, vorschriftsmäßig auflösen und unter die Käsemasse rühren. Schlagobers steifschlagen und unterheben. Masse in einen Spritzsack mit großer glatter Tülle füllen, kaltstellen.

Kürbiskernmantel: Weißbrot in sehr kleine Würfel schneiden, mit Kürbiskernen sowie Ei gut vermengen und zu einer Rolle formen. Aus der Rolle 10 dünne Scheiben schneiden, jede Scheibe dünn und länglich (Zungenform) ausrollen, jeweils in Kaffeetassen einlegen und trocknen lassen.

Rucola-Pesto: Pinienkerne in einer Pfanne ohne Fett hellbraun rösten; von der Hitze nehmen und etwas auskühlen lassen. Rucola putzen, waschen, gut abtrocknen lassen und mit Pinienkernen, Knoblauch, Salz in einem Mörser zerstoßen. Parmesan und Olivenöl unterrühren.

Geröstete Paradeiser: Paradeiser mit einem scharfen Messer kreuzweise einritzen, in Salzwasser kurz blanchieren, kalt abschrecken, schälen, vierteln, entkernen und in Rauten schneiden. In heißem Olivenöl unter Wenden anrösten und mit Paradeiser-Gewürzsalz abschmecken.

Kürbiskernmantel aus der Kaffeetasse nehmen, auf Teller legen und die Ziegenkäsemousse hineindressieren. Mit Paradeisern und Rucola-Pesto dekorativ anrichten.

WIRTSHAUS AM SEE, Martin Berthold, Seepromenade 2, 6900 Bregenz

Im Wirtshaus am See von Martin Berthold genießt man nicht nur die wunderschöne Aussicht direkt auf den See, sondern auch eine unverfälschte, stets zeitgemäße Regionalküche, die natürlich stark von den Fischen des Bodensees geprägt ist. Vor allem zu Festpielzeiten ist ein Besuch im wunderschönen Gastgarten ein absolutes Muss.
Martin Berthold

MONTAFON · ARLBERG

Das Montafon ist eine gebirgige Landschaft, weshalb sich einerseits viele Skifahrer und Wanderer von ihr angezogen fühlen, andererseits konnte sich hier bis auf die Milch- und Käsewirtschaft kaum ein Zweig etablieren, der sich kulinarisch hervortat. Immerhin wird hier aber der so genannte „Sure Kees“, ein saurer Käse, erzeugt und zwar bereits seit dem 12. Jahrhundert, was wiederum einer der frühesten Belege für Käsewirtschaft in den Alpen ist.

Andere Gourmandisen kamen ebenfalls ins Montafon oder vielmehr durch dieses durch, denn die Grenze entlang der Gebirgszüge zur Schweiz hin war seit jeher ein von Saumwegen durchzogenes Gebiet, durch das Waren selbst von Italien bis nach Vorarlberg und weiter gelangten, zu manchen Zeiten auch illegal. Ansonsten gab es hier neben einem kargen Einkommen aus der Milchwirtschaft kaum etwas zu verdienen, weshalb der Tourismus schon bald als Einnahmequelle Bedeutung erlangte. Schon zu Beginn des 20. Jahrhunderts kamen regelmäßig wohlhabende britische Skifahrer in die Region, und irgendwann einmal war auch Ernest Hemingway da, übernachtete in der Traube in Schruns und beschwerte sich ansonsten über die merkwürdigen einheimischen Skiführer, die sich, oben am Berg angelangt und entlohnt, alsbald aus dem Staub machten und ihn die Abfahrt alleine machen ließen. Bereits um 1600 ist ein Beherbergungsbetrieb in Gargellen nachgewiesen, immerhin auf 1.400 m. Heute zählt man über 18.000 Betten in Wellnesshotels, Gasthöfen und Berghütten.

Noch bevor der Tourismus große Bedeutung erlangte, waren es zuerst die Eisenbahn und die Wasserkraftwerke, die Arbeit und damit Geld ins Montafon brachten. Die traditionelle Kost ist daher einfach. Eines der typischen Gerichte ist die Montafoner Käsesuppe. Der Montafoner Sure Kees ist ebenfalls unverwechselbar, doch selbst unter Käsekennern kaum bekannt. Er hat nur bedingt etwas mit dem Sura Käs zu tun, den man etwa im Rheintal oder dem Bregenzerwald kennt. Die Montafoner Spielart ist viel eher mit dem Tiroler Graukäse verwandt.

Warum man im Montafon zu Käse nicht Käs, sondern Kees sagt, hat übrigens mit dem hier noch deutlich vorhandenen rätoromanischen Einfluss zu tun. Die Räten waren ein Volk, das aus einer Verschmelzung von Römern und Kelten entstand. Während die Dominanz der Alemannen die rätoromanische Kultur immer mehr verdrängte, spricht man diese Dialekte im angrenzenden schweizerischen Engadin immer noch.

1. **PANORAMAGASTHOF KRISTBERG, Silbertal**
2. **LÖWEN HOTEL, Schruns**
3. **RESTAURANT ZWICKMÜHLE, Vandans**
4. **HOTEL GASTHOF POST, Lech**
5. **ROMANTIK HOTEL DIE KRONE VON LECH, Lech**

6. **Betrieb restliches Vorarlberg:**
RESTAURANT SCHIFF, Hittisau

Zwei Spezialitäten des Montafon dürfen keineswegs unerwähnt bleiben: Das eine ist eine Kuh, das Montafoner Braunvieh nämlich, das vor allem in gebirgigen Regionen weit über seine Heimat hinaus zu Berühmtheit gekommen ist und als Milchlieferant nicht unwesentlich zur alpinen Käsekultur beigetragen hat. Die andere hat auch vier Beine, mit einer quadratischen Tischplatte obendrauf. In diese ist in der Mitte eine schwarze Steinplatte eingelassen die mit Intarsien gesäumt ist. Es handelt sich um besondere Tische, denen man im stolzen Montafon auf Schritt und Tritt begegnet – sie eignen sich nicht nur zum Essen, sondern vor allem zum Jassen, dem traditionellen Vorarlberger Kartenspiel.

Weit verbereitet sind im Ländle aber auch die berühmten Kässpätzle. Es gibt sie in jeder Region, und sozusagen in jedem Haushalt anders.
Die Zusammensetzung der Käsemischung richtet sich nach regionalem Angebot und speziellen Vorliebe. Gelegentlich wird im Montafon sogar ein Stück Sure Kees dazugegeben.

Eine kulinarische Grenzregion zwischen Vorarlberg und Tirol ist das Arlberg-Gebiet. Wie fast überall in Tirol sind die Bewohner dort durch den Fremdenverkehr zu einem gewissen Wohlstand gelangt.
Der Tiroler Küche hat diese Entwicklung allerdings nicht immer nur gut getan. Sie litt lange Zeit an einer gewissen Identitätslosigkeit. Das hat sich inzwischen erfreulicherweise geändert. Viele alte Rezepte wie etwa Ziegersuppe, Schliachtanudeln oder Moosbeernocken stehen heute wieder auf so manch einer Speisekarte eines Tiroler Gasthauses. Und natürlich auch so kulinarische Gassenhauer wie das weit über die Grenzen Tirols bekannt gewordene „Tiroler Gröstl“ oder die berühmten „Tiroler Knödel“, die ähnlich wie Semmelknödel zubereitet werden, allerdings mit Speck- oder Wurstwürfeln. Zu den bekannten Gerichten aus dem heiligen Land zählen auch Tiroler Knödelsuppe, Schlutzkrapfen, Kasknödel und Graukassuppe.

Dem Bundesland Tirol verdanken die Österreicher auch ein bemerkenswertes Kochbuch aus grauer Urzeit. Im Jahr 1557 heiratete Erzherzog Ferdinand II von Tirol eine gewisse Philippine Welser, mit der er zusammen auf Schloss Ambras bei Innsbruck lebte – eine Zeit lang sogar heimlich, da seine Angetraute nicht standesgemäß war. Dafür interessierte sie sich für Heilkräuter, verfasste ein Arzneibuch und schließlich auch ein exquisites Kochbuch, das sogar internationale Beachtung fand. Aus diesem Buch stammt etwa die berühmte „Terlaner Weinsuppe".

„Warum man im Montafon zu Käse nicht Käs, sondern Kees sagt, hat übrigens mit dem hier noch deutlich vorhandenen rätoromanischen Einfluss zu tun."

Wie jedes andere Bundesland kann auch Tirol in mehrere kulinarisch interessante Regionen unterteilt werden. Vom Westen beginnend stößt man damit zunächst auf das Arlberggebiet, das vor allem als gefragte Wintersportregion bekannt geworden ist. Doch diese Gegend bietet nicht nur Skipisten, luxuriöse Hotels, feine Restaurants und traditionelle Gaststuben, sondern auch den einen oder anderen Produzenten regionaler Delikatessen. Einer der ältesten Betriebe dieser Art ist etwa die Fleischhauerei Murr in St. Anton. Sie existiert bereits seit 1904 und ist heute ein Qualitätsbetrieb erster Güte. Inhaber Albert Murr ist ein Idealist und erhielt für seine Arlberger Delikatessen bereits jede Menge Auszeichnungen.

Von artgerecht gehaltenen Tieren wie dem Tiroler Grauvieh, dem Tiroler Vollmilchkalb, dem Innviertler Strohschwein und Tiroler Berglamm erzeugt Murr verschiedenste Fleisch- und Edelprodukte wie Bündner Fleisch, Osso Collo, oder „Alpenkranzel".

Die regionalen Unterschiede spielen bei der Qualität des Fleisches eine große Rolle. Die Rinder und Lämmer verbringen einen Teil ihrer Zeit auf den Almen des Tiroler und Vorarlberger Oberlandes. Und das Fleisch übernimmt unweigerlich den typischen Charakter der Region, in der die Tiere aufgezogen wurden.

Typisch regionale Produkte werden auch in der Bio-Sennerei Kaunergrat in Putz bei Landeck hergestellt. Dort gründeten 30 Bauern eine Genossenschaft mit der Idee, die eigene Milch in einer eigenen Sennerei nach traditionellen Methoden zu veredeln. Daraus entsteht eine besonders gehaltvolle Butter, Frucht- und Naturjogurt sowie der „Obergrichtler Bergkäse" und der „Prutzer Sennkäse".

Landeck scheint für solch innovative Vorhaben überhaupt ein guter Boden zu sein. So hat dem Landecker Konditormeister Hans-Jörg Haag die Idee mit der Sennereigenossenschaft so gut gefallen, dass er seit einiger Zeit seine Edelschokolade aus dem Rahm des Tiroler Grauviehs herstellt – beliefert von der Bio-Sennerei Kaunergrat. Haag füllt diese zarten Schokodelikatessen übrigens unter anderem auch mit den Süßweinen des burgenländischen Winzerstars Alois Kracher, der die Tiroler Schoko-Spezialitäten deshalb auch unter dem Namen Kracher-Schokolade in seinen Wein- und Delikatessen-Handel aufgenommen hat.

Zanderpalatschinken auf Blattspinat

ZUTATEN für 4 Portionen

Palatschinkenteig:
1/8 l Milch
1 Ei (Gew.-Kl. Groß)
Salz
Pfeffer aus der Mühle
1 EL Petersilie, gehackt
60 g Mehl (glatt)
Öl zum Ausbacken

4 Zanderfilet à etwa 160–180 g
Salz (HUNZA Kristallsalz)
Bunter Pfeffer aus der Mühle
1 EL Zitronensaft
3 EL Butter
800 g Gemüse (Sellerie, Karotten, Lauch, Zucchini, Kohlrabi), in feine Streifen geschnitten
3 EL Olivenöl
1/8 l Schlagobers
3 Eier
200 g Semmelbrösel
1 Dotter
Butter für die Form
500 g Blattspinat (tiefgekühlt)
1–2 EL Butter
Muskat
frische Kräuter zum Garnieren

ZUBEREITUNG:

Palatschinkenteig: Milch mit Ei, Salz, Pfeffer, Petersilie verrühren. Mehl nach und nach dazugeben und zu einem glatten Teig verrühren; etwa 10 Minuten rasten lassen. Aus dem Teig in heißem Öl 4 Palatschinken ausbacken.

Zanderfilets mit Salz, Pfeffer würzen und mit Zitronensaft beträufeln. In aufgeschäumter Butter beidseitig kurz anbraten, von der Hitze nehmen. Gemüsestreifen in erhitztem Olivenöl unter Wenden anrösten, von der Hitze nehmen und etwas überkühlen lassen. Schlagobers und verquirlte Eier unterrühren, mit Salz, Pfeffer würzen und mit Semmelbröseln binden.

Palatschinken zu zwei Drittel mit der Gemüsefülle belegen, Zanderfilets daraufgeben, restliche Palatschinkendrittel mit Dotter bestreichen und Palatschinken einrollen. Im vorgeheizten Rohr bei 150 °C etwa 15 Minuten backen. Blattspinat in zerlassener Butter unter Schwenken anrösten, mit Salz, Pfeffer und Muskat abschmecken. Zanderpalatschinken in Portionen teilen und auf Blattspinat anrichten, mit frischen Kräutern garniert servieren.

Heublumensuppe

ZUTATEN für 4 Portionen

50 g Heublumen (in der Apotheke erhältlich)
¾ l Grander-Wasser
30 g Butter
30 g Mehl (glatt)
½ l Schlagobers
Salz (HUNZA Kristallsalz)
Pfeffer aus der Mühle
Muskat
Frische Gänseblümchen zum Garnieren

ZUBEREITUNG:

Heublumen mit dem Grander-Wasser einmal aufkochen, von der Hitze nehmen und etwa 20 Minuten ziehen lassen. Anschließend abseihen. Butter schmelzen, Mehl darin hell anrösten, mit dem Wasser aufgießen und aufkochen lassen. Schlagobers dazugießen und die Suppe bei mittlerer Hitze etwa 10 Minuten kochen lassen. Mit Salz, Pfeffer und Muskat abschmecken. Heublumensuppe mit Gänseblümchen garniert anrichten.

PANORAMAGASTHOF KRISTBERG, Jürgen Zudrell, Kristberg 240, 6780 Silbertal

In dem hoch und besonders idyllisch gelegenen Gasthof im Holzhüttenstil stammen viele Produkte wie Milch, Frischkäse, Butter und Fleisch aus eigener Landwirtschaft. Eine Idylle und ein grandioser Panoramablick.

Eric Gonglach

Lachsforellenfilet auf Artischocken-Paradeiser-Gemüse mit Basilikum und Rieslingsoße

ZUTATEN für 4 Portionen

1 Lachsforelle (etwa 1,5 kg)

3 Artischocken, 4 Paradeiser
Zitronensaft von 2 Zitronen
1 Bund Basilikum
1 EL Butter
Salz, Pfeffer aus der Mühle

Rieslingsoße:
3 Champignons, 100 g Schalotten
1 EL Butter, 1/4 l Schlagobers
1/4 l Riesling
1/4 l Fischfond
Salz, Pfeffer aus der Mühle

ZUBEREITUNG:

Lachsforelle am besten vom Fischhändler filetieren und entgräten lassen. Filets in 4 gleich große Stücke schneiden. Artischockenstiel unmittelbar unterm Blütenkopf mit einem scharfen Messer abschneiden, Boden flachschneiden und sofort mit Zitronensaft einreiben. Etwa zwei Drittel des Blütenkopfes wegschneiden und die Hüllblätter mit den Fingern entfernen. Mit einem kleinen Messer die verbliebenen Blattansätze sowie harten Stellen wegschneiden. Das faserige „Heu“ mit einem kleinen Löffel oder Kugelausstecher entfernen. Artischockenböden in mit Zitronensaft versetztem Salzwasser je nach Größe 5–10 Minuten weichkochen. Mit einem Lochschöpfer herausheben und kalt abschrecken. Artischockenböden je nach Größe sechsteln oder achteln. Paradeiser blanchieren, kalt abschrecken, schälen, vierteln, entkernen und in Würfel schneiden. Basilikumblätter abzupfen und in feine Streifen schneiden. Artischocken in erhitzter Butter rundum anbraten, knapp vor dem Anrichten Paradeiser und Basilikum beifügen, kurz mitbraten, mit Salz sowie Pfeffer würzen.

Rieslingsoße: Champignons putzen und in Scheiben schneiden. Schalotten schälen, feinwürfelig schneiden, mit den Champignons in erhitzter Butter anrösten, so lange rösten, bis die gesamte Flüssigkeit verdampft ist. Mit Riesling aufgießen und bei mittlerer Hitze fast zur Gänze einkochen lassen, mit Fischfond auffüllen und auf die halbe Menge einkochen. Schlagobers beifügen und auf die gewünschte Konsistenz einkochen.
Mit Salz sowie Pfeffer würzen.

Fischfilets salzen und pfeffern, mit der Hautseite nach unten in heißes Öl einlegen und knusprig braten. **Hinweis:** Der Fisch soll innen noch glasig sein. Lachsforellenfilets mit Artischockengemüse und Rieslingsoße anrichten.

LÖWEN-HOTEL, Irmi-Marie Sachs-Ritter, Silvrettastraße 8, 6780 Schruns

Das exzellent geführte Luxushotel genießt unter Gourmets einen hohen Stellenwert. Die Küche im Restaurant „Edelweiß“ gilt als eine der besten in Vorarlberg, Küchenchef Rudolf Grabner ist einer der gefragtesten Köche des Landes.

Rudolf Grabner

Bauernsalat mit Sauerkäse von der Alpe Lün (Sura Käs)

ZUTATEN für 4 Portionen

250 g Sura Käs
16 Cocktailtomaten
8 Radieschen
1 rote Zwiebel
je ½ rote, grüne
und gelbe Paprika
Schnittlauch
¼ l Essig-Öl-Dressing
verschiedene Blattsalate

ZUBEREITUNG:

Den Sura Käs in ca. 1,5 cm große Würfel schneiden. Die rote Zwiebel in feine Streifen schneiden. Die Radieschen vierteln. Die rote, grüne und gelbe halbe Paprika in Streifen schneiden. Die Cocktailtomaten im Ganzen lassen. Die Blattsalate waschen und mit dem Essig-Öl-Dressing marinieren. Die Blattsalate auf den Teller platzieren.
Alle anderen Zutaten ebenfalls unter das Dressing heben und auf die Blattsalate häufen. Mit Pfeffer aus der Mühle großzügig würzen und mit Schnittlauch verzieren.

RESTAURANT ZWICKMÜHLE, Familie Egele, Dorfstraße 29, 6773 Vandans

Walter Egele, Patron und Küchenchef in der Zwickmühle in Vandans, ist für seine meisterliche Küche zu absolut bürgerlichen Preisen bekannt und beliebt. Das heimelige Restaurant, welches er gemeinsam mit Gattin Rosi führt, bietet ein besonderes Ambiente und einen vorzüglichen Service.

Walter Egele

Lachsforellen-Steinpilz-Lasagne mit Schnittlauchgelee

ZUTATEN für 4 Portionen

Schnittlauchgelee:
½ l geklärter Fischfond (eventuell aus dem Glas)
Salz
Weißer Pfeffer aus der Mühle
4 Blätter Gelatine
1 Bund Schnittlauch, geschnitten

Lasagne:
400 g Lachsforellenfilets, ohne Haut
400 g Steinpilze
1 Schalotte
1 Knoblauchzehe
2–3 EL Olivenöl
Salz
Pfeffer aus der Mühle
Cayennepfeffer
Spritzer Zitronensaft
1 Becher Crème fraîche (125 g)
Koriander aus der Mühle
Limettenöl

4 EL Sauerrahm
Rucola und/oder essbare Blüten zum Garnieren

ZUBEREITUNG:

Schnittlauchgelee: Fischfond mit Salz und Pfeffer abschmecken. Eingeweichte Gelatine gut ausdrücken, vorschriftsmäßig auflösen und unterrühren. Kurz vor dem Gelieren Schnittlauch dazugeben und nicht zu hoch in tiefe Teller füllen. Kaltstellen.

Lasagne: Eventuelle Gräten von den Lachsforellenfilets mit einer Pinzette entfernen. Filets in Quadrate (6 x 6 cm Seitenlänge) schneiden und jedes Quadrat horizontal in 3 gleich dünne Scheiben schneiden. Steinpilze putzen, in kleine Würfel schneiden. Schalotte und Knoblauch schälen, feinwürfelig schneiden und mit den Steinpilzen in heißem Öl unter Wenden scharf anbraten. Mit Salz, Pfeffer, Cayennepfeffer kräftig würzen und mit Spritzer Zitronensaft abschmecken. In ein Sieb leeren und auskühlen lassen. Crème fraîche unterrühren. Lachsforellenscheiben mit Salz, Pfeffer und Koriander würzen, mit Limettenöl beträufeln und mit der Steinpilzmasse abwechselnd zu einer Lasagne zusammensetzen. **Hinweis:** Sehr sorgfältig und genau arbeiten.

Sauerrahm schaumig aufschlagen. Lasagne in die Mitte auf das Schnittlauchgelee setzen, mit Sauerrahm dekorativ umgießen und mit Rucola oder Schnittlauchblüten garniert servieren.

HOTEL GASTHOF POST, Familie Florian Moosbrugger, Dorf 11, 6764 Lech

„Kochen ist meine Leidenschaft, eine Komposition aus Gefühlen, Erfahrung, Kreativität und Profession. Wie ein abwechslungsreiches Menü, mit viel Liebe zubereitet. Diese Leidenschaft kocht in mir und treibt mich an." (Christian Gölles)

Christian Gölles

Rosa gebratener Rücken vom Arlberger Weidelamm mit Kräuterkruste und Kartoffelgratin

ZUTATEN für 4 Portionen

800 g Lammrücken, mit Rippenknochen (ohne Rückgrat)
60 ml Olivenöl
2–3 Knoblauchzehen
je 3 Thymian- und Rosmarinzweige
Meersalz
Pfeffer aus der Mühle
1 EL Estragon-Senf
2 EL Kräuter (Thymian, Rosmarin, Basilikum, Petersilie), fein gehackt
1 EL Weißbrotbrösel
1 KL Parmesan, frisch gerieben

Erdäpfelgratin:
400 g festkochende (speckige) Erdäpfel, geschält
1/8 l Schlagobers
1/8 l Milch
Salz
1 Knoblauchzehe, zerdrückt
Muskat
Butter für die Form
50 g Parmesan, frisch gerieben

ZUBEREITUNG:

Lammrücken von Fett und Sehnen befreien. Olivenöl mit Knoblauch sowie den Kräutern vermengen, Lamm in die Marinade legen und 1 Tag darin marinieren lassen. Fleisch in 3 EL Olivenöl (von der Marinade) rundum scharf anbraten und bei geringer Hitze etwa 15–20 Minuten fertig braten. **Hinweis:** Das Fleisch soll innen noch rosa sein. Kräuter mit Bröseln und Parmesan vermengen. Lammrücken dünn mit Senf bestreichen, mit Kräuterbröseln bestreuen. **Hinweis:** Kräuterbröseln etwas andrücken. Lamm im Rohr bei starker Oberhitze etwa 5 Minuten überbacken. Lamm in Tranchen schneiden und mit Erdäpfelgratin anrichten.

Erdäpfelgratin: Rohe Erdäpfel in etwa 2mm dicke Scheiben schneiden. Obers mit Milch aufkochen, Erdäpfel beifügen und bissfest kochen. **Hinweis:** Öfter umrühren. Mit Salz, Knoblauch und Muskat würzen. Erdäpfelmasse in eine befettete Auflaufform füllen, glattstreichen, mit Parmesan bestreuen und im vorgeheizten Rohr bei 210 °C etwa 15 Minuten backen.

ROMANTIK HOTEL DIE KRONE VON LECH, Familie Pfefferkorn, Haus 13, 6764 Lech

Die Krone in Lech ist ein behutsam gewachsenes und erweitertes 4-Sterne-Superior-Traditionshaus mit luxuriösen Zimmern und Suiten sowie einer der großzügigsten und modernsten Wellnessanlagen am Arlberg. Abends erwartet Sie das 2-Hauben-Gourmetrestaurant in einer original erhaltenen Stube von 1746.

Reinhold Thalhammer

Eingemachtes vom Bregenzerwälder Milchkalb

ZUTATEN für 4 Portionen

200 g Wurzelgemüse
(Karotte, Sellerie, Lauch, Zwiebel)
2 Lorbeerblätter
1 KL Pfefferkörner
Salz
1 Scheibe Ingwer
2 Gewürznelken
3/8 l Weißwein (trocken)
Saft von 1 Zitrone
600 g Kalbfleisch
vom Bregenzerwälder Milchkalb
(von der dicken Schulter)
400 g Kalbsbries
50 g Butter
50 g Mehl
½ l Schlagobers
1 El Trüffelöl
Salz
Pfeffer aus der Mühle
Spritzer Zitronensaft
50 g Zwiebeln
2 EL Butter
Sommertrüffel

ZUBEREITUNG:

Wurzelgemüse waschen, putzen und mit Lorbeerblättern, Pfefferkörnern, Salz, Ingwer, Nelke in 3 Liter kaltem Wasser zustellen und aufkochen. 1/8 l Weißwein und Zitronensaft beifügen, Kalbfleisch einlegen und bei geringer Hitze etwa 1 Stunde kochen lassen. **Hinweis:** Aufsteigenden Schaum immer wieder mit einem Lochschöpfer abschöpfen.

Kalbsbries wässern, eventuelle Blutreste entfernen, dazugeben und eine weitere ½ Stunde mitkochen. Anschließend Fleisch und Bries herausnehmen. Fond durch ein Sieb seihen und für die weitere Verarbeitung aufheben.

Butter schmelzen, Mehl darin hellbraun rösten, mit ½ l Kalbsfond aufgießen und mit einer Schneerute glattrühren. Bei mittlerer Hitze etwa 10 Minuten kochen lassen, Obers und restlichen Wein dazugießen, aufkochen lassen und durch ein Sieb passieren. Fleisch in Scheiben schneiden, in die Soße einlegen, bei geringer Hitze ziehen lassen; mit Trüffelöl, Salz, Pfeffer und Zitronensaft abschmecken.
Kalbsbries in Röschen teilen. Zwiebel schälen, feinwürfelig schneiden, in zerlassener Butter glasig anrösten, Briesröschen beifügen und darin kurz schwenken. Abrösten.

Kalbfleisch mit Soße anrichten, Bries daraufgeben, Trüffel darüberhobeln und servieren.

Tiramisu vom Bregenzerwälder Schafskäse

ZUTATEN für 4 Portionen

200 g Bregenzerwälder Schafsfrischkäse oder Schafstopfen
3 EL Staubzucker
1 KL Vanillezucker
Saft und abgeriebene Schale von 1 Limette (unbehandelt)
½ l geschlagenes Schlagobers
1 Blatt Gelatine
6–8 Biskotten
Haselnusslikör zum Tränken
Walnusskrokant zum Bestreuen
Minze zum Garnieren

ZUBEREITUNG:

Schafsfrischkäse in Würfel schneiden und mit etwa ⅛ l Wasser pürieren. Staubzucker, Vanillezucker, Limettensaft sowie Schale dazugeben und glattrühren. Eingeweichte Gelatine gut ausdrücken, vorschriftsmäßig auflösen und unterrühren. Schlagobers unterheben. Die getränkten Biskotten schichtweise mit der Creme in eine Form füllen. **Tipp:** Direkt in 4 Gläser (¼ l Inhalt) füllen.
Mit Schafskäsecreme abschließen und zugedeckt mindestens 2 Stunden kaltstellen. Tiramisu vor dem Anrichten mit Walnusskrokant bestreuen und mit Minze garniert servieren.

RESTAURANT SCHIFF, Familie Metzler, Heideggen 311, 6952 Hittisau

Eines der schönsten und besten Restaurants in Vorarlberg. Das gut erhaltene Gasthaus ist eine Augenweide. Erna Metzler in der Küche verwendet mit Vorliebe regionale Produkte, die sie meisterhaft verarbeitet.

Hans Peter Metzler und Antonie Metzler

WIEN

Wien ist eine Stadt der Genießer. Wer sich da nicht sicher ist, der soll nur einmal zur Probe in einer vollen Straßenbahn den Satz aussprechen: „Beim Hanslwirt gibt's den besten Erdäpfelsalat." In Kürze werden ihm mehrere wildfremde Menschen empört widersprechen und ihm freundlich erklären, welches Beisl wirklich den besten anmacht, worauf diese fremden Menschen ihrerseits kreuz und quer in leidenschaftliche Debatten verfallen, um die jeweils anderen endlich aufzuklären, dass sie in diesem Punkt nun aber wirklich im Irrtum ... also ohne Übertreibung, aber wenn Sie das Erdäpfelsalat nennen wollen ... (Das Experiment funktioniert auch mit den Stichworten „Heurigen" und „Bratlfett'n").

Johann Huber, Wolfgang Glotz, Hermann Prilisauer, Karl Meixner, Claudia Krenn, Harald Leupold, Josef Müllner, Markus Nötzel, Ivo Matijasevic (v. l. n. r.).

Wiener Bäcker und Konditoren haben eine Anhängerschaft wie anderswo nur die Fußballteams. Es ist eine Frage der Weltanschauung, ob einer zum Ströck geht, zum Felber oder zur Mühlenbrot-Bäckerei, ob er seine Kuchen beim Sluka, beim Heiner, beim Fercher in der Brigittenau oder in dritter Generation beim Demel holt. In Wien brodelt die Volksseele, wenn ein traditionsreiches Wirtshaus zusperrt, wie vor Jahren der Koranda in der Wollzeile oder kürzlich der Wegenstein in der Lerchenfelder Straße.

Die Wiener geben dem genussreichen Verzehr edler Viktualien einen so hohen Stellenwert, dass sie selber leicht vergessen, in welch hohem Ausmaß Wien auch Produzent feiner Lebensmittel ist. Wie kaum eine andere Millionenstadt ist Wien Standort von Landwirtschaftsbetrieben – von den Winzern erst gar nicht zu reden, die ja bekanntlich Wien die Ehre einbringen, als einzige Großstadt der Welt über eine eigene Weinbau-Appellation zu verfügen.

Dort wo die Stadt in die fruchtbaren Ebenen des Marchfeldes einerseits und des Wiener Beckens andererseits übergeht, wächst ein großer Teil des Gemüses, das auf den Märkten Wiens angeboten wird. Das Gebiet ist klimatisch begünstigt: Wien hat mehr Sonnentage als beispielsweise die Gemüse-Regionen in den Niederlanden, der riesige Wärmespeicher des nahen Neusiedler Sees mildert zusätzlich Kälteperioden im Frühling und Herbst. Rund 900 Betriebe, zusammengeschlossen in der Genossenschaft LGV Frischgemüse, versorgen Wien tagtäglich mit Vitaminspendern von A wie Artischocken bis Z wie Zucchini, von den sommerlichen Erdbeeren bis zu winterfesten Kohlsprossen.

1. **RESTAURANT LEUPOLD'S KUPFERDACHL**
2. **MÖRWALD IM AMBASSADOR**
3. **RESTAURANT VESTIBÜL IM BURGTHEATER**
4. **RESTAURANT GUSSHAUS**
5. **RESTAURANT WALDVIERTLERHOF**
6. **MEIXNER'S GASTWIRTSCHAFT**
7. **RESTAURANT PRILISAUER**
8. **LANDGASTHOF MÜLLNER**
9. **HOTEL-RESTAURANT STASTA**

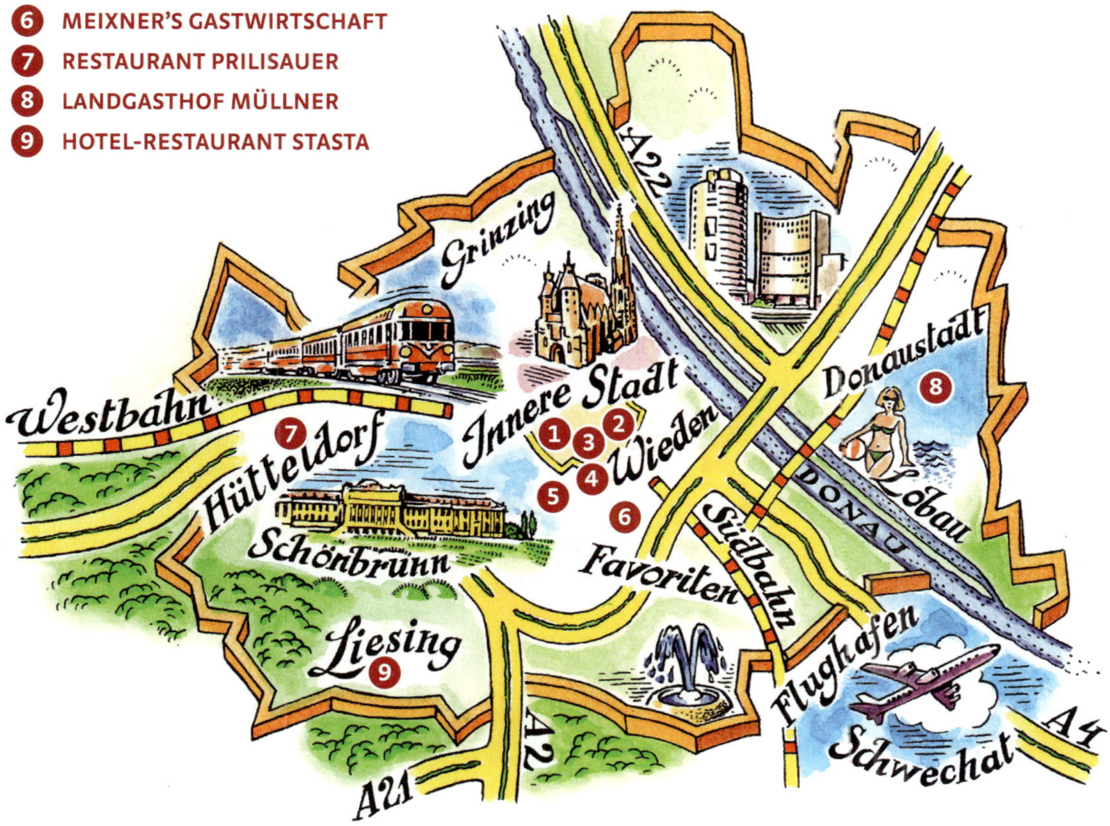

Die unstillbare Neugier der Wiener nach neuen Genüssen brachte immer wieder Produzenten hervor, die den Qualitätslevel in ihrer Sparte neu definiert, wenn nicht sogar revolutioniert haben. Das gilt zum Beispiel für Hans Staud, der von einem anfänglich kleinen Laden in Ottakring aus der staunenden Nation vorführte, wie Marmelade schmecken kann oder wie man Pfefferoni richtig einlegt.

Erwin Gegenbauer hat ähnlich radikale Veränderungen beim Essig bewirkt. Seine Essigmanufaktur in Favoriten bringt Essenzen aus Wein, aus Beeren, Äpfeln, Feigen, Holler und noch einem Dutzend anderer Grundprodukte hervor. Wohlgemerkt: nicht aromatisierten Weinessig, wie international meist üblich, sondern reine fermentierte Frucht. Kein Wunder, dass Gegenbauer-Essig viel öfter pur als Aperitif getrunken als über den Salat geträufelt wird.

Zu den unverzichtbaren Stützen Wiener Genusskultur gehören natürlich auch Johann Pöhl und Anton Hink. Die beiden Feinkosthändler und -importeure stellen auch Terrinen und Pasteten selber her. Dass ein Teil der Produktion auf dem deutschen Markt statt auf Wiener Gaumen landet – patriotischer Stolz verzeiht es.

Geröstete Kalbsleber Wiener Art, dazu Erdäpfelpüree

ZUTATEN für 4 Portionen

640 g Kalbsleber,
ohne Haut und Nervenstränge
1 Zwiebel (100 g)
6–8 mittelgroße Champignons
3 EL Öl zum Braten
Salz
Pfeffer aus der Mühle
frischer Majoran, gehackt
etwa ¼ l brauner Fond oder
Bouillon

Erdäpfelpüree:
800 g mehlige Erdäpfel, geschält
Salz
200 ml Milch
90 g Butter
Muskat

ZUBEREITUNG:

Kalbsleber blättrig schneiden. Zwiebel schälen und in feine Streifen schneiden. Champignons putzen und in 1/8 Segmente schneiden.
In einer Pfanne Öl erhitzen, Champignons, Zwiebel sowie Kalbsleber darin kräftig unter Wenden anrösten, bei geringer Hitze etwa 2 Minuten weiterrösten. Mit braunem Fond aufgießen und mit Salz, Pfeffer sowie Majoran würzen. Einmal aufkochen lassen.
Hinweis: Die Kalbsleber sollte innen noch rosa sein.

Kalbsleber mit Erdäpfelpüree anrichten.

Erdäpfelpüree: Erdäpfel vierteln und in Salzwasser weichkochen, abseihen, etwas ausdampfen lassen und noch heiß durch ein feines Sieb passieren oder durch die Erdäpfelpresse drücken. Milch mit Butter erwärmen und nach und nach unter die passierten Erdäpfel ziehen. Mit Salz und Muskat würzen.

RESTAURANT LEUPOLD'S KUPFERDACHL, Harald Leupold, Schottengasse 7, 1010 Wien

Leupold ist ein klassisches, gutbürgerliches und typisch wienerisches Restaurant. Hier wird noch die gute alte Wiener Küche gepflegt, für die Küchenchef Andreas Rader verantwortlich zeichnet. Im Souterrain des Leupold befindet sich das Kupferdachl-Restaurant.

Harald Leupold

Waldviertler Mohnnudeln mit Speck, dazu rosa gebratener Rehkitzrücken

ZUTATEN für 4 Portionen

Rehkitzsaft:
500 g Rehknochen, in kleine Stücke geschnitten
5 EL Olivenöl, je 80 g gelbe Rüben und Karotten
1 kleine Knollensellerie, 2 Zwiebeln
200 g Hamburgerspeck, würfelig geschnitten
250 ml Rotwein zum Ablöschen
5 Wacholderbeeren, 2 Lorbeerblätter
1 EL Preiselbeermarmelade
1 TL frischer Thymian, gehackt,
Salz, Pfeffer aus der Mühle, 2 EL kalte Butterstücke

Mohnnudeln:
Erdäpfelteig: 250 g mehlige Erdäpfel, am Vortag gekocht, 70 g Mehl (griffig), 1 EL Weizengrieß
1–2 EL zerlassene Butter, Mehl zum Ausarbeiten

100 g Hamburgerspeck, kleinwürfelig geschnitten
1 EL Butter, 2 EL Zwiebel, feinwürfelig geschnitten
6 EL Waldviertler Graumohn, gemahlen, Salz

800 g Rehkitzrücken, ausgelöst und zugeputzt
Salz, Pfeffer aus der Mühle, 2 EL Olivenöl

ZUBEREITUNG:

Rehkitzsoße: Knochen in einem großen Topf in erhitztem Olivenöl kräftig anbraten. Gemüse und Zwiebel schälen, alles in etwa 2 cm große Würfel schneiden, mit dem Speck zu den Knochen geben; etwa 30 Minuten mitrösten. Mit Wein aufgießen und fast zur Gänze einkochen lassen; anschließend mit ½ l Wasser aufgießen und aufkochen. Lorbeerblätter und Wacholderbeeren beifügen. Soßenansatz bei geringer Hitze mindestens auf ein Viertel einkochen lassen. **Hinweis:** Aufsteigenden Schaum immer wieder abschöpfen. Preiselbeermarmelade und Thymian unterrühren, kurz durchkochen lassen; durch ein Sieb passieren, salzen, pfeffern und durch Einrühren von kalter Butter binden.
Erdäpfelnudeln: Gekochte Erdäpfel schälen, durch eine Erdäpfelpresse drücken, mit Grieß, Butter und Mehl rasch zu einem glatten Teig verarbeiten. Teig auf einer bemehlten Arbeitsfläche zu einer fingerdicken Rolle formen, mit bemehlter Teigkarte in etwa 2 cm lange Stücke teilen und diese mit der Hand zu Nudeln „wuzeln". Nudeln in kochendem Salzwasser bei geringer Hitze etwa 3 Minuten kochen lassen. Mit einem Lochschöpfer vorsichtig aus dem Wasser heben, gut abtropfen.
Rehkitzrücken: Fleisch rundum salzen, pfeffern und in erhitztem Öl auf allen Seiten anbraten.
Auf einen Teller legen und im vorgeheizten Rohr bei 180 °C etwa 6–7 Minuten fertiggaren. Temperatur auf 60 °C herunterschalten und das Fleisch etwa 10–15 Minuten rasten lassen.
Speck bei geringer Hitze ohne Fett auslassen und knusprig rösten, aus der Pfanne nehmen. Butter in die Pfanne geben und Zwiebelwürfel darin glasig anrösten. Mohn zufügen, salzen, den Speck wieder unterrühren. Nudeln darin schwenken.
Zum Anrichten die Filets auf einen Teller geben und die Mohnnudeln mit Speck dazufügen, mit etwas Soße untergießen.

MÖRWALD im AMBASSADOR, Kärntner Straße 22, 1010 Wien

Chef Toni Mörwald zeigt, dass er auch in der Wiener Spitzengastronomie ordentlich mitmischen kann. Der neue Küchenchef Marco Pedrelli am Herd und Maître d'hotel Mino Zaccaria sind ein kongeniales Team und verwöhnen hier auch die anspruchvollsten Feinschmecker.

Marco Pedrelli

Wiener Schafskäsebuchtel mit jungem Spinat und gerösteten Nüssen

ZUTATEN für 4 Portionen

Buchteln:
1/16 l Milch, 10 g Germ, 125 g Mehl (glatt)
Prise Zucker, 2 EL Schlagobers, 10 g Butter
2 Dotter, Prise Salz, 5 g Kristallzucker
Mehl zum Ausarbeiten
200 g Bio-Schafkäse (halbfester Schnittkäse)
1 EL getrocknete Tomaten, gehackt
Butter für die Formen
1 EL zerlassene Butter zum Bestreichen

Spinat:
250 g junger Spinat oder Mangold, geputzt, gewaschen, Salz, 20 g Mehl (glatt), 20 g Butter
1/4 l Milch, 30 g Zwiebeln, geschnitten
Pfeffer aus der Mühle, Muskat, 1 Gewürznelke

100 g Nüsse (Mandeln, Kürbiskerne, Haselnüsse, Walnüsse), grob gehackt, 1 Kaffeelöffel Butter
Frisch gehackter Rosmarin, Pfeffer aus der Mühle
Eventuell Muskat

ZUBEREITUNG:

Buchteln: Dampfl: Germ zerbröseln, mit einem Drittel der lauwarmen Milch, Prise Zucker und etwas vom Mehl verrühren; zugedeckt an einem warmen Ort etwa 20 Minuten gehen lassen.
Hinweis: Das Volumen soll sich verdoppeln.

Restliche Milch mit Schlagobers, Butter, Salz und Kristallzucker erwärmen (etwa 30 °C), mit restlichem Mehl, Dottern und Dampfl – am besten mit den Knethaken des Handrührgerätes – zu einem glatten Teig verkneten. Teig zugedeckt an einem warmen Ort etwa 30 Minuten gehen lassen. 100 g Schafkäse in 4 Portionen teilen.

Germteig auf bemehlter Arbeitsfläche durchkneten, in 4 Teigstücke teilen, jeweils mit einer Portion Schafkäse sowie getrockneten Tomaten füllen, zu Kugeln formen. Buchteln in bebutterte Souffleeformen setzen, mit zerlassener Butter bestreichen und im vorgeheizten Backrohr bei 180 ° C etwa 12 Minuten hellbraun backen.

Spinat: Die halbe Menge Spinat in Salzwasser kurz blanchieren, gut abtropfen lassen, leicht ausdrücken. Mehl in aufgeschäumter Butter kurz anrösten; von der Hitze nehmen. Milch mit Zwiebeln und Gewürzen etwa 5 Minuten kochen, abseihen. Mehlröstung mit heißer Milch aufgießen; unter ständigem Rühren mit der Schneerute aufkochen lassen.
Etwa 10 Minuten kochen lassen, blanchierten Spinat beifügen und pürieren; mit Salz, Pfeffer und Muskat abschmecken.

Buchteln aus den Förmchen lösen. Nüsse in erhitzter Butter anrösten, aus der Pfanne nehmen. Im Bratrückstand Buchteln mit Rosmarin kurz nachbraten.

Restlichen Blattspinat im Cremespinat kurz erwärmen. Spinat mit Schafskäsebuchtel anrichten, mit restlichem Schafkäse und Nüssen bestreut servieren.

RESTAURANT VESTIBÜL IM BURGTHEATER, Leopold Doppler, Dr.-Karl-Lueger-Ring 2, 1010 Wien

Eines der schönsten Restaurants in Wien. Direkt im rechten Seitenflügel des Wiener Burgtheaters untergebracht, bieten hier die Geschwister Veronika und Leo Doppler mit ihrem Team den Gästen eine anspruchsvolle Kreativküche, in einem unvergleichlichen Rahmen.

Markus Nötzel

Lasagne vom Saibling und Lachsforelle mit glacierten roten Rüben auf Safran-Schaum

ZUTATEN für 4 Portionen

Lasagneteig:
200 g Mehl (glatt)
100 g Hartweizengrieß
4 Dotter
1 Ei
1 Esslöffel Olivenöl
Prise Salz
Muskat
Mehl (griffig) zum Ausarbeiten
Frische Kräuterblättchen
zum Belegen

Glacierte rote Rüben:
50 g Kristallzucker
400 g rote Rüben, geschält,
kleinwürfelig geschnitten
1/8 l Rotwein (trocken)
1 l Gemüsefond
(oder Gemüsebouillon)
Salz
Kümmel (gemahlen)
2 cm geschälter Ingwer, gerieben
je 1 Thymian- und
Rosmarinzweig
50 g kalte Butterstücke

Safranschaum:
200 ml Fischfond
400 ml Weißwein (trocken)
Salz
Pfeffer aus der Mühle
1 Briefchen Safran
1 Esslöffel kalte Butterstücke

200 g Saiblingsfilets
200 g Lachsforellenfilets
Salz, Pfeffer aus der Mühle
1–2 Esslöffel Zitronensaft
1 Esslöffel Olivenöl
1 Esslöffel Butter

ZUBEREITUNG:

Lasagneteig: Mehl mit den restlichen Zutaten zu einem glatten Teig verarbeiten; zu einer Kugel formen und in Frischhaltefolie gewickelt etwa 30 Minuten kühl rasten lassen.
Teig in 2 Portionen teilen, jedes Teigstück auf bemehlter Arbeitsfläche nochmals kurz durchkneten. Teigstücke dünn auswalken oder mit der Nudelmaschine ausrollen. Ein Teigblatt dicht mit frischen Kräutern belegen. Zweiten Teigstreifen darauflegen, nochmals dünn ausrollen; anschließend in Rechtecke schneiden. In reichlich Salzwasser etwa 5 Minuten bissfest kochen. Aus dem Wasser heben; gut abtropfen lassen.
Rote Rüben: Zucker in einer Pfanne karamellisieren, rote Rüben darin durchschwenken; mit Rotwein aufgießen. Bei mittlerer Hitze kochen, bis sich der Zucker aufgelöst hat. Gemüsefond dazugießen. Mit Salz und Kümmel würzen. Ingwer, Rosmarin, Thymian beifügen; bei geringer Hitze etwa 20 Minuten dünsten. Durch Einrühren kalter Butter binden.
Safranschaum: Fischfond mit Weißwein aufkochen, salzen und pfeffern. Safran dazugeben; bei mittlerer Hitze auf die halbe Menge einkochen lassen. Kalte Butterstücke einrühren und mit dem Stabmixer schaumig pürieren.
Fischfilets in 4 cm große Stücke schneiden, mit Salz, Pfeffer würzen, mit Zitronensaft beträufeln. Öl mit Butter erhitzen, Filets beidseitig kurz anbraten und im vorgeheizten Rohr bei 160 °C etwa 5 Minuten fertiggaren. Fischfilets abwechselnd mit glasierten roten Rüben und den Lasagneblättern anrichten. Mit Safranschaum dekorativ umgießen und sofort servieren.

RESTAURANT GUSSHAUS, Dr. Kainz, Gußhausstraße 23, 1040 Wien

Das Restaurant Gusshaus hinter der Karlskirche bietet klassische Wiener Küche sowie kreative Spezialitäten aus frischen Produkten vom nahen Naschmarkt. Stillleben an den Wänden vermitteln gemeinsam dem gründerzeitlichen Mobiliar behagliche Wohnzimmeratmosphäre.

Ivo Matijasevic

Filetsteak vom Waldviertler Mastochsen mit Eierschwammerlsoße und Folienerdäpfeln

ZUTATEN für 4 Portionen

8 große mehlige Erdäpfel
Salz
4 Rinderfilets, vom Mittelstück (à 200 g), zugeputzt
Pfeffer aus der Mühle
6 EL Öl
100 g Zwiebeln
400 g Eierschwammerl
1/8 l Rotwein (trocken)
Kümmel (gemahlen)
1/8 l geschlagenes Schlagobers
2 EL Petersilie, gehackt
1/4 l Sauerrahm
1 KL Olivenöl
1 Zehe Knoblauch, gepresst
3 Esslöffel frische Kräuter, gehackt

ZUBEREITUNG:

Erdäpfel in Salzwasser etwa 35–45 Minuten kochen.

Inzwischen Rindersteaks beidseitig salzen und pfeffern; in heißem Öl (4 Esslöffel) etwa 15 Minuten rosabraten. Aus der Pfanne nehmen, auf eine feuerfeste Platte geben und im vorgeheizten Rohr bei 75 °C rasten lassen. Inzwischen Zwiebel schälen, feinwürfelig schneiden. Eierschwammerln putzen, je nach Größe halbieren oder vierteln. Restliches Öl im Bratrückstand erhitzen, Zwiebel darin glasig anrösten, Eierschwammerln dazugeben, kurz mitrösten, durchrühren und mit Rotwein aufgießen. Mit Salz, Pfeffer sowie Kümmel würzen und bei mittlerer Hitze 5 Minuten einkochen lassen; Schlagobers und Petersilie vor dem Servieren unterrühren.

Sauerrahm mit Olivenöl, Salz, Pfeffer sowie Knoblauchzehe glattrühren und Kräuter untermengen. Erdäpfel in Alufolie einwickeln, anschließend auf einer Seite der Länge nach aufschneiden, Erdäpfel etwas aufdrücken und mit dem Sauerrahmdressing füllen.

Rindsfiletsteaks mit Eierschwammerlsoße und Folienerdäpfeln anrichten.

RESTAURANT WALDVIERTLERHOF, Josef Krenn, Schönbrunner Straße 20, 1050 Wien

Der Waldviertlerhof ist trotz des Namens ein typisches Beispiel eines Wiener Bürgerrestaurant. Klassische Wiener Küche ist hier ebenso selbstverständlich wie ein freundlicher Service mit „Wiener Schmäh".

Claudia Krenn

Gebackene Fledermaus vom Schwein mit Erdäpfel-Rahmgurkensalat

ZUTATEN für 4 Portionen

700 g Schweinsfledermaus, zugeputzt
2 Knoblauchzehen, zerdrückt
Salz
1 Ei
1/8 l Milch
80 g Mehl (griffig)
100 g Semmelbrösel
250 g Butterschmalz
Zitronenspalten zum Garnieren

Erdäpfel-Rahmgurkensalat:
500 g speckige Erdäpfel
Salz
1/4 l Rindsbouillon
1/8 l Hesperidenessig mit 1/4 l Wasser verdünnt
1/2 roter Zwiebel, geschält und gehackt
1/2 EL Estragonsenf
1/8 l Pflanzenöl
weißer Pfeffer aus der Mühle
1 Salatgurke
1/8 l Sauerrahm
1 Knoblauchzehe, zerdrückt
1 Esslöffel Schnittlauch, geschnitten
Paprikapulver zum Garnieren

ZUBEREITUNG:

Erdäpfel-Rahmgurkensalat: Erdäpfel in Salzwasser kochen, abseihen, noch lauwarm schälen, blättrig schneiden. Rindsbouillon mit Essig, Zwiebel, Senf und Öl verrühren, mit Pfeffer und Salz abschmecken; Erdäpfel darin marinieren lassen. Salatgurke waschen, putzen, schälen und blättrigschneiden, salzen, 10 Minuten ziehen lassen, anschließend gut ausdrücken. Ausgedrückte Gurke mit Sauerrahm sowie Knoblauch verrühren und mit Erdäpfelsalat vermengen. Mit Salz, Pfeffer und Öl nochmals abschmecken, in einer Schüssel anrichten, mit Schnittlauch bestreuen und mit Paprikapulver garnieren;

Fledermaus am besten vom Fleischhauer in Schnitzel (à 160 g) schneiden lassen. Schnitzel zwischen Frischhaltefolie behutsam mit der flachen Seite des Fleischklopfers klopfen, Folie entfernen und die Schnitzel beidseitig mit Knoblauch bestreichen und mit Salz würzen. Ei mit Milch verquirlen. Schnitzel in Mehl, Ei-Milch sowie Bröseln panieren und in heißem Butterschmalz beidseitig hellbraun backen; auf Küchenkrepp gut abtropfen lassen. Mit Zitronenspalten anrichten und mit Erdäpfel-Rahmgurkensalat servieren.

Getränkeempfehlung:
Offenes Reininghaus Pils 2005 oder
Grüner Veltliner 2004 Herrenholz von Fritz Wieninger.

MEIXNER'S GASTWIRTSCHAFT, Karl u. Berta Meixner, Buchengasse 64, 1100 Wien

Berta Meixner ist eine der besten Köchinnen Wiens. In dem Bilderbuchwirtshaus im zehnten Wiener Gemeindebezirk zeigt sie mit typischen Gerichten der Wiener Küche ihr großes Können. Ihr Mann Karl berät derweil in Sachen Wein.

Karl Meixner

Ganzer Frischlingsrücken mit Weichselkompott und Polenta

ZUTATEN für 4 Portionen

1,2 kg Frischlingsrücken
mit Knochen (ohne Schwarte)
Salz
1 kleine Knoblauchzehe, zerdrückt
Kümmel (ganz), 50 ml Fett
100 g Wurzelgemüse (Zeller, Karotten, gelbe Rüben), würfelig geschnitten
1 Zwiebel
1/8 l Rotwein (trocken)
20 g Mehl (glatt)
1/4 l Rindsbouillon
1 kleines Bund frische Kräuter
125 g Paradeiser, in Sechstel geschnitten
Pfeffer aus der Mühle

Weichselkompott:
800 g Weichseln
600 g Kristallzucker

Polentascheiben:
1 l Milch, 250 g Maisgrieß
Salz, 80 g Butterflocken
70 g Parmesan, frisch gerieben
Gebratene Kirschparadeiser, Champignons
und Fisolen zum Garnieren

ZUBEREITUNG:

Frischlingsrücken zuputzen, mit Salz, Knoblauch sowie Kümmel einreiben und in heißem Fett auf allen Seiten kräftig anbraten. Das Wurzelgemüse beigeben und braunrösten. Zwiebel schälen, feinhacken, dazugeben und mitrösten.

Überschüssiges Fett aus der Pfanne gießen, Bratrückstand mit der halben Rotweinmenge ablöschen. Frischlingsrücken zugedeckt bei geringer Hitze etwa 45 Minuten weichdünsten. **Hinweis:** Mit restlichem Rotwein nach und nach übergießen.

Fleisch herausheben und warmstellen. Bratensaft auf die Hälfte einkochen, mit Mehl stauben, mit Bouillon aufgießen und verrühren. Kräuterbund sowie Paradeiser beifügen und aufkochen, bei geringer Hitze etwa 10 Minuten kochen lassen, mit Salz und Pfeffer abschmecken und durch ein Sieb seihen. Den Rücken auslösen, in Scheiben schneiden, dekorativ auf dem Knochengerüst anrichten und mit wenig Soße übergießen. Mit Weichselkompott und Polentascheiben servieren.

Mit gebratenen Kirschparadeisern, Fisolen, Champignons garniert anrichten.

Weichselkompott: Weichseln waschen, entstielen, entkernen und mit Zucker aufkochen, von der Hitze nehmen.

Polentascheiben: Milch mit Maisgrieß, Salz, Butter sowie Parmesan aufkochen lassen; bei geringer Hitze unter ständigem Rühren dickbreiig werden lassen; von der Hitze nehmen, Masse etwa 2 cm hoch auf ein Blech (50 x 50 cm) streichen. Auskühlen lassen, bis die Polenta fest ist. In Stücke schneiden und in heißem Butterschmalz beidseitig knusprig braten.

RESTAURANT PRILISAUER, Familie Hermann u. Lucia Prilisauer, Linzer Straße 423, 1140 Wien

Wenn eine Gastwirtschaft seit fast 130 Jahren existiert, kann getrost von einer „Institution" gesprochen werden. Beim Prilisauer verwöhnt bereits die fünfte Generation die Gäste mit typischer Wiener Gastlichkeit.

Johann Huber

„Damentascherln“: Medaillons vom Schweinsfilet mit Mozzarella gefüllt im Rohschinkenmantel auf Rahmnudeln

ZUTATEN für 2 Portionen

Nudelteig:
250 g Mehl (glatt)
250 g Mehl (griffig)
2 Eier
1 EL Olivenöl
Salz
Mehl (griffig) zum Ausarbeiten

6 Schweinslungenbraten-medaillons (etwa 360g)
100 g Mozzarella
6 Scheiben Rohschinken
400 ml Schlagobers
Salz
Pfeffer aus der Mühle

ZUBEREITUNG:

Nudelteig: Alle Zutaten – am besten mit dem Knethaken des Handrührgerätes – zu einen glatten Teig verkneten. 1/2 Stunde rasten lassen. Teig auf einer bemehlten Arbeitsfläche gut durchkneten und zu einer Kugel formen. In Frischhaltefolie wickeln und etwa 30 Minuten im Kühlschrank rasten lassen.

Teig in 2 Portionen teilen und jedes Teigstück auf einer bemehlten Arbeitsfläche nochmals kurz durchkneten. Teigstücke möglichst dünn auswalken oder mit der Nudelmaschine dünn ausrollen; mit einem Messer in beliebig breite Nudeln schneiden.

In jedes Medaillon eine Tasche schneiden, mit Salz und Pfeffer würzen. Mozzarella in 6 Scheiben schneiden und in die Tasche füllen. Jedes Medaillon mit einer Rohschinkenscheibe umwickeln. In einer Pfanne Öl erhitzen, Medaillons einlegen und bei geringer Hitze auf beiden Seiten jeweils etwa 2 Minuten anbraten. Fleisch im vorgeheizten Rohr bei 70 °C etwa 5 Minuten rasten lassen. Obers mit Salz sowie Pfeffer würzen und bei mittlerer Hitze sämig einkochen lassen. Inzwischen Nudeln in reichlich Salzwasser je nach Dicke der Nudeln 1–2 Minuten kochen, abseihen und unter das Obers mengen.

Medaillons auf Rahmnudeln anrichten. Als Beilage passt sehr gut in Butter geschwenktes Gemüse der Saison.

LANDGASTHOF MÜLLNER, Josef Müllner, Eßlinger Hauptstraße 82, 1220 Wien

Der Begriff Landgasthof stammt von der Lage in einen Außenbezirk Wiens. Und tatsächlich geht es hier fast wie auf dem Lande zu. Die Bauern aus der Umgebung liefern Milch und Käse, das Fleisch stammt vom Styria Beef.

Jürgen Plessl

Wiener Zwiebelrostbraten

ZUTATEN für 4 Portionen

8 Scheiben Rostbraten (am besten vom Styria Beef) à 100 g, 4 mittlere Zwiebeln
400 ml Bratensaft (ersatzweise Rindsbouillon)
100 ml Pflanzenöl, Salz, Pfeffer aus der Mühle
Englischer Senf, 1/8 l Rotwein

Erdäpfelnudeln:
Zutaten für 4 Portionen (als Beilage)
½ kg mehlige Erdäpfel, geschält
Salz, 150 g Mehl (glatt), 2 Dotter
50 g Butterschmalz, Salz
Weißer Pfeffer aus der Mühle, Muskat
Mehl zum Ausarbeiten
Butterschmalz zum Schwenken der Kartoffelnudeln

ZUBEREITUNG:

Rostbraten gut zuputzen, Fleischrand mit dem Messer in regelmäßigen Abständen etwa 1 cm tief einschneiden. **Hinweis:** Damit sich das Fleisch während des Bratens nicht wölbt.
Fleisch mit der flachen Seite des Fleischklopfers klopfen. Fleisch beidseitig mit Salz sowie Pfeffer würzen und mit Senf bestreichen.
Die halbe Menge des Öles in einer großen Pfanne erhitzen und Rostbraten zuerst mit der bemehlten Seite darin kräftig anbraten, wenden und ebenfalls rasch abbraten. Fleisch aus der Pfanne nehmen und warmstellen. Zwiebeln schälen und in Streifen schneiden. Restliches Öl im Bratrückstand erhitzen, Zwiebeln darin braunrösten, mit Bratensaft oder Bouillon und Rotwein aufgießen, aufkochen lassen. Ein Drittel der Zwiebelsoße in ein hohes Gefäß füllen und mit dem Stabmixer pürieren; Zwiebelpüree in die Zwiebelsoße einrühren.
Hinweis: Dadurch wird der Saft besonders cremig. Fleisch in die Soße einlegen und einige Minuten darin ziehen lassen. Auf vorgewärmten Tellern mit Erdäpfelnudeln anrichten.

Erdäpfelnudeln: Geschälte Erdäpfel in Salzwasser weichkochen und noch heiß durch die Erdäpfelpresse drücken. Masse im vorgeheizten Rohr bei 100 °C etwa 10 Minuten ausdampfen lassen.
Hinweis: Die durchgepressten Erdäpfel dürfen nicht bräunen.
Erdäpfel in eine Schüssel geben und abkühlen lassen. Mit Mehl, Dottern, Butterschmalz und Gewürzen rasch zu einem festen Teig verarbeiten. Teig auf einer bemehlten Arbeitsfläche zu einer fingerdicken Rolle formen und 15 Minuten rasten lassen. Anschließend mit einer bemehlten Teigkarte in etwa 2 cm lange Stücke teilen und diese mit der Hand zu Nudeln „wuzeln".

Nudeln in kochendes Salzwasser einlegen und bei geringer Hitze etwa 2 Minuten kochen lassen.
Hinweis: Die Nudeln sind gar, wenn sie an die Oberfläche steigen.
Abseihen, kalt abschrecken und gut abtropfen lassen. Butterschmalz in einer Pfanne erhitzen und die Nudeln darin unter ständigem Schwenken knusprig braten.

Variation: Die gekochten Erdäpfelnudeln in heißem Pflanzenfett knusprig ausbacken.

Garnierungstipp: Zwiebeln schälen, in Ringe schneiden. Zwiebelringe in Mehl wenden und in nicht zu heißem Fett schwimmend knusprig ausbacken; gut abtropfen lassen und dekorativ oben auf den Zwiebelrostbraten geben.

HOTEL-RESTAURANT STASTA, Familie Wolfgang u. Herbert Glotz, Lehmanngasse 11, 1235 Wien

Der Stasta genießt zu Recht einen Ruf als Hort der österreichischen Küche. Herzstück ist das umfangreiche Angebot an Styria Beef, das in einer eigenen Rindfleischkarte mündet. Die Gebrüder Glotz umsorgen die Gäste mit spürbarer Freude und Wiener Charme.

Anton Brocic

AUSGANG

Kärntner Bärlauchnudeln mit Krebserln und Ofentomaten

ZUTATEN für 4 Portionen

Ofenparadeiser:
6 Paradeiser, Salz, Pfeffer aus der Mühle
Staubzucker, Olivenöl
2 Knoblauchzehen, zerdrückt, 2 Thymianzweige

Nudelteig:
250 g Mehl (glatt), 30 g Hartweizengrieß
Salz, 2 Eier, 1 EL Öl, Mehl zum Ausarbeiten

Füllung:
2 mittelgroße Erdäpfel, gekocht, geschält
½ Stange Lauch, geputzt, kleinwürfelig geschnitten
1 Spritzer Essig
60 g Bärlauch, fein gehackt, 2 EL Kerbel, gehackt
2 EL Petersilie, gehackt
100 g Parmesan, frisch gerieben
Salz, Pfeffer aus der Mühle, Muskat
1 Ei zum Bestreichen

Paradeiserbutter:
100 g kalte Butterflocken
Salz, Pfeffer aus der Mühle, Staubzucker

200 g Krebsschwänze, ausgelöst

Gurkenspaghetti:
1 Salatgurke, geputzt, gewaschen
Saft von 1 Zitrone
Salz, Pfeffer aus der Mühle, Prise Zucker
2 EL gutes Olivenöl, Paprikapulver

Bärlauch, in feine Streifen geschnitten
und Kerbelblätter zum Garnieren

ZUBEREITUNG:

Paradeiser kreuzweise einschneiden, blanchieren, kalt abschrecken, schälen, vierteln und entkernen.
Hinweise: Kerne samt Saft für die weitere Verarbeitung beiseite legen.
Die Paradeiser auf ein Backblech legen. Salzen, pfeffern, mit etwas Staubzucker bestreuen, mit Olivenöl beträufeln. Knoblauchzehen und Thymianzweige darüber verteilen. Im vorgeheizten Rohr bei 110° C etwa 5 Stunden trocknen.
Nudelteig: Mehl mit Grieß und Salz auf einer Arbeitsfläche locker vermengen; mit Eiern, Öl und etwa 8 Esslöffeln Wasser zu einem glatten Teig verarbeiten. Teig auf einen bemehlten Teller legen; etwa 1 Stunde kühl (aber nicht im Kühlschrank!) rasten lassen.
Füllung: Erdäpfel mit einer Gabel zerdrücken, mit Lauch, Spritzer Essig, Bärlauch, Kräutern und Parmesan gut vermengen. Mit Salz und Muskat würzen.
Teig auf einer bemehlten Arbeitsfläche etwa 2 mm dünn auswalken. Mit einem immer wieder in Mehl getauchten Ausstecher (8 – 10 cm Durchmesser) Scheiben ausstechen. Teigränder dünn mit verquirltem Ei bestreichen. Teigscheiben mit jeweils etwa 1 Kaffeelöffel Füllung belegen, zusammenklappen, Ränder gut zusammendrücken und anschließend „krendeln". Nudeln in kochendem Salzwasser bei mittlerer Hitze etwa 5 Minuten kochen; aus dem Wasser nehmen und gut abtropfen lassen.
Paradeiserbutter: Die beiseite gelegten Paradeiserkerne samt Saft pürieren. Anschließend in einem Sieb gut abtropfen lassen. Wichtig: Nicht umrühren! Den abgetropften klaren Paradeisersaft bei mittlerer Hitze auf ein Drittel einkochen. Durch Einrühren kalter Butter den Saft binden. Mit Salz, Pfeffer und Zucker abschmecken.
Krebsschwänze und Ofenparadeiser in der Paradeiserbutter erwärmen.
Gurkenspaghetti: Gurke der Länge nach auf einem speziellen Gemüsehobel (Mandoline) in dünne Spaghetti hobeln. Mit Zitronensaft, Prise Salz, Pfeffer würzen; Olivenöl untermengen.
Mit Hilfe einer Gabel Gurkenspaghetti zu einer Rolle formen, auf Teller legen, mit Paprikapulver bestreuen, Bärlauchnudeln, Krebse und Ofenparadeiser dekorativ darauf anrichten, mit Paradeiserbutter beträufeln und mit Bärlauchstreifen sowie Kerbelblättern garniert servieren.

Zander im Kürbiskernrösti gebraten auf Steinpilzritschert mit Petersilie

ZUTATEN für 4 Portionen

4 große mehlige Erdäpfel, Salz
1 Messerspitze Ascorbinsäure
(= Vitamin C, in der Apotheke erhältlich)
2 EL geröstete Kürbiskerne, grob gehackt
Pfeffer aus der Mühle, 2 EL Senf, 1 Dotter
4 Zanderfilets à 140 g, ohne Haut
4–6 EL Öl zum Braten, 1 EL Butter
1 Rosmarinzweig , 1 Knoblauchzehe, angedrückt

Steinpilzritschert:
50 g Rollgerste, 2 EL Olivenöl
1 EL Schalotten, feinwürfelig geschnitten
30 g geräucherter Bauchspeck
5 g Steinpilze (getrocknet), 60 ml Weißwein
½ l Hühnerfond oder Selchfleischfond
je 1 EL Karotten-, Sellerie- und Lauchwürfel
200 ml Schlagobers , 2 mittelgroße Steinpilze, geputzt, in Scheiben geschnitten
1 EL Olivenöl, 2 Salbeiblätter, fein geschnitten
1 Liebstöckelzweig, fein geschnitten
Salz, Pfeffer aus der Mühle
Saft von ½ Zitrone
80 g gekochte weiße Bohnen

Blattpetersilienpüree:
300 g Blattpetersilie, 100 ml Hühnerbouillon
100 g Butter, Salz

ZUBEREITUNG:

Rohe Erdäpfel schälen, in sehr feine Streifen schneiden, in mit Ascorbinsäure versetztes kaltes Salzwasser geben; 15 Minuten ziehen lassen. **Hinweis:** Ascorbinsäure verhindert das Braunwerden der Erdäpfel.
Erdäpfel gut ausdrücken, mit Kürbiskernen vermengen und pfeffern. Masse zwischen Frischhaltefolie etwa 2 mm dünn ausrollen.
Senf mit Dotter verrühren. Zanderfilets salzen, pfeffern und auf der Fleischseite dünn damit bestreichen. Von der Erdäpfel-Kürbiskernmasse die obere Folie entfernen, Paste in der Größe der Fischfilets zuschneiden und darauf festdrücken. Zweite Folie abziehen. Fisch mit der Kartoffelkruste nach unten in heißes Öl einlegen; bei mittlerer Hitze etwa 2–3 Minuten braten, bis die Erdäpfelmasse knusprig und hellbraun ist. Filets wenden, Butter, Rosmarin und Knoblauch beifügen; langsam fertiggaren.
Steinpilzritschert: Rollgerste waschen und etwa 12 Stunden in Wasser einweichen; abseihen. Schalotten mit Bauchspeck, getrockneten Steinpilzen sowie Rollgerste glasig anrösten, mit Wein aufgießen, aufkochen und mit Fond auffüllen. Bei mittlerer Hitze etwa 30 Minuten kochen. Gemüsewürfel beifügen und Obers dazugießen; weitere 20 Minuten kochen lassen.
Pilze in heißem Olivenöl kräftig anbraten, Kräuter beifügen, mit Salz, Pfeffer sowie Zitronensaft würzen; von der Hitze nehmen.
Kurz vor dem Servieren gekochte Bohnen und Steinpilze zugeben; aufkochen lassen. **Hinweis:** Einige Steinpilze zum Garnieren aufheben. Abschmecken.
Blattpetersilienpüree: Petersilie waschen, gut abtropfen lassen. Blätter von den Stängeln zupfen und in reichlich Salzwasser blanchieren, kalt abschrecken; gut abtropfen lassen und mit Bouillon pürieren, Butter einmixen, salzen.
Zander auf Ritschert neben Petersilienpüree dekorativ anrichten, mit Steinpilzscheiben garniert servieren.

RESTAURANT ALLEGRIA, Alexander Tschebull, Hudtwalckerstraße 13, D-22299 Hamburg

Alexander Tschebull vereint österreichischen Charme und mediterrane Leichtigkeit an der Alster. Reine Freude am Genuss, gepaart mit Spaß am Leben und der raffinierten Leichtigkeit des Seins – dafür stehen Yvonne und Alexander Tschebull in Hamburg.

Alexander und Yvonne Tschebull

Speisenverzeichnis

SUPPEN

VORSPEISEN

RÖMERQUELLE
MIT
Natürliches Mineralwasser mit Kohlensäure versetzt

FISCH · SCHALENTIERE

GEFLÜGEL

LAMM

VEGETARISCH

DESSERTS

HALTE UNSER
KLIMA REIN,
KAUF PRODUKTE
UNSRER
BAUERN EIN.

Adressverzeichnis aller BÖG-Mitglieder 2006

Rot gekennzeichnete Betriebe finden Sie mit einem Rezept im Rezeptteil.

BURGENLAND

Weingut Münzenrieder
Fam. Münzenrieder
Wallenerstraße 27
A-7143 Apetlon
02175/22 59
02175/22 596
info@muenzenrieder.at
www.muenzenrieder.at

Weingut Velich
Fam. Velich
Seeufergasse 12
A-7143 Apetlon
02175/31 87
02175/31 87-4
weingut@velich.at
www.velich.at

Gasthof Pannonia
Andreas u. Manuela Roth
Hauptstraße 58
A-7434 Bernstein
03354/65 43
03354/65 43-4
restaurant.pannonia@utanet.at
www.pannonia-roth.at
Seite 26

Weingut Gesellmann
Fam. Gesellmann
Langegasse 65
A-7301 Deutschkreutz
02613/80 360-0
02613/80360-15
gesellmann@utanet.at
www.gesellmann.at

Landgasthof Altes Brauhaus
Ilona Püspök
Kirchenplatz 27
A-7132 Frauenkirchen
02172/22 17
02172/22 17-4
altesbrauhaus@direkt.at
www.altesbrauhaus.at
Seite 12

Weingut Juris
Axel u. Herta Stiegelmar
Marktgasse 12-18
A-7122 Gols
02173/27 48
02173/33 23
office@juris.at
www.juris.at

Weingut Schloss Halbturn
Graf u. Gräfin Koenigsegg
Im Schloß 1
A-7131 Halbturn
02172/20 162
02172/20 162-14
wein@schlosshalbturn.com
www.schlosshalbturn.com
www.schlossweine.com
www.velt1.com

Gibiser
Gerlinde Gibiser
Hauptstraße 81
A-7561 Heiligenkreuz
03325/42 16
03325/42 46 44
g.gibiser@aon.at
www.g-gibiser.at

Weinhaus Sonnberg
Vereinte Winzer
Blaufränkischland
Günserstrasse 54
A-7312 Horitschon
02610/42 321
02610/42 321-4
wenko@vereinte-winzer.at
www.vereinte-winzer.at

Weinlaubenhof Kracher
Michaela u. Alois Kracher
Apetlonerstraße 37
A-7142 Illmitz
02175/33 77
02175/33 77 - 4
office@kracher.at
www.kracher.at

Weingut Willi Opitz
& C.I.A.-Catering
Willi Opitz
St.-Bartholomäus-Gasse 18
A-7142 Illmitz
02175/20 84
02175/20 84-6
winery@willi-opitz.at
www.willi-opitz.at

Hofladen
Alfred Thamhesl
A-7563 Königsdorf 63
03325/2289
03325/20148
home@thamhesl.at
www.thamhesl.at

Brennerei und Wellnesshotel Lagler
Kurt u. Ute Lagler
A-7543 Kukmirn 137
03328/32003
03328/32003-40
info@lagler.cc
www.lagler.cc
Seite 27

Weingut Pöckl
Josef Pöckl
Zwergäcker 1
A-7123 Mönchhof
02173/80 258
02173/80 258-44
info@poeckl.com
www.poeckl.com

Gasthof Zur Traube
Anna Glatz
Herrengasse 42
A-7311 Neckenmarkt
02610/422 56
02610/423 064
info@gasthof-zur-traube.at
www.gasthof-zur-traube.at
Seite 13

Kellerei In Signo Leonis
Heribert u. Patrick Bayer
Wirtschaftspark 5
A-7811 Neckenmarkt
02610/426 44
02610/426 44-4
bayer@weinfreund.at
www.weinfreund.at

Landgasthaus am Nyikospark
Fritz Tösch
Untere Hauptstraße 59
A-7100 Neusiedl am See
02167/40 222
02167/ 77 78
landgasthaus@nyikospark.at
www.nyikospark.at
Seite 14/15

Zum Herztröpferl
Maria Siess
Triftgasse 1
A-7063 Oggau
02685/72 58
02685/72 07-4
office@wein-burgenland.at
www.wein-burgenland.at

Vila Vita Ferienanlage Pannonia
Gen. Dir. Engelbert Jandl u.
Dir. Joe Gelbmann
Storchengasse 1
A-7152 Pamhagen
02175/21 80
02175/21 80-444
info@vilavitapannonia.at
www.vilavitahotels.at

Ebner
Dorothea Ebner
Marktplatz 2
A-7423 Pinkafeld
03357/42 263-3
03357/42 263-6
office@ebners.info
www.ebners.info

Gasthaus Zur Dankbarkeit
Josef Lentsch
Hauptstraße 39
A-7141 Podersdorf
02177/22 23
02177/22 23-4
dankbarkeit@magnet.at
www.dankbarkeit.at
Seite 16

Pannonia – Hotel/Restaurant St. Florian
Hermann u. Marianne Wein
Seezeile 20
A-7141 Podersdorf am See
02177/22 45
02177/22 45-4
pannonia.florian@nextra.at
www.pannonia-hotel.at
Seite 25

Der Reisinger
Andrea u. Gerald Reisinger
Hauptstraße 83
A-7033 Pöttsching
02631/22 12
02631/20 90
info@der-reisinger.at
www.der-reisinger.at
Seite 18/19

Weingut Feiler-Artinger
Hans, Inge u.
Kurt Feiler-Artinger
Hauptstraße 3
A-7071 Rust
02685 / 237
02685/237-22
office@feiler-artinger.at
www.feiler-artinger.at

Inamera
Gerhard Weidl
u. Andrea Waldrauch
Oggauer Straße 29
A-7071 Rust
02685/64 73
02685/64 73-18
office@inamera.at
www.inamera.at
Seite 22

Mooslechners Rusterhof
Tina und Michael Mooslechner
Rathausplatz 18
A-7071 Rust
02685/60793 oder /6162
02685/60793-11
oder /6162 11
office@mooslechners.at
www.mooslechners.at

Mooslechners Bürgerhaus
Tina und Michael Mooslechner
Hauptstraße 1
A-7071 Rust
02685/6162
02685/6162-11
office@mooslechners.at
www.mooslechners.at
Seite 23

Weingut Giefing
Erich u. Claudia Giefing
Hauptstraße 13
A-7071 Rust/Bgld
02685/379
02685/607 48
giefing@wein-rust.at
www.wein-rust.at

Restaurant Taubenkobel
Fam. Eselböck
Hauptstraße 33
A-7081 Schützen am Gebirge
02684/22 97
02684/22 97-18
restaurant@taubenkobel.at
www.taubenkobel.at
Seite 20/21

Wahre Genießer lassen sich
nichts anderes auftischen.
LOWE GGK
Almdudler
Almdudler®
in der original Formflasche.

Günter Fink – Weingut, Essig- und Ölmanufaktur
Günter Fink
Bahnstraße 66
A-7151 Wallern
02174/23 84
02174/23 84
weingut@fink.at
www.fink.at

Zur Blauen Gans
Alain Weissgerber
Im Seepark
A-7121 Weiden am See
02167/75 10
02167/78 40
restaurant@blaue-gans.at
www.blaue-gans.at
Seite 17

Heiligenkreuzerkeller
Fritz Sittinger
Kirchberg 1 (im Kellerviertel)
A-7092 Winden am See
02160/200 34
02172/200 94
office@heiligenkreuzerkeller.at
www.heiligenkreuzerkeller.at
Seite 24

KÄRNTEN

Hotel Restaurant Prechtlhof
Leopold Kraßnitzer
Schobitzstrasse 1
A-9330 Althofen
04262/26 14
04262/26 14-4
hotel@prechtlhof.com
www.prechtlhof.com
Seite 43

Bachler Kärntner Kulturwirtshaus
Ingrid u. Gottfried Bachler
Silberegger Straße 1
A-9330 Althofen
04262/38 35
04262/38 35-4
restaurant@bachler.co.at
www.bachler.co.at
Seite 42

Berghof
Fam. Schneeweiss
Rosennockstraße 55
A-9546 Bad Kleinkirchheim
04240/479
04240/479-9
info@berg-hof.at
www.berg-hof.at

Thermenhotel Ronacher
Simone Ronacher
Thermenstr. 3
A-9546 Bad Kleinkirchheim
04240/282
04240/282-606
thermenhotel@ronacher.com
www.ronacher.com
Seite 56

Schönruh
KR Helmut Hinterleitner
Seeblickstraße 40
A-9580 Drobollach
04254/21 92
04254/22 53 93
hotel@schoenruh.net
www.schoenruh.net

Ressmann
Gerda u. Franz Ressmann
Strandbadstraße 69
A-9580 Drobollach
04254/22 10
04254/22 10-80
seehotel-ressmann@netway.at
www.tiscover.com/
seehotel.ressmann

Kärntner Gasthof Tschebull
Hans Tschemernjak
Egger Seeuferstraße 26
A-9580 Egg am Faaker See
04254/21 91
04254/21 91-37
gasthof@tschebull.com
www.tiscover.at/
gasthoftschebull.com
Seite 33

Gasthof Seebacher
Thomas Friedrich Seebacher
An der Gurk 23
A-9563 Gnesau
04278/257
04278/257-4
info@seebacher.at
www.seebacher.at
Seite 44

Gasthof Pension Leitner
Herwig Leitner
Bahnhofstrasse 121
A-9761 Greifenburg
04712/344
04712/344-20
gasthof-pension-leitner
@netway.at
www.pension-leitner.at
Seite 54

Restaurant Brunnwirt Kassl
Ferdinand Kassl
Unterer Markt 2
A-9334 Guttaring
04262/81 25
04262/81 25-21
brunnwirtkassl@aon.at
Seite 45

Bärenwirt
Hans-Jürgen Frischer
Hauptplatz 17
A-9620 Hermagor
04282/20 52
04282/20 52-3
baerenwirt@carnica.at
www.baerenwirt-hermagor.at

Beim Bachmann
Mihaly Monostori
Obervellach 33
A-9620 Hermagor
04282/20 69
04282/20 69-20
info@biolachs.at
www.biolachs.at
Seite 55

Gasthof Pension Ratz
Gudrun Ressi
Haus Nr. 6
A-9162 Kirschentheuer
04227/23 28
04227/23 28-13
office@ratz.at
www.ratz.at

Austria Classic Hotel Weidenhof
Petschnig Hotelbetriebs-GmbH. & Co. KG
Wörthersee-Süduferstr. 66
A-9073 Klagenfurt-Viktring
0463/28 15 40
0463/28 15 40-8
hotel@weidenhof.at
www.weidenhof.at

Sonne
Fam. Mateidl
Westufer/Seelach 19
A-9122 Klopeiner See
04239/23 37
04239/38 30
sonne@sonne.info
www.sonne.info

Huber-Feistritzer
Marlene Huber-Feistritzer
Mauthen 14
A-9640 Kötschach
04715/84 94
04715/84 94

Landgasthof Pension Plöschenberg
Franz Rolf Niemetz
Plöschenberg 4
A-9071 Köttmannsdorf
04220/22 40
04220/26 021
info@ploeschenberg.at
www.niemetz.co.at
Seite 50

Gasthof-Restaurant Krumpendorferhof
Peter Hammerschlag
Hauptstraße 164
A-9201 Krumpendorf
04299/23 01
04299/23 01-23
office@krumpendorferhof.at
www.krumpendorferhof.at
Seite 34

Gasthof Lorenz
Heidi u. Robert Smole
Denkmalweg 7
A-9581 Ledenitzen
04254/23 63
04254/23 63-9
info@gasthof-lorenz.at
www.gasthof-lorenz.at

Landgasthof Neugebauer
Fam. Neugebauer
Graben 6
A-9335 Lölling
04263/407
04263/407-4
neugebauer@loelling.at
www.loelling.at/neugebauer
Seite 46

See-Villa
Anton Tacoli
Seestraße 68
A-9872 Millstatt
04766/21 02
04766/22 21
see-villa@hotel.at
www.see-villa-tacoli.com

Tell
Fam. Michorl
Marktplatz 14
A-9711 Paternion 14
04245/29 31
04245/30 26
michorl@gasthof-tell.at
www.gasthof-tell.at

Joainig
Maria Eisler & C. Hinteregger
Kochwirtplatz 4
A-9210 Pörtschach
04272/23 19-0
04272/23 19-50
kochwirt@joainig.com
www.joainig.com

Restaurant-Hotel Metzgerwirt
Angelika u. Emanuel Stadler
Hauptstraße 22
A-9545 Radenthein
04246/20 52
04246/39 76
stadler.emanuel@
metzgerwirt.co.at
www.metzgerwirt.co.at
Seite 53

Die Gartenrast
Fam. Bacher
Gartenraststraße 9 – Unterweng
A-9545 Radenthein
04246/20 17
04246/20 17-83
uli@gartenrast.at
www.gartenrast.at

Gasthof Edlingerwirt
Peter Winkler
Villacher Straße 88
A-9800 Spittal/Drau
04762/51 50 od 53 34
04762/5150400
gasthof-winkler@
edlingerwirt.at

Gasthof Liegl
Gerhard Liegl
St. Peter bei Taggenbrunn 2
A-9313 St. Georgen a. Längsee
04213/21 24-0
04213/21 24-4
office@gasthof-liegl.at
www.gasthof-liegl.at
Seite 47

Landgasthof Loigge
Fam. Loigge
Hauptstraße 19
A-9470 St. Paul im Lavanttal
04357/20 56
04357/20 56-4
info@loigge.com
www.loigge.com
Seite 52

Gasthof Alter Schacht
E. u. W. Martinz
Hauptstraße 24
A-9431 St. Stefan im Lavanttal
04352/31 21
04352/31 21-11
office@alterschacht.at
www.alterschacht.at

© WTV / ROBERT OSMARK

© WTV / LOIS LAMMERHUBER

© WTV / ROBERT OSMARK

© WTV / KARL THOMAS

Hotel Restaurant Das Herrenhaus
Johann Krainer
Am Hauptplatz 3
A-9341 Straßburg
04266/22 51
04266/22 51-131
dasherrenhaus@aon.at
www.dasherrenhaus.at
Seite 48

NIEDERÖSTERREICH

Böswarth Seminarhotel Lengbachhof
Fam. Böswarth
Steinhäusel 8
A-3033 Altlengbach
02774/222 40 02274/210 00
02774/2700
hotel@lengbachhof.at
www.lengbachhof.at

Restaurant Rauhenstein Grand Hotel Sauerhof
Kurt Dohnal
Weilburgstraße 11–13
A-2500 Baden
02252/41 251
02252/43 626
sauerhof@sauerhof.at
www.sauerhof.at

Landgasthaus Jeitler
Gerald Jeitler u. Erika Hoffmann
Oberschlatten 1
A-2833 Bromberg
02629/8267
02629/8267-14
office@geraldjeitler.at
www.geraldjeitler.at
Seite 113

Dinstlgut Loiben
Elisabeth Altenriederer
Unterloiben 51
A-3601 Dürnstein
02732/85 516
02732/85 516-25
office@dinstlgut.at
www.dinstlgut.at

Landgasthaus Breughelhof
Franz u. Karl jun. Rosenbauch
Rechte Bahnzeile 9
A-2483 Ebreichsdorf
02254/723 38
02254/723 38
breughelhof@aon.at
www.breughelhof.at
Seite 69

Restaurant Stadthotel Eggenburg
Werner Oppitz
Kremser Straße 8
A-3730 Eggenburg
02984/35 31
02984/35 31-101
info@oppitz.at
www.oppitz.at
Seite 94

Weingut Leth
Fam. Leth
Kirchengasse 6
A-3481 Fels/Wagram
02738/22 40
02738/22 40-17
office@weingut-leth.at
www.weingut-leth.at

Mörwald „Zur Traube“
Toni Mörwald
Kleine Zeile 13–17
A-3483 Feuersbrunn
02738/22 98-0
02738/22 98-60
zur_traube@moerwald.at
www.moerwald.at
Seite 82

Hotel Restaurant Waldviertler Stuben
Fam. Schweighofer
Haus 53
A-3533 Friedersbach
02822/775 11-0
02822/775 11-54
reservierung@
waldviertler-stuben.at
www.waldviertler-stuben.at
Seite 96

Muhr
Gertraud u. Jakob Muhr
Hauptstraße 87
A-2463 Gallbrunn
bei Schwechat
02230/28 58-0
02230/28 58-58
info@muhr.co.at
www.muhr.co.at

Weingut Schloß Gobelsburg
Michael Moosbrugger
Schloßstraße 16
A-3550 Gobelsburg
02734/24 22
02734/24 22-20
schloss@gobelsburg.at
www.gobelsburg.at

„bittermann“ Vinarium Göttlesbrunn
Fam. Bittermann
Abt-Bruno-Heinrich-Platz 1
A-2464 Göttlesbrunn
02162/811 55
www.vikerlslokal.at

Hotel Restaurant Taverne am Sachsengang
Sachsengang Privatstiftung
Schloßhoferstraße 62
A-2301 Großenzersdorf
bei Wien
02249/29 01-80
02249/29 05
hotel@sachsengang.at
www.sachsengang.at
Seite 107

Weingut Spätrot Gebeshuber
Johanna u. Johannes Gebeshuber
Jubiläumsstraße 43
A-2352 Gumpoldskirchen
02252/611 64
02252/611 29
office@spaetrot.com
www.spaetrot.com

Gutensteinerhof
Peter Zwinz
Vorderbruck 21
A-2770 Gutenstein
02634/72 76
02634/72 76-7

Gasthof Buchinger
Andrea u. Franz Buchinger
Harmannsdorf Nr. 18
A-3713 Harmannsdorf/
Manhartsberg
02984/82 41
02984/82 41-12
info@gasthofbuchinger.at
www.gasthofbuchinger.at

Weingut Zeilinger-Wagner
Alois Zeilinger
Manhartsberg 1
A-3472 Hohenwarth
02957/201
02957/201
wein@zeilinger-wagner.at
www.zeilinger-wagner.at

Pohnitzer
Heidi u. Ernst Pohnitzer
Hauptstraße 20
A-3822 Karlstein/Thaya
02844/236
02844/236-15
pohnitzer@wvnet.at

Kalteis
Fam. Kalteis
Melkerstraße 10
A-3204 Kirchberg/P.
02722/72 23
02722/72 23-4
kalteis.hubert@aon.at
www.kalteis.at

Weinberghof Fritsch
Karl Fritsch
Oberstockstall 24
A-3470 Kirchberg/Wagram
02279/50 37
02279/50 37-19
info@fritsch.cc
www.fritsch.cc

Gasthof Tanzrestaurant Carrousel
Karl Kaufmann
Marktplatz 12
A-3932 Kirchberg/Walde
02854/70 70
02854/70 70-4
carrousel@aon.at
www.carrousel.at
Seite 95

Post – Hönigwirt
Fam. Hönig
Günserstraße 2
A-2860 Kirchschlag/
Bucklige Welt
02646/22 16
02646/23 67-6
hotel.post.hoenig@netway.at
www.tiscover.com/
hotel-post-hoenig

Weingut Stift Klosterneuburg
Chorherren Wirtschaftsbetriebe GmbH
Rathausplatz 24
A-3400 Klosterneuburg
02243/411-522
02243/411-550
weingut@
stift-klosterneuburg.at
www.stift-klosterneuburg.at

Café Restaurant Veit
Fam. Veit
Niedermarkt 13–15
A-3400 Klosterneuburg
02243/320 72-14
02243/32 633
fveit@gmx.at
www.Cafe-Veit.at

Hartl KEG
Franz Hartl
Buchkammerl 6a
A-3400 Klosterneuburg
0676/305 89 68
01/998 79 59 61
office@essenzen.biz
www.die-feinsten-essenzen.com

Mörwald „Kloster Und“
Toni Mörwald
Undstraße 6
A-3500 Krems
02732/70 493-0
02732/70 493-60
und@moerwald.at
www.moerwald.at
Seite 80/81

Gasthaus Jell
Ulli Amon-Jell
Hoher Markt 8–9
A-3500 Krems a. d. Donau
02732/82 345
02732/82 345-4
amon-jell@utanet.at
www.amon-jell.at

Gourmet-Hotel-Restaurant Am Förthof
Helga Figl-Kraus
Förthofer Donauländе 8
A-3500 Krems/Donau
02732/833 45
02732/833 45-40
hotel.foerthof@netway.at
www.tiscover.com/
feinschmecker.foerthof
Seite 83

Kronberghof
Fam. Grossauer
Am Rußbach 3
A-2123 Kronberg
02245/43 04
02245/43 04-4
info@kronberghof.at
www.kronberghof.at

Gasthaus Weiler
Martin Weiler
Staatsbahnstraße 60
A-2136 Laa/Thaya
02522/23 79
02522/23 79
martin.weiler@direkt.at
Seite 109

Zur Linde
Gertrude Geidel
A-3053 Laaben 28
02774/83 78-0
02774/83 78-20
linde@landgasthof-zur-linde.at
www.landgasthof-zur-linde.at

Weingut Jurtschitsch Sonnhof
Fam. Jurtschitsch
Rudolfstraße 37-39
A-3550 Langenlois
02734/21 16-0
02734/21 16-11
weingut@jurtschitsch.com
www.jurtschitsch.com

Mein Genussland Oberösterreich!

Weingut Loimer
Fred Loimer
Haindorfer Vögerlweg 23
A-3550 Langenlois
02734/22 39
02734/22 39-4
weingut@loimer.at
www.loimer.at

Weingut Bründlmayer
Willi Bründlmayer
Zwettlerstraße 23
A-3550 Langenlois
02734/2172
02734/3748
weingut@bruendlmayer.at
www.bruendlmayer.at

Dormayer
Franz Dormayer
Wiener Straße 1
A-2103 Langenzersdorf
02244/22 52
02244/22 52
dormayer@utanet.at
www.dormayer.at

Restaurant Smaragd
Fam. Schachner
Haus Nr. 24
A-3672 Maria Taferl
07413/63 55
07413/63 55-83
office@hotel-schachner.at
www.hotel-schachner.at
Seite 97

Restaurant im Berghotel Tulbingerkogel
Frank Bläuel
Tulbingerkogel 1
A-3001 Mauerbach
02273/73 91
02273/73 91-73
hotel@tulbingerkogel.at
www.tulbingerkogel.at
Seite 72/73

Nikolaihof Wachau
Christine u. Nikolaus Saahs
Nikolaigasse 77
A-3512 Mautern
02732/82 901
02732/76 440
wein@nikolaihof.at
www.nikolaihof.at

Landhaus Bacher
Elisabeth Wagner-Bacher u. Klaus Wagner
Südtiroler Platz 2
A-3512 Mautern/Donau
02732/829 37
02732/743 37
info@landhaus-bacher.at
www.landhaus-bacher.at

Restaurant Hanner
Heinz Hanner
Mayerling 1
A-2534 Mayerling
02258/23 78
02258/23 78-41
hanner@hanner.cc
www.hanner.cc
Seite 64/65

Hotel Restaurant Zur Post
Johannes Ebner
Linzer Straße 1
A-3390 Melk
02752/523 45
02752/523 45-50
info@hotelpost-melk.at
www.post-melk.at
Seite 89

Restaurant Zur Linde
Fam. Polak
Bahnstraße 49
A-2130 Mistelbach
02572/24 09
02572/24 09-90
fam.polak@zur-linde.at
www.zur-linde.at

Restaurant & Hotel Babenbergerhof
Carl Breyer
Babenbergergasse 6
A-2340 Mödling
02236/222 46
02236/222 46-6
babenbergerhof@aon.at
www.babenbergerhof.com
Seite 67

Hotel Restaurant Holzinger
Eva u. Friedrich Taschler
Teichgasse 2
A-2513 Möllersdorf
02252/524 55
02252/524 55-4
holzinger@home.at
www.tiscover.com/hotel-holzinger
Seite 68

Hotel Restaurant Kothmühle
Fam. Scheiblauer
A-3364 Neuhofen/Ybbs
07475/521 12-0
07475/521 12-8
office@kothmuehle.at
www.kothmuehle.at
Seite 104/105

Mörwald „Fontana"
Toni Mörwald
Fontana-Allee 1
A-2522 Oberwaltersdorf
02253/606 600
02253/606 606
fontana@moerwald.at
www.moerwald.at
Seite 70/71

Helmut Sachers Kaffee GesmbH
Helmut Sachers
Sachersstraße 7
A-2512 Oeynhausen
02252 42 7 10
02252 42 7 12
h.sachers@sachershelmut.at

Uferhaus
Georg Humer
Uferstraße 20
A-2304 Orth/Donau
0664/180 03 22
02212/34 86
office@uferhaus.at
www.uferhaus.at

Die Donaurast
Eva Nimführ
Wachaustraße 28
A-3680 Persenbeug/Metzling
07412/524 38
07412/524 38 22
donaurast@wvnet.at
www.donaurast.com

Altes Preßhaus „essen & trinken"
Trixi u. Herbert Mayrhofer
Manker Straße 3
A-3252 Petzenkirchen
07416/521 63-0
07416/521 63-5
altespresshaus@aon.at
www.members.aon.at/altespresshaus

Landgasthof Bärenwirt
Erich Mayrhofer
Ybbser Straße 3
A-3252 Petzenkirchen
07416/521 53-0
07416/521 53-10
baerenwirt@aon.at
www.baerenwirt1.at
Seite 102

Liebnitzmühle
GF Peter Thaler
Liebnitz 38
A-3820 Raabs/Thaya
02846/75 01
02846/75 01-59
liebnitzmuehle@friedreich.com
www.liebnitzmuehle.at

Schlossrestaurant Ottenstein
Kurt A. Dietrich
Ottenstein 1
A-3532 Rastenfeld
02826/254
02826/251-23
rezeption@hotelottenstein.at
www.hotelottenstein.at

Hotel-Restaurant-Ottenstein
Kurt A. Dietrich
Peygarten-Ottenstein 60
A-3532 Rastenfeld
02826/251
02826/251-26
rezeption@hotelottenstein.at
www.hotelottenstein.at

Buchinger's Gasthaus Zur alten Schule
Manfred Buchinger
Wolkersdorfer Straße 6
A-2122 Riedenthal ob Wolkersdorf
02245/825 00
02245/837 02
manfred@buchingers.at
www.buchingers.at
Seite 111

Restaurant Belvedere
Magda u. Karl Engelschall
Hochstraße 60
A-2680 Semmering
02664/2270, 2267
02664/2267-42
hotel.belvedere@telecom.at
www.semmering.com/hotel-belvedere
Seite 115

„Seewirtshaus" Zum Stoasteira
Christian Riess
Zauberberg 2
A-2680 Semmering
02664/200-30
02664/200-40
seewirtshaus@aon.at

Weingut Fischer
Christian Fischer
Hauptsraße 33
A-2500 Sooß
02252/87130
02252/82666
christian@weingut-fischer.at
www.weingut-fischer.at

Obsthof Reisinger
Franz Reisinger
Mitterndof am Jauerling 1
A-3620 Spitz an der Donau
02713/2855
02713/2855-10
info@obsthof-reisinger.at
www.obsthof-reisinger.at

Terrassenrestaurant Strandcafé
Barbara Grünberger
Donaulände 7
A-3620 Spitz an der Donau/L. Donauufer
02713/2320
02713/2320-4
strandcafe.spitz@aon.at

Zum Blumentritt
Mike u. Christa
Johann u. Ulli Hollerer-Reichl
Markt 20
A-3193 St. Aegyd a. N.
02768/2277
02768/2277-1
office@zumblumentritt.at
www.zumblumentritt.at

Zum Niederhaus
Gerhard Perthold
Markt 9
A-3193 St. Aegyd a. N.
02768/2212
02768/2212-22
gasthof.perthold@aon.at
www.tiscover.com/perthold

Winkler
KR Franz Winkler
Mühlweg 64
A-3100 St. Pölten
02742/364944
02742/3649 44-7
gasthof.winkler@aon.at
www.gasthofwinkler.at

Hotel Restaurant Café Zur Post
Franz Rogl
Westbahnstr. 36
A-4300 St. Valentin
07435/52377
07435/52377-5
info@rogl.at
www.hotel-rogl.at
Seite 103

Taverne Stift Zwettl
Daniela Schildorfer
A-3910 Stift Zwettl 16
02822/550 36
02822/550 66
taverne@stift-zwettl.at
www.stift-zwettl.at

Die BÖG Service Offensive

Die Beste Österreichischen Gastlichkeit (BÖG) steht seit 50 Jahren für hochwertige Regionalküche (2/3 der Produkte aus Küche und Keller stammen aus Österreich), frisch zubereitete, saisonale Spezialitäten, individuell geführte Familienbetriebe mit klaren Qualitätskriterien und überregionalem Bekanntheitsgrad.

Damit das Gesamterlebnis wirklich stimmig ist, ist ein hoher Qualitätsstandard bei den Mitarbeitern ein absolutes Muß. Die BÖG-Betriebe investieren viel, damit sie auch immer die besten Mitarbeiter bekommen – zum Wohle ihrer Gäste.

Jetzt startet die BÖG eine große Serviceoffensive, die nicht nur mithelfen soll, das Image des Kellnerberufes zu heben, sondern auch den Mitarbeitern in seinen knapp 400 Betrieben österreichweit ein ideales Arbeitsumfeld zu bieten: Schließlich sorgen zufriedene Mitarbeiter auch für zufriedene Gäste.

Hier nur einige Highlights der BÖG-Serviceoffensive:

- ★ **Neuartiges Auszeichnungssystem für Servicemitarbeiter**
- ★ **Eigene Mitarbeitercard mit Einkaufsvorteilen**
- ★ **Österreichweiter Servicecontest**
- ★ **Eigene Schulungsprogramme mit Top-Industriepartnern**
- ★ **Umfangreiche Image- und Öffentlichkeitsarbeit für den Kellnerberuf**

Nähere Infos auch unter www.kulinarisches-oesterreich.at

„Zeitgemäße Gastronomie wird heute nicht nur von der Küche, sondern auch vom Service entscheidend mitgeprägt: Gerade wir von der Besten Österreichischen Gastlichkeit stehen ja nicht nur für tolle Regionalgerichte mit hochwertigen Produkten aus Österreich, sondern für einen hohen Servicestandard, der auf der Individualität unserer Unternehmer und -innen und ihrer tausenden Mitarbeiter beruht, ihrer fachlichen Kompetenz, aber auch ihrer Freundlichkeit und ihrem Charme. Bei uns fühlen sich eben nicht nur die Gäste, sondern auch die Mitarbeiter wohl".

Toni Mörwald, BÖG-Präsident

Hotel Restaurant Drei Königshof
Johanna u. Peter Hopfeld
Hauptstraße 29–31
A-2000 Stockerau
02266/62788-0
02266/627 88-6
office@dreikoenigshof.at
www.dreikoenigshof.at
Seite 108

Gruber's Wirtshaus
Werner Gruber
Donaustraße 26
A-2000 Stockerau
02266/628 20
02266/628 20-9
grubers.wirtshaus@utanet.at
www.gruberswirtshaus.at

Weingut Topf
Johann Topf
Placherkellergasse 420
A-3491 Straß im Straßertale
02735/2491
02735/2491-91
office@weingut-topf.at
www.weingut-topf.at

Weingut Dolle
Peter Dolle
Herrengasse 2
A-3491 Strass-Strassertal
02735/2326
02735 / 2857
weingut@dolle.at
www.dolle.at

Zum Karpfenteich
Fam. Bruckner
Nexing 2
A-2224 Sulz im Weinviertel
02534/233 23
02534/233 26

Stockerwirt
Fam. Stocker
Hauptstraße 36
A-2392 Sulz im Wienerwald
02238/8259-0
02238/8259-4
office@stockerwirt.com
www.stockerwirt.com
Seite 66

Johanneshof – Weingut Reinisch
Johann und Veronika Reinisch
Im Weingarten 1
A-2523 Tattendorf
02253/814 23
02253/819 24
office@j-r.at
www.j-r.at

Weingut Stadlmann
Johann und Michaela Stadlmann
Wiener Straße 41
A-2514 Traiskirchen
02252/523 43
02252/563 32
kontakt@stadlmann-wein.at

Nibelungenhof
Anneliese Melichar-Haimeder
Wiener Straße 23
A-3133 Traismauer
02783/6349
02783/6349-6
office@nibelungenhof.at
www.nibelungenhof.at

Weingut Aumann
Leo Aumann
Oberwaltersdorferstraße 105
A-2512 Tribuswinkel
02252/80 502
0590/107 55 24 77
weingut@aumann.at
www.aumann.at

Retzbacherhof
Harald Pollak und Sonja Rados
Bahnstraße 1
A-2074 Unterretzbach
02942/20171
02942/20171-10
pollak@retzbacherhof.at
www.retzbacherhof.at

Restaurant Heinzle
Fam. Heinzle
Wachaustraße 280
A-3610 Weißenkirchen in der Wachau
02715/2231
02715/2231-19
restaurant@heinzle.at
www.heinzle.at
Seite 88

Hotel Weingasthof Donauwirt
Maria und Anton Rosenberger
Wachaustraße 47
A-3610 Weißenkirchen/Wachau
02715/2247
02715/2247-47
info@donauwirt.at
www.donauwirt.at
Seite 86/87

Wein- und Sektkellerei Kirchmayr
Hans Kirchmayr
A-3351 Weistrach 123
07477/421 73-0
07477/421 73-4
kirchmayr@wein-erlebnis.at
www.wein-erlebnis.at

Landgasthof Reinberger
Leopold Reinberger
Kreisbacher Straße 11
A-3150 Wilhelmsburg
02746/2364
02746/2364-35
reinberger@synops.at
www.landgasthof-reinberger.at
Seite 114

Hotel Restaurant Am Steinberg
Fam. Windsteig
Am Steinberg 1
A-2225 Zistersdorf
02532/2703
02532/2703-7
hotel.restaurant.amsteinberg@netway.at
www.hotel-steinberg.at
Seite 110

Bergwirt Schrammel GmbH
Maria und Franz Schrammel
Moidrams 1
A-3910 Zwettl
02822/52803
02822/52803-8
info@hotel-bergwirt.at
www.hotel-bergwirt.at

OBERÖSTERREICH

Almesberger
Martha und Peter Gruber
Marktplatz 4
A-4160 Aigen
07281/8713-0
07281/8713-76
hotel@almesberger.at
www.almesberger.at

Restaurant Bärnsteinhof
Christian Höglinger
Marktplatz 12
A-4160 Aigen im Mühlkreis
07281/6245
07281/6245-13
info@baernsteinhof.at
www.baernsteinhof.at
Seite 130

Gasthof Bauböck – Die Klause
Fam. Bauböck-Voglmayr
Kirchenplatz
A-4770 Andorf
07766/22 79
07766/37 03-33
gasthof@bauboeck.at
www.bauboeck.at
Seite 138

Stockinger
Fam. Stockinger
Ritzlhofstraße 65
A-4052 Ansfelden
07229/883 21-0
07229/883 21-72
hotel@stocki.at
www.stocki.at

Faust-Schlössl
Fam. Zauner
Oberlandshaag 2
A-4082 Aschach/Feldkirchen
07233/74 02
07233/74 02-40
faustschloessl@netway.at
www.faustschloessl.at

Hotel Seegasthof Oberndorfer
Fam. Oberndorfer
Hauptstraße 18
A-4864 Attersee
07666/7864-0,
0664/1332251
07666/7864-91
hoteloberndorfer@attersee.at
www.oberndorfer.info
Seite 122

Qualitätsbrand Reisetbauer
Hans Reisetbauer
A-4062 Axberg 15
07221/63 690
07221/63 690-14
office@reisetbauer.at
www.reisetbauer.at

Landhotel Agathawirt
Fam. Schenner
St. Agatha 10
A-4822 Bad Goisern
06135/8341
06135/7557
office@agathawirt.at
www.agathawirt.at

Mitter
Roland Mitter
Hauptplatz 1
A-4540 Bad Hall
07258/2712, 2363
07258/2363-32
hotel.mitter@telering.at
www.gasthof-mitter.at

Zauner
Hildegard Zauner
Pfarrgasse 7
A-4820 Bad Ischl
06132/233 10-0
06132/233 10-30
info@zauner.at
www.zauner.at

Zauner
Hildegard Zauner
Hasnerallee 2
A-4820 Bad Ischl
06132/237 22
06132/233 10-30
info@zauner.at
www.zauner.at

Grünes Türl
Fam. Ameshofer
Gebersdorf 1
A-4701 Bad Schallerbach
07249/481 63-0, -25
07249/429 32
hotel@gruenes-tuerl.at
www.gruenes-tuerl.at

Landgasthof Dieplinger
Paula u. Karl Langmayr
Brandstatt 4
A-4070 Eferding
07272/2324
07272/3111-53
landgasthof.dieplinger@eunet.at
www.langmayr.at

Restaurant Brummeier's Kepler-Stubn
Gerold Brummeier
Stadtplatz 35
A-4070 Eferding
07272/24 62
07272/24 62-220
seminar@brummeier.at
www.brummeier.at
Seite 133

Weinbeißer
Karl-Heinz Diebetsberger
Haus 2
A-4785 Freinberg
07713/81 04
07713/81 04-4
weinbeisser@utanet.at
www.freinberg.at/weinbeisser

Goldener Hirsch
Roland u. Brigitte Jäger
Böhmergasse 8–10
A-4240 Freistadt
07942/722 58-0
07942/722 58-40
goldener.hirsch@hotels-freistadt.at
www.hotels-freistadt.at

Stadtwirtshaus
Helmut Satzinger
Salzgasse 5
A-4240 Freistadt
07942/776 20
07942/776 20

Landhotel Grünberg am See
Ingrid u. Franz Pernkopf
Traunsteinstraße 109
A-4810 Gmunden
07612/777 00-0
07612/777 00-33
gruenberg@vpn.at
www.gurenberg.at
Seite 123

Schlosshotel Freisitz Roith
Johann Parzer
Traunsteinstraße 87
A-4810 Gmunden
07612/649 05-0
07612/64905-17
info@schlosshotel.at
www.schlosshotel.at
Seite 124

Engelhof
Wolfgang Bergthaler
Engelhofstr. 1
A-4810 Gmunden am Traunsee
07612/648 92 od 64946
07612/648 92-33
bergthaler@engelhof.at
www.engelhof.at

Zur Traube
E. und J. Barth
Greinburgstraße 6
A-4360 Grein
07268/312
07268/312-10
hbarth@gmx.at

Bauböck
Gerhard Bauböck
A-4942 Gurten 16
07757/6202
07757/6202-4
info@bauboeck.info
www.bauboeck.info

Gasthof Fischrestaurant Zauner-Seewirt
Heidi u. Sepp Zauner
Marktplatz 51
A-4830 Hallstatt
06134/8246
06134/8246-8
zauner@hallstatt.at
www.zauner.hallstatt.net

Post
Brigitte Rechberger
Marktplatz 5
A-4202 Hellmonsödt
07215/2250
07215/2250-50
Brigitte.Rechberger@gmx.at
http://gasthof-post.guute.at

Hoftaverne Schmiding
Fam. Oberndorfer
Schmiding 9
A-4631 Krenglbach
07249/460 94
07249/460 94-20
wirt@oberndorfer-wirt.at
www.oberndorfer-wirt.at

Gasthof Stieglbräu „Zum Klosterhof“
Johann Dobersberger
Landstraße 30
A-4020 Linz
0732/77 33 73
0732/77 33 73-21
info@klosterhof-linz.at
www.klosterhof-linz.at
Seite 132

Marchtrenkerhof
Rosita, Gregor,
Lucia u. Günther Dudek
Linzer Straße 41
A-4614 Marchtrenk
07243/52 559
07243/54 058

Landgasthof Klausner
Christian Klausner
Hafnerstraße 30
A-4591 Molln/Au
07584/39 933
07584/39 93-20
office@landgasthof-klausner.at
www.landgasthof-klausner.at
Seite 145

Landgasthof Seminarhotel Prielbauer
Wilma Taubenberger
Am Priel 23
A-5310 Mondsee
06232/3071
06232/3071-115
prielbauer@aon.at
www.mondseehotel.at

Seegasthof Hotel Lackner
Martin Lackner
Mondseestraße 1
A-5310 Mondsee
06232/2359-0
06232/2359-50
office@seehotel-lackner.at
www.seehotel-lackner.at
www.vinothek-lackner.at

Hotel Restaurant Mühltalhof
Fam. Rachinger
Unternberg 4
A-4120 Neufelden
07282/62 58-0
07282/62 58-3
reception@muehltalhof.at
www.muehltalhof.at
Seite 131

Halusa
Reinhard Halusa
Loibersdorfstraße 7
A-4523 Neuzeug
07259/20 46-0
07259/20 46-4

Ragginger
Anton Ragginger
Dorfstraße 42
A-4865 Nußdorf am Attersee
07666/8005-0
07666/8005-77
ragginger@aon.at
www.ragginger.co.at

Aichinger
Ernst Aichinger
Am Anger 1
A-4865 Nußdorf am Attersee
07666/80 07 od. 8210
07666/80 07-50
office@hotel-aichinger.at
www.hotel-aichinger.at

Wirt am Bach
Claudia Naderer
Am Bach 13
A-4664 Oberweis
07612/74 503
07612/74 503-24
info@wirtambach.com
www.wirtambach.com

Michlbauer
Johann Winter
Erlach 3
A-5222 Pfaffstätt
07744/82 22
07744/82 22-2
office@michl-bauer.at
www.michl-bauer.at

Gasthof Der Stiegenwirt
Franziska u. Walter Schneebauer
Schloßgasse 2–6
A-4780 Schärding
07712/3070
07712/3070-84
hotel.stiege@aon.at
www.tiscover.com/zur.stiege
Seite 139

Residenz Häupl
Wolfgang Tellser
Hauptstraße 20
A-4863 Seewalchen/Attersee
07662/6363
07662/6363-63
info@residenz-haeupl.at
www.residenz-haeupl.at

Landhotel Forsthof
Fam. Baumschlager
Neustraße 29
A-4522 Sierning
07259/2319-0
07259/2319-66
office@forsthof.at
www.forsthof.at
Seite 144

Landgasthof Zur Kanne
Fam. Koppler
Marktplatz 7
A-4490 St. Florian
07224/42 88
07224/42 88-42
office@gasthof-koppler.at
www.gasthof-koppler.at
Seite 148

Romantikhotel Im Weißen Rössl
Fam. Trutmann-Peter
Markt 74
A-5360 St. Wolfgang
06138/23 06-0
06138/23 06-41
office@weissesroessl.at
www.weissesroessl.at

Bäckerei Konditorei Café Gandl
Barbara und Fritz Gandl
Im Stöckl 84
A-5360 St. Wolfgang
06138/22 94
06138/22 94-33
gandl@aon.at
www.meisterstrasse.at/gandl

Landhotel Mader
Johann u. Eleonore Mader
Stadtplatz 36
A-4400 Steyr
07252/533 58
07252/533 50-6
mader@mader.at
www.mader.at
Seite 146

Romantik Hotel Minichmayr
Fam. Viertler
Haratzmüllerstraße 1–3
A-4400 Steyr
07252/534 10
07252/48202
office@hotel-minichmayr.at
www.hotel-minichmayr.at

Taborturm
Wolfgang Karlinger
Taborweg 7
A-4400 Steyr
07252/72 949
07252/72 616
restaurant@taborturm.at
www.taborturm.at

Huberhof
Anneliese Diebetsberger
Schnelldorf 3
A-4975 Suben
07711/22 20
07711/22 20-4
huber-bauer@a1.net
www.huber-bauer.at

Hirschvogel
Wilfried Hirschvogel
Schauersfreiling 8
A-4062 Thening
07221/63 041
07221/63 041-11
hirschvogel@utanet.at
www.hirschvogel.at

K u. K. Postwirt Weissl
Franz Weissl
Linzer Straße 28
A-4850 Timelkam
07672/92 178
07672/92 178-4
f_weissl@hotmail.com
www.weissl.at

Hotel Restaurant Traunerhof
Simona u. Franz Bayer
Schloßstraße 28
A-4050 Traun
07229/73323
07229/733 23-5
traunerhof@traunerhof.at
www.traunerhof.at

Böhmerwaldhof
Jadwiga und Karl Rührnößl
Kirchengasse 4
A-4161 Ulrichsberg
07288/2218
07288/2218-7
ruehrnoessl@boehmerwald-hof.jet2web.at
www.boehmerwaldhof.at

Hoftaverne Ziegelböck
Fam. Ziegelböck
Lambacher Straße 8
A-4655 Vorchdorf
07614/6335
07614/6335-8
info@hoftaverne.at
www.hoftaverne.at

Landgasthof Maxlhaid
Kurt Krennmayr
Maxlhaid 9
A-4600 Wels
07242/467 16
07242/616 32
maxlhaid@liwest.at
www.maxlhaid.at
Seite 149

SALZBURG

Gasthof Markterwirt
Fam. Schneider
Marktplatz 4
A-5541 Altenmarkt/Pongau
06452/5420
06452/5420-31
markterwirt@sbg.at
www.markterwirt.at
Seite 156

Postwirt Annaberg
Fam. Lanner
Annaberg 5
A-5524 Annaberg-Lungötz
06463/81 87
info@postwirt-annaberg.at
postwirt-annaberg@sbg.at
www.postwirt-annaberg.at

Alte Post
Fam. Hainzer
Kirchenplatz 4
A-5630 Bad Hofgastein
06432/62 60
06432/62 60-40
alte-post@nextra.at
www.bergwelthotels.at/
alte-post

Landgasthof Holznerwirt
Eveline Bimminger
Dorfstrasse 4
A-5301 Eugendorf
06225/82 05
06225/82 05-19
hotel@holznerwirt.at
www.holznerwirt.at
Seite 168

Landhotel Gschirnwirt
Fam. Schinagl
Alte Wiener Straße 49
A-5301 Eugendorf
06225/82 29
06225/82 29-39
schinagl@gschirn.at
www.gschirn.at

Unterhofalm
Michael u. Martha
Schörghofer
Nummer 220
A-5532 Filzmoos
06453/8225
06453/8250
info@unterhofalm.at
www.unterhofalm.at

Genießerhotel Hubertus
Johanna und Dietmar Maier
Am Dorfplatz 1
A-5532 Filzmoos
06453/82 04
06453/82 04-6
info@hoelhubertus.at
www.hotelhubertus.at

S'Wirtshaus im Seminarhotel Eschbacher
Christine und Peter Eschbacher
A-5532 Filzmoos 104
06453/85 72-0
06453/85 72-44
hotel-eschbacher@aon.at
www.hotel-eschbacher.at
Seite 158

Seehotel Schlick
Fam. Idinger
Seestrasse 12
A-5330 Fuschl am See
06226/82 37
06226/82 37-12
office@seehotelschlick.at
www.seehotelschlick.at

Restaurant Brunnwirt
Johannes Brandstätter
Wolfgangseestraße 11
A-5330 Fuschl am See
06226/8236
06226/8236-13
office@brunnwirt.at
www.brunnwirt.at
Seite 171

Zum Bierführer
Friedrich Bürgler
Hofmark 19
A-5622 Goldegg/Pongau
06415/8102
06415/8102-22
info@bierfuehrer.sbg.at
www.bierfuehrer.sbg.at

Genießerhotel Döllerer
Hermann Döllerer
Am Marktplatz 56
A-5440 Golling
06244/42 200
06244/69 12 42
office@doellerer.at
www.doellerer.at

Bäckerei Rosenmayer
Karl Rosenmayer
Bürgerspitalplatz 1
A-5400 Hallein
06245/80629
06245/80 629-4
info@baeckerei-rosenmayer.at
www.baeckerei-rosenmayer.at

Brennerei Guglhof
Anton Vogl
Davidstraße 13
A-5400 Hallein
06245/80621
06245/80626
office@guglhof.at
www.guglhof.at

Gasthof Hohlwegwirt
Ernst Kronreif
Salzburgerstraße 84
A-5400 Hallein-Taxach
06245/82415-0
06245/82415-72
gasthof@hohlwegwirt.at
www.hohlwegwirt.at
Seite 169

Restaurant Pfefferschiff zu Söllheim
Petra u. Klaus Fleischhacker
Söllheim 3
A-5300 Hallwang
0662/66 12 42
0662/66 18 41
restaurant@pfefferschiff.at
www.pfefferschiff.at

Carolinenhof
Liane Einsle
Kollingweg 147
A-5754 Hinterglemm
06541/200 88
06541/200 88-4
hotel@carolinenhof.at
www.carolinenhof.at

Gasthof Zur Mühle
Fam. Nindl
Nik. Gassnerstraße 38
A-5710 Kaprun
06547/8254-0
06547/8254-89
muehle@kaprun.at
www.kaprun.at/muehle

Restaurant Café Aichhorn
Berta u. Franz Aichhorn
Peilsteingasse 15
A-5603 Kleinarl
06418/374
06418/374-4
franz.aichhorn@sbg.at
www.restaurant-aichhorn.at
Seite 157

Schloss Kammer
Gertraud und Alois Neumayer
Kammererstraße 22
A-5751 Maishofen
06542/682 02
06542/682 02-4
schloss.kammer@sbg.at
www.sol.at/kammer

Panoramagasthof Steiner
Albert Steiner
Bergstraße 144
A-5571 Mariapfarr
06473/82 72
06473/82 72-4
albert.steiner@aon.at
www.panoramagasthof-
steiner.at
Seite 160

Restaurant Fischerstüberl
Yves Weisang
Weyer 6
A-5163 Mattsee
06217/54 17
07745/20 104
yves.weisang@gmx.at

Wirtshaus Meilinger Taverne
Anneliese u. Robert Klackl
Am Marktplatz 10
A-5730 Mittersill
06562/42 26
06562/42 26
essen@meilinger-taverne.at
www.meilinger-taverne.at
Seite 161

Landhotel Heitzmann
Hans Heitzmann
Marktplatz 18
A-5730 Mittersill
06562/63 04-0
06562/63 04-44
heitzmann@sbg.at
www.landhotel-heitzmann.at

Hubertushof
Max Leikermoser
Alpenstraße 110
A-5081 Neu-Anif bei Salzburg
06246/89 70
06246/76 036
hotel@hubertushof-anif.at
www.hubertushof-anif.at

Naturerlebnishotel Kehlbachwirt
Hedwig u. Herbert Gassner
Jesdorferstraße 3
A-5722 Niedernsill
06548/82 87
06548/82 87-7
info@kehlbachwirt.at
www.kehlbachwirt.at

Gasthof Kröll
Armin Kröll
Steindorf Au 50
A-5722 Niedernsill/
Sudetenheim
06548/8230
06548/8230-40
info@gasthof-kroell.at
www.gasthof-kroell.at

Restaurant Stieglbräu
Fam. Imlauer
Rainerstraße 14
A-5020 Salzburg
0662/87 76 94
0662/87 76 94-16
restaurant@imlauer.com
www.imlauer.com

Hotel-Restaurant Elefant
Monika u. Helmut Mayr
Sigmund-Haffner-Gasse 4
A-5020 Salzburg
0662/84 33 97
0662/84 01 09-28
reception@elefant.at
www.elefant.at

K + K Restaurant Am Waagplatz
Helmut Ponstingl
Am Waagplatz 2
A-5020 Salzburg
0662/84 21 56
0662/84 21 56-33
kk.restaurant@kuk.at
www.kkhotels.com
Seite 170

Sternbräu Gastronomiewelt
Dkfm. Dr. Günter Puttinger
Griesgasse 23
A-5020 Salzburg
0662/84 21 40
0662/84 21 40-81
office@sternbraeu.at
www.sternbraeu.at

Gasthof Doktorwirt
Anneliese u. Karl Schnöll
Glaserstraße 9
A-5026 Salzburg
0662/62 29 73-0
0662/62 29 73-25
schnoell@doktorwirt.co.at
www.doktorwirt.co.at

Gasthof Restaurant Hölle
Anita und Ernst
Pühringer
Dr.-Adolf-Altmann-Str. 2
A-5020 Salzburg
0662/82 07 60-0
0662/82 07 60-18
info@hoelle.at
www.hoelle.at

Gasthof Auerhahn
Heidi Pongratz
Bahnhofstraße 15
A-5020 Salzburg
0662/45 10 52
0662/45 10 52-3
hotel@auerhahn-salzburg.at
www.auerhahn-salzburg.at

Romantik Hotel & Restaurant Die Gersberg Alm
Dr. Franz Kreibich
Gersberg 37
A-5020 Salzburg
0662/64 12 57-0
0662/64 42 78
office@gersbergalm.at
www.gersbergalm.at

Gablerbräu Centralhotel
Fam. Grillitsch-Schrötter
Linzergasse 9
A-5020 Salzburg
0662/88 965
0662/88 965-55
hotel@gablerbrau.com
www.gablerbrau.com

Restaurant Alt-Salzburg
Fam. Kögl
Bürgerspitalgasse 2
A-5020 Salzburg
0662/84 14 76
0662/84 14 76-4
altsalzburg@aon.at
www.altsalzburg.at

Gasthaus Kuglhof
Alexander Hawranek
Kuglhofstraße 13
A-5020 Salzburg
0662/83 26 26
0662/83 26 26-4
info@kuglhof.at
www.kuglhof.at

Hotel Sacher Salzburg
Elfi Kammerhofer
Schwarzstraße 5–7
A-5020 Salzburg
0662/88 977
0662/88 977-551
salzburg@sacher.com
www.sacher.com

Sporer Likör-, Punsch- und Kräuterbitter Erzeugung
Peter Sporer
Getreidegasse 39
A-5020 Salzburg
0662/84 54 31
0662/84 54 31-4
office@sporer.at
www.sporer.at

Romantik Hotel Restaurant Gmachl
Fam. Hirnböck-Gmachl
Dorfstraße 14
A-5161 Salzburg-Elixhausen
0662/480 212-0
0662/480 212-72
romantikhotel@gmachl.com
www.gmachl.com

Gasthof Allerberger
Franz u. Rosina Allerberger
Doktorstraße 49
A-5072 Siezenheim
0662/85 02 70
0662/85 04 01-15
landgasthof@allerberger.com
www.allerberger.com

Gasthof Zur Post
Norbert und Katharina Leitner
Mozartplatz 8
A-5340 St. Gilgen
06227/21 57
06227/21 58-600
office@gasthofzurpost.at
www.gasthofzurpost.at
Seite 173

Restaurant & Tanzlokal Oberforsthofalm
Rupert u. Johanna Mayr
Alpendorf 12
A-5600 St. Johann im Pongau
06412/63 96
06412/63 96-4
oberforsthofalm@sbg.at
www.oberforsthofalm.at

Landgasthof Santner
Luise u. Anton Santner
Marktplatz 2
A-5303 Thalgau
06235/72 16
06235/72 16-10
office@landgasthofsantner.at
www.landgasthofsantner.at

Hotel Restaurant Laschenskyhof
Marianne u. Mathias Hauthaler
Josef Hauthaler Str. 49
A-5071 Wals/Viehausen
0662/85 23 61
0662/85 23 61-54
info@laschensky.at
www.laschensky.at

Hotel Restaurant Zum Hirschen
Ernst Pacalt
Dreifaltigkeitsgasse 1
A-5700 Zell am See
06542/774-0
06542/471-66
hotel@zum-hirschen.at
www.zum-hirschen.at

Gasthof Steinerwirt
Veronika Schwaninger
Dreifaltigkeitsgasse 2
A-5700 Zell am See
06542/72 502
06542/72 502-47
office@steinerwirt.com
www.steinerwirt.com
Seite 162/163

Mavida Balance Hotel
Herbert Bren
Kirchenweg 11
A-5700 Zell am See
06542/54 10
06542/56 760
info@mavida.at
www.mavida.at

STEIERMARK

Gasthaus Zur Ennsbrücke
Klemens u. Christoph Pirafelner
Hall 300
A-8911 Admont/Hall
03613/2291
03613/22 91-4
gasthaus@pirafelner.at
www.pirafelner.at

Post Karlon
Fam. Karlon
Mariazeller Str. 10
A-8623 Aflenz
03861/2203
03861/2203-4
hotel.post.karlon@aon.at
www.hotel-post-karlon.at

Gasthof Pension Erhardt
Reinhold Erhardt
Waltersdorfberg 99
A-8271 Bad Waltersdorf
03333/2275-0
03333/2275-3
info@gasthof-erhardt.at
www.gasthof-erhardt.at
Seite 189

Hotel Thermenhof Paierl
Erwin und Gerlinde Paierl
Wagerberg 120
A-8271 Bad Waltersdorf
03333/28 01
03333/28 01-400
well-in@thermenhof.at
www.thermenhof.at
Seite 192

Gallbrunner
Karl u. Elisabeth Rennhofer
Waisenegg 78
A-8190 Birkfeld
03174/44 10
03174/44 10-4
wirtshaus.gallbrunner@aon.at
www.gallbrunner.com

Koralpenblick Ella
Gabrielle Smolana
Trahütten, Rostock 15
A-8530 Deutschlandsberg
03461/210
03461/210-4
office@koralpenblick.at
www.koralpenblick.at

Hotel Restaurant Herbst
Johann Herbst
Gniebing 15
A-8330 Feldbach
03152/2741
03152/2741-30
office@herbst.co.at
www.herbst.co.at

Technikum Extrakt GmbH Lava Bräu
Christian Krotscheck
und Roman Schmidt
Auersbach 130
A-8330 Feldbach
03152/85 75-333
03152/85 75-150
office@lavabraeu.at
www.lavabraeu.at

Zum Forsthaus
Elisabeth u. Christian Übeleis
A-8654 Fischbach 2
03170/201
03170/201-14
office.forsthaus@utanet.at
www.forsthaus.co.at

Frohnleitnerhof
Andreas Feichter
Hauptplatz 14a
A-8130 Frohnleiten
03126/4150-0
03126/4150-555
info@frohnleitnerhof.at
www.frohnleitnerhof.at

Das Leitgeb
René Leitgeb
Ledergasse 13
A-8280 Fürstenfeld
03382/53 039
03382/540 74
leitgeb@dasleitgeb.at
www.dasleitgeb.at

Konditorei an der Weinstrasse
Anton Oswald
Obere Hauptstraße 43
A-8462 Gamlitz
03453/41 03
03453/20 289
info@steiratorte.at
www.steiratorte.at
Seite 182

Gasthof Peterhof
Sonja Waldner
Harterstraße 13
A-8101 Gratkorn
03124/22 187
03124/22 187-2
waldner.peterhof@aon.at

Landhauskeller
Günther u. Doris Huber
Schmiedgasse 9
A-8010 Graz
0316/83 02 76
mahlzeit@landhaus-keller.at
www.landhaus-keller.at

Wintergarten
Romana u. Bernd Reif-Breitwieser
Sackstraße 3–5 (Hauptplatz)
A-8010 Graz
0316/81 16 16
0316/81 15 15,
office@erzherzog-johann.com
www.erzherzog-johann.com

Landgasthof Häuserl im Wald
Cäcilia u. Anton Legenstein
Roseggerweg 105
A-8044 Graz
0316/39 11 65
0316/39 22 77
legenstein@aon.at
www.austriainfo.at/haeuserlimwald
www.hiw.at
Seite 198

Hotel Restaurant Ohnime di Gallo
Petra und Herbert Di Gallo
Purbergstraße 56
A-8044 Graz
0316/39 11 43
0316/39 11 43-19
ohnime@ohnime.at
www.ohnime.at

Casino Restaurant Graz
Hubert G. Pferzinger
Landhausgasse 10
A-8010 Graz
0316/82 13 80
0316/82 13 80-10
office@revita.at
www.revita.at

Eckstein Gastronomie GmbH
Michael Schunko
Mehlplatz 3
A-8010 Graz
0316/82 87 01
0316/82 87 05
mischu@eckstein.co.at
www.eckstein.co.at

Gasthof Pfleger
Franz u. Gerda Pfleger
Andritzer Reichsstraße 5
A-8045 Graz-Andritz
0316/68 32 19
0316/68 32 19-34
gasthof.pfleger@utanet.at

Der Kirchenwirt
Josef Pfeifer
Kirchplatz 9
A-8044 Graz-Mariatrost
0316/39 11 12-0
0316/39 11 12-49
office@kirchenwirtgraz.com
www.kirchenwirtgraz.com

Pusswald Restaurant & Vinothek
Hannes Pusswald
Grazer Straße 18
A-8230 Hartberg
03332/625 84
03332/666 224
info@restaurant-pusswald.at
www.restaurant-pusswald.at
Seite 199

Landgasthof Fink
Hans u. Anne Fink
Edelstauden 19
A-8081 Heiligenkreuz a. Waasen
03134/23 14
03134/300 55
info@berggasthof-fink.at
www.berggasthof-fink.at

Haberl's Gastwirtschaft
Josef u. Roswitha Haberl
Walkersdorf 23
A-8262 Ilz
03385/260
03385/260-4
haberl.gastwirtschaft@aon.at

Restaurant Kirchenwirt
Gertraud u. Alfred Heber
Steinriegel 52
A-8442 Kitzeck
03456/22 25
03456/22 25-4
kirchenwirt.kitzeck@aon.at

Weingut Weinhof Kappel
Fam. Kappel
Steinriegel 25
A-8442 Kitzeck
03456/23 47
03459/23 47-30
office@weinhof-kappel.at
www.weinhof-kappel.at

Weingut Wohlmuth
Gerhard und Maria Wohlmuth
Fresing 24
A-8441 Kitzeck
03456/2303
03456/2303
wein@wohlmuth.at
www.wohlmuth.at

Weinlandhof
Anton Gangl
Deutsch-Haseldorf 47
A-8493 Klöch
03475/28 60
03475/28 60-17
weinlandhof@aon.at
www.wlh.at

Pension Kurcafé Kotzian
Denise Rosmanith und Astrid Flasser
Hauptstraße 25
A-8301 Laßnitzhöhe
03133/2247
03133/2247-99
kotzian@a1.net
www.kotzian.at
Seite 193

Zum Kramerwirt
Katharina und Herbert Großschedl
Kainbach/Graz, Hönigtalerstraße 20
A-8301 Laßnitzhöhe/Hönigtal
03133/2503
03133/2503-15
office@grosschedl.at
www.grosschedl.at

Hotel Restaurant Staribacher
Gerald Pfanner u. Hannes u. Ingrid Sinner
Grottenhof 5
A-8430 Leibnitz/Kaindorf
03452/825 50
03452/825 50-9
hotel@staribacher.at
www.staribacher.at

Landgasthof Hotel Drei Raben
Michael und Susanne Leypold
Im Tal 17
A-8700 Leoben/Donawitz
03842/213 34-0
03842/213 34-6
office@3raben.com
www.3raben.com

Abel's Wirtshaus am Käsehof
Andreas u. Gabi Abel
Fötschach 9
A-8463 Leutschach
03454/63 84
03454/63 84
info@kaesehof-abel.com
www.kaesehof-abel.com
Seite 180

Weingasthaus Weingut Sabathihof
Guido u. Melitta Dillinger
Glanz 142
A-8463 Leutschach
03454/495
03454/495-4
familie@sabathihof.com
www.sabathihof.com
Seite 181

Naturhotel Enzianhof
Alois Farmer und Rohani
Oberwald 49
A-8563 Ligist
03143/2106
03143/2106-41
info@enzianhof.at
www.enzianhof.at
Seite 201

Café Restaurant Thermalquelle Loipersdorf
Manfred Körper
Haus 152
A-8282 Loipersdorf
03382/8204-44
03382/8204-87
info@therme.at
www.therme.at

Thermenhotel Kowald GmbH
Ingrid u. Franz Kowald
Haus 215
A-8282 Loipersdorf
03382/8282
03382/8282-28
info@kowald.com
www.kowald.com
Seite 190/191

Brauhaus Mariazell Wirtshausbrauerei
Hannes Girrer
Wiener Straße 5
A-8630 Mariazell
03882/2523-0
03882/2523-8
brauhaus@mariazell.at
www.bierundbett.at

Hotel Restaurant Café Goldene Krone
Alfred Enne
Grazer Straße 1
A-8630 Mariazell
03882/25 83-0
03882/25 83-33
krone@mariazell.at
www.mariazell.at/krone

Hotel Gasthof Lercher
Dagmar u. Adolf Lercher
Schwarzenbergstraße 10
A-8850 Murau
03532/2431
03532/3694
hotel.lercher@murau.at
www.lercher.com
Seite 202

Restaurant Hotel Brücklwirt
Alfred Friedl
Leobner Straße 90
A-8712 Niklasdorf/Leoben
03842/817 27
03842/817 27-5
reception@bruecklwirt.co.at
www.bruecklwirt.co.at

Obsthof Brennerei Retter
Werner Retter
A-8225 Pöllauberg 235
03335/41 31
03335/41 31-4
office@obsthof-retter.at
obsthof-retter@htb.at
www.obsthof-retter.at
www.lucullus.cc

Krenn
Barbara u. Bernhard Wolfgang-Krenn
Pürgg 11
A-8951 Pürgg-Trautenfels
03682/222 74
03682/222 74-4
gasthaus.krenn.puergg@utanet.at
www.puergg.at/krenn

Pehab Kirchenwirt
Gabriele u. Matthias Prugger
Zentrum/Ramsau Ort 62
A-8972 Ramsau/Dachstein
03687/817 32
03687/816 55
hotel@pehab.at
www.pehab.at

Gasthof Fink
Christa u. Gottfried Fink
Haus Nr. 29
A-8333 Riegersburg
03153/8216
03153/8216-411
gasthof@finkwirt.at
www.finkwirt.at
Seite 188

Schnapsbrennerei & Essigmanufaktur Gölles
Alois Gölles
Stang 52
A-8333 Riegersburg
03153/75 55
03153/75 55-30
obst@goelles.at
www.goelles.at

Kirchenwirt
Margret u. Albert Tritscher
Hauptplatz 27
A-8970 Schladming
03687/224 35
03687/224 35-16
office@kirchenwirt-schladming.com
www.kirchenwirt-schladming.com

Vitaler Landauerhof
Brunhilde und Johann Graf
Rohrmoos-Untertal 2
A-8970 Schladming
03687/611 66-0
03687/611 66-6
info@landauer.cc
www.landauer-landgraf.at

Landgasthof Hotel Messner
Christine u. Johann Maritschnegg
Soboth Nr. 19
A-8554 Soboth/Ort
03460/209
03460/209-4
office@hotel-messner-soboth.at
www.hotel-messner-soboth.at

Weingut Erich & Walter Polz
Erich & Walter Polz
Graßnitzberg 54a
A-8471 Spielfeld
03453/23 01-0
03453/23 01-6
weingut@polz.co.at
www.polz.co.at

An der Lage Hochgrassnitzberg
Waltraud Hutter
Hochgrassnitzberg 67
A-8471 Spielfeld
03453/20 102
03453/20 102-23
hochgrassnitzberg@anderlage.at
www.anderlage.at
Seite 183

Gasthof Hensle
Maria u. Paul Guttmann
Markt 43
A-8933 St. Gallen
03632/7171-0
03632/7171-23
office@henlse.at
www.hensle.at

Gasthof Eberhard
Fam. Eberhard-Mohri
Raiffeisenstraße 24
A-8770 St. Michael
03843/22 22
03843/22 22-4
st.michael@gasthof-eberhard.at
eberhard@aiv.at
www.gasthof-eberhard.at
Seite 200

Ploder's Kernölspezialitäten
Anna Ploder
Entschendorf 16
A-8093 St. Peter a.O.
0664/441 42 15
03477/25 27
info@ploder-oel.at
www.ploder-oel.at

Gasthaus Tscheppe an der Weinstraße
Katharina Tengler-Tscheppe
Haus 18
A-8461 Sulztal
an der Weinstraße
03453/75 75-0
03453/75 75-77
gasthaus@tscheppe.com
www.tscheppe.com

Hotel-Restaurant Schwaiger
Silke und Alfred Schwaiger
Haus 89
A-8982 Tauplitz
03688/22 36-0
03688/22 36-5
info@hotel-schwaiger.at
www.hotel-schwaiger.at
Seite 203

Sporthotel Teichwirt
Rudolf Vorauer
Haus Nr. 41
A-8163 Teichalm
03179/7169
03179/7169-88
hotel@teichwirt.at
www.teichwirt.at

Weingasthof Hotel Gußmack
Josef und Krimhilde Gußmack
Conrad-v.-Hötzendorf-Straße 17
A-8570 Voitsberg
03142/22 458
03142/22 458-218
weingasthof
@hotel-gussmack.at
www.hotel-gussmack.at
Seite 204

k.+k. Wirtshaus Taverne
Anton und Erika Breznik
Judenburger Straße 13
A-8741 Weißkirchen
03577/822 55
03577/822 55-55
taverne.breznik@ainet.at
www.kuk-wirtshaus.com

Brennerei und Weinkellerei Jöbstl
Waltraud Jöbstl
Am Schilcherberg 2
A-8551 Wernersdorf/Wies
03466/42 379-0
03466/42 379-3
info@brennerei-joebstl.at
info@joebstl.st
www.brennerei-joebstl.at

Saziani-Stub'n
Fam. Neumeister
A-8345 Straden 42
03473/8651
03473/8651-4
saziani@neumeister.cc
www.neumeister.cc

● TIROL

Genießerwirtshaus Hotel Alpin
Armin Gründler
Haus 35
A-6215 Achenkirch
05246/68 00
05246/68 00-4
hotel@geniesserwirtshaus-alpin.at
www.geniesserwirtshaus-alpin.at
Seite 219

Gourmethotel Unterwirt
Anni u. Edmund Steindl
Wildbichlerstraße 38
A-6341 Ebbs
05373/42 288
05373/42 253
info@gourmethotel-unterwirt.at
www.gourmethotel-unterwirt.at
Seite 214

Kultur Wander Hotel Maximilian
Gabi Koch
Reuttener Straße 1
A-6600 Ehenbichl/Reutte
05672/62 585
05672/62 585-54
maxhotel@netway.at
www.maxihotel.com

Restaurant Alexander Hotel Lamark
Fam. Fankhauser
A-6263 Hochfügen 5
05280/225
05280/227
lamark-hochfuegen@tirol.com
www.lamark.at

Hotel Sailer
Maria u. Josef Sailer
Adamgasse 6–10
A-6020 Innsbruck
0512/53 63
0512/53 63-7
hotel@sailer-innsbruck.at
www.sailer-innsbruck.at
Seite 211

Alfred Miller's Schöneck
Alfred Miller
Weiherburggasse 6
A-6020 Innsbruck
0512/27 27 28
0512/27 27 29
info@wirtshaus-schoeneck.com
www.wirtshaus-schoeneck.com

Trofana Royal
Hans von der Thannen
Haus Nr. 334
A-6561 Ischgl
05444/600
05444/600-90
office@trofana.at
www.trofana.at

Genießerrestaurant Rosengarten
Simon Taxacher jun.
Aschauerstraße 46
A-6365 Kirchberg
05357/25 27
05357/42 01
info@geniesserrestaurant.at
www.geniesserrestaurant.at

Hotel Zur Tenne
Johannes Mitterer
Vorderstadt 8–10
A-6370 Kitzbühel
05356/64 444-0
05356/64 444-56
info@hotelzurtenne.com
www.hotelzurtenne.com
Seite 216

Hotel Restaurant Schrofenstein
Gerlinde u. Peter Völk
Malser Straße 31
A-6500 Landeck
05442/62 395
05442/649 54 55
info@schrofenstein.at
www.schrofenstein.at
Seite 213

Restaurant Landhof Wilder Mann
Walter u. Sieglinde Schatz
Römerstraße 12
A-6072 Lans bei Innsbruck
0512/379 696
0512/3791 39
info.wildermann@chello.at
www.wildermann-lans.at

Restaurant Parkhotel Matrei
Fam. Obojes
Brennerstraße 83
A-6143 Matrei/Brenner
05273/62 69
05273/62 69-66
mail@parkhotel-matrei.at
www.parkhotel-matrei.at

Hotel Holzleiten
Herbert Wilhelm
Holzleiten 84
A-6416 Obsteig
05264/82 44
05264/83 78 8
info@holzleiten.at
www.holzleiten.at

Restaurant S'Pfandl
Renate und Thomas Hagleitner
Wiesenweg 480
A-6370 Reith/Kitzbühel
05356/622 71
05356/622 71
pfandl@tirol.com
www.pfandl.co.at

Martina Mair KEG Mair's Beerengarten
Fam. Mair
Bichl 2
A-6421 Rietz
05262/65 317
05262/65 317-4
office@mairs-beerengarten.at
www.mairs-beerengarten.at

Hocheder – St. Peter Hotel
Peter Tauber
Klosterstraße 121
A-6100 Seefeld
05212/24 69-0
05212/24 69-47
infos@mountains.at
www.mountains.at

Gourmet-Hotel Habhof
Fam. Decristoforo-Sauter
Brochweg 1
A-6100 Seefeld-Mösern
05212/4711
05212/4711-5
hotel@habhof.at
www.habhof.at
Seite 212

Arlberg Hospiz Hotel
Florian Werner
GF Daniela Pfefferkorn
A-6580 St. Christoph
am Arlberg
05446/26 11
05446/37 73
info@arlberghospiz.at
www.arlberghospiz.at
Seite 218

Brennereidorf Stanz
Stefan Nothdurfter
Stanz 16
A-6500 Stanz b. Landeck
05442/66 96
05442/66 96-4
brennereidorf@hotmail.com
www.brennereidorf.at

Landhotel & Kulturgasthof Strasserwirt
Elisabeth Bürgler
Haus 6
A-9920 Strassen
04846/63 54-0
04846/63 54-55
hotel@strasserwirt.com
www.strasserwirt.com

Landgasthof Linde
Mag. Christina
u. Hannes Ebster
Dorf 2
A-6272 Stumm/Zillertal
05283/22 77
05283/22 77-50
info@landgasthof-linde.at
www.landgasthof-linde.at
Seite 217

Hotel Restaurant Tirolerhof
Paul
Krug
Bahnhofstraße 28
A-6410 Telfs
05262/62 237
05262/62 237-9
info@der-tirolerhof.at
www.der-tirolerhof.at
Seite 210

Restaurant Stefan
Georg und Irmgard Stefan
Bairbach 6a
A-6410 Telfs
05262/63 260
05262/63 260-4
restaurant.stefan@aon.at

Gasthof Weererwirt
Angelika u. Hans
Schwemberger
Dorfstraße 5
A-6114 Weer
05224/61 14
05224/61 14-57
info@weererwirt.at
www.weererwirt.at

VORARLBERG

Hotel Schwärzler
Maria u. Albert Kofler
Landstraße 9
A-6900 Bregenz
05574/49 90
05574/475 75
schwaerzler@s-hotels.com
www.s-hotels.com

Burgrestaurant Gebhardsberg
Christian Greber
Gebhardsberg 1
A-6900 Bregenz
05574/42 515
05574/42 515-261
gebhardsberg@greber.cc
www.greber.cc

Gösserbräu
Kaspar Greber
Anton-Schneider-Straße 1
A-6900 Bregenz
05574/42 467
05574/42 467-251
goesser@greber.cc
www.greber.cc

Hotel Restaurant Deuring Schlössle
Heino und Bernadette Huber
Ehre-Guta-Platz 4
A-6900 Bregenz
05574/478 00-0
05574/478 00-80
deuring@schloessle.vol.at
www.deuring-schloessle.at
Seite 224

Wirtshaus am See
Martin Berthold
Seepromenade 2
A-6900 Bregenz
05574/42 210
05574/42 210-4
info@wirtshausamsee.at
www.wirtshausamsee.at
Seite 231

Raddampfer Hohentwiel
Christian Greber
Anton-Schneider-Straße 1
A-6900 Bregenz
05574/48 98 30
05574/42 467-281
hohentwiel@greber.cc
www.greber.cc

Hotel Restaurant Hirschen Haselstauden
Fam. Hirt
Haselstauderstraße 31
A-6850 Dornbirn
05572/26 363
05572/263 63-4
info@hotel-hirschen.at
www.hotel-hirschen.at
Seite 230

Schwende Stüble Rickatschwende
Heinz Hämmerle
Bödelestraße
A-6850 Dornbirn
05572/253 500
office@rickatschwende.com

M Mairitsch Weine und Speisen
Florian Mairitsch
Lustenauerstraße 64
A-6850 Dornbirn
05572/21 03 96
05572/21 03 96-19
info@m-dornbirn.at
www.m-dornbirn.at

Hotel Restaurant Schönblick
Karlheinz und Monika Hehle
Dorf 6
A-6911 Eichenberg
05574/45 965
05574/45 965-7
hotel.schoenblick
@schoenblick.at
www.schoenblick.at
Seite 226

Restaurant Das Schiff
Hans Peter Metzler
Heideggen 311
A-6952 Hittisau
05513/62 20-0
05513/62 20-19
info@schiff-hittisau.com
www.schiff-hittisau.com
Seite 244/245

Hotel Restaurant Gasthof Post
Florian Moosbrugger
Dorf 11
A-6764 Lech
05583/22 06-0
05583/22 06-23
info@postlech.com
www.postlech.com
Seite 242

Pfefferkorn's Hotel
Axel Pfefferkorn
Haus Nr. 138
A-6764 Lech
05583/25 25-0
05583/25 25-8
info@pfefferkorns.net
www.pfefferkorns.net

Romantik Hotel Die Krone von Lech
Franziska u. Paul Pfefferkorn
Haus Nr. 13
A-6764 Lech/Arlberg
05583/25 51
05583/25 51-81
email
@romantikhotelkrone-lech.at
www.romantikhotelkrone-lech.at
Seite 243

La Fenice Hotel Arlberg Lech
Johann Schneider
Haus Nr. 187
A-6764 Lech/Arlberg
05583/21 34-0
05583/21 34-25
info@arlberghotel.at
www.arlberghotel.at

Gasthof Rote Wand
Josef Walch jun.
Zug 5
A-6764 Lech/Zug am Arlberg
05583/34 35-0
05583/34 35-40
gasthof@rotewand.com
www.rotewand.com

Restaurant Mangold
Michael Mangold
Pfänderstraße 3
A-6911 Lochau
05574/42 431
05574/42 431-9
office@restaurant-mangold.at
www.restaurant-mangold.at
Seite 225

Gasthof Kreuz
Martha Fulterer
Ringstraße 43
A-6830 Rankweil
05522/44 134
05522/468 76
kreuzmail@cable.vol.at
Seite 227

Hotel Restaurant Mohren
Elmar und Gerda Herburger
Stiegstraße 17
A-6830 Rankweil
05522/44 275
05522/44 275-5
office@mohren.at
www.mohren.at
Seite 228/229

Hotel Hoher Freschen
Fam. Herbolzheimer
Kreuzlingerstraße 2
A-6830 Rankweil
05522/44 237
05522/44 555
hotel@freschen.at
www.freschen.at

Löwen-Hotel
Irmi-Marie Sachs-Ritter
Silvrettastraße 8
A-6780 Schruns
05556/71 41
05556/735 53
info@loewen-hotel.com
www.loewen-hotel.com
Seite 240

Panoramagasthof Kristberg
Jürgen Zudrell
Kristberg 240
A-6780 Silbertal
05556/722 90
05556/722 90-5
info@kristberg.at
lebensglueck@kirstberg.at
www.kristberg.at
Seite 238/239

Muntanella Stöbli & Strudelwirtin Renate
Renate Netzer
Ziggamweg 231a
A-6791 St. Gallenkirch
05557/62 30
05557/6230-8
strudelwirtin@muntanella.at
www.muntanella.at

Restaurant Zwickmühle
Walter Egele
Dorfstraße 29
A-6773 Vandans
05556/75 294
05556/75 294
zwickmuehle@gmx.at
Seite 241

WIEN

Bürgerhof
Horst R. Leichtfried
Gentzgasse 127
A-1180 Wien
01/479 34 41
01/478 83 80
tisch@buergerhof.at
www.buergerhof.at

Café Landtmann
Fam. Querfeld
Dr. Karl-Lueger-Ring 4
A-1010 Wien
01/24 100
01/532 06 25
cafe@landtmann.at
www.landtmann.at

Drei Husaren
Uwe V. Kohl
Weihburggasse 4
A-1010 Wien
512 10 92-0
512 10 92-18
office@drei-husaren.at
www.drei-husaren.at

Figlmüller
Hans Figlmüller
Wollzeile 5
A-1010 Wien
01/512 17 60
01/512 17 60-20
baeckerstrasse@figlmueller.at
www.figlmueller.at

Hotel Restaurant Stasta
Wolfgang u. Herbert Glotz
Lehmanngasse 11
A-1235 Wien
865 97 88-33
865 97 88-35
hotel@stasta.at
www.stasta.at
Seite 258

Hotel Sacher – Wien „Anna Sacher"
Fam. Gürtler
Philharmonikerstraße 4
A-1010 Wien
01/51 456-840
01/51 456-810
wien@sacher.com
www.sacher.com

Hotel Sacher – Wien
Restaurant Rote Bar
Fam. Gürtler
Philharmonikerstraße 4
A-1010 Wien
01/51 456-841
01/51 456-810
wien@sacher.com
www.sacher.com

Jägerwirt
Fam. Schmidmayer
Mauerbachstraße 47
A-1140 Wien
01/979 10 78
01/979 10 78-19
restaurant-office@jaegerwirt.at
www.jaegerwirt.at

Landgasthof Müllner
Josef Müllner
Eßlinger Hauptstraße 82
A-1220 Wien
01/774 74 84
01/774 74 84-21
office@muellner.at
www.muellner.at
Seite 257

Leupold's Kupferdachl
Harald Leupold
u. Susanne Volpini de Maestri
Schottengasse 7
A-1010 Wien
01/533 93 81-12
01/533 93 81-4
office@leupold.at
www.leupold.at
Seite 250

Meixner's Gastwirtschaft
Karl u. Berta Meixner
Buchengasse 64
A-1100 Wien
01/604 27 10
01/606 34 00
k.meixner@aon.at
www.meixners-gastwirtschaft.at
Seite 255

Mörwald im Ambassador
Toni Mörwald
Kärntner Straße 22
A-1010 Wien
01/961 61-161
01/961 61 160
toni@moerwald.at
www.moerwald.at
Seite 251

Napoleonwald
Franz Aibler
Jauner Straße 5
A-1130 Wien
888 31 62
887 22 54
napoleonwald@aon.at
www.napoleonwald.at

Ofenloch
Walter Haberberger
Kurrentgasse 8
A-1010 Wien
01/533 88 44
01/532 98 22
restaurant@ofenloch.at
www.ofenloch.at

Restaurant Gußhaus
Walter Kainz
Gußhausstr. 23
A-1040 Wien
504 47 50
505 94 64
gusshaus@kainz-wexberg.at
www.gusshaus.at
Seite 253

Restaurant Vestibül
Leopold u. Veronika Doppler
Dr.-Karl-Lueger-Ring 2
A-1010 Wien
01/532 49 99
01/532 49 99-10
restaurant@vestibuel.at
www.vestibuel.at
Seite 252

Restaurant Waldviertlerhof
Josef Krenn
Schönbrunner Straße 20
A-1050 Wien
01/586 35 12
01/587 10 90
krenn@waldviertlerhof.at
www.waldviertlerhof.at
Seite 254

Schottenring
Manfred Szabo
u. Dagmar Schreitl
Schottenring 19
A-1010 Wien
01/315 33 43
01/315 33 44
cafe.schottenring@chello.at
www.cafe-schottenring.at

Schrammelbeisl
Hans Maier
Kalvarienberggasse 51
A-1170 Wien
01/405 43 46
01/408 36 90

Staud's Wien
Konserven & Konfitüren
Hans Staud
Yppen-Brunnenmarkt
A-1160 Wien
01/406 88 05
01/406 88 05-14
office@stauds.com
www.stauds.com

Steirer Stub'n
Fam. Weidinger
Wiedner Hauptstraße 111
A-1050 Wien
01/544 43 49
01/ 544 08 88
steirerstuben@chello.at
www.steirerstuben.at

Steirerstöckl
Peter Goach
Pötzleinsdorfer Straße 127
A-1180 Wien
01/440 49 43
01/440 64 49
steirerstoeckl@jagawirt.at
www.steirerstoeckl.at

Theatercafé
Ivo Brnjic
Linke Wienzeile 6
A-1060 Wien
01/585 62 62
01/595 30 50-22
derivo@aon.at
www.theatercafe-wien.at

Weingut Wieninger
Fritz Wieninger
Stammersdorfer Straße 80
A-1210 Wien
01/292 41 06
01/290 10 12-3
weingut@wieninger.at
www.wieninger.at

Weinzirl - Restaurant
im Konzerthaus
Hermann Weinzirl
Am Heumarkt 6
A-1030 Wien
01/512 55 50
01/512 55 50-28
info@weinzirl.at
www.weinzirl.at

Wiener Restaurant und
Bierschank Prilisauer
Hermann u. Hermann
Prilisauer jun.
Linzer Straße 423
A-1140 Wien
01/979 32 28
01/979 67 50
prilisauer@vienna.at
www.prilisauer.at
Seite 256

Zum Andreas Hofer
Thomas Lechner
u. Franz Markowski
Brückengasse 11
A-1060 Wien
01/595 50 85
01/952 42 78
zum.andreas.hofer@chello.at
www.zumandreashofer.at

● EHRENMITGLIEDER

Das Speisezimmer
Sarah Wiener
Chausseestraße 8
D-10115 Berlin
+49 30/ 70 71 80 20
+49 30/ 70 71 80 18
info@sarahwiener.de
www.sarahwiener.de

Buitenverwachting
Lars Maack
und Edgar Osojnik
Klein Constantia Road
ZA-7800 Constantia/Cape Town
+27 21/794 35 22
+27 21/794 13 51
restaurant@buitenverwachting.com
www.buitenverwachting.co.za

Restaurant & Hotel
Zum Hirschen
Armin Karrer
Hirschenstraße 1
D-70734 Fellbach bei Stuttgart
+49 95/79 37-0
+49 95/79 37-10
info@zumhirschen-fellbach.de
www.zumhirschen-fellbach.de

Hotel Paradies
Eduard Hitzberger
und Gina Achermann
CH-7551 Ftan
+41 81/861 08 08
+41 81/861 08 09
info@hotelhausparadies.ch
www.hotelhausparadies.ch

Restaurant Allegria
Alexander und Yvonne
Tschebull
Hudtwalckerstraße 13
D-22299 Hamburg
+49 40/46 07 28 28
+49 40/46 07 26 07
info@allegria-restaurant.de
www.allegria-restaurant.de
Seite 260/261

Restaurant Stocker
Manfred Stocker
Max-Brauer-Allee 80
D-22765 Hamburg
+49 40/38 61 50 56
+49 40/38 61 50 58
info@restaurant-stocker.de
www.restaurant-stocker.de

Johann Lafer's Stromburg
Johann Lafer und
Silvia Buchholz-Lafer
Schlossberg 1
D-55442 Stromberg
+49 6724/93 10-0
+49 6724/93 10-90
stromburghotel@johannlafer.de
www.johannlafer.de

M Restaurant Bar Lounge
Markus Seegert
u. Bernhard Weber
Taunusstraße 49
D-65183 Wiesbaden
+49 611/20 48 765
+49 611/53 16 892
info@mrestaurant.de
www.mrestaurant.de

Gollner's Restaurant
auf der Burg Sonnenberg
Günter Gollner
Am Schlossberg 20
D-65191 Wiesbaden
+49 611/54 14 09
+49 611/54 39 00
info@gollners.de
www.gollners.de

Stand 25.5.2006
Angaben ohne Gewähr

BILDNACHWEIS

Cover, Einleitungsseiten und Rückseite: © Ulrike Köb
Geleitwort Person Archiv: Mörwald
Geleitwort Person Archiv: BÖG
Geleitwort Person Archiv: Pröll

S. 6	Collage Burgenland:
	Bild 1 Archiv: © Burgenland Tourismus
	Bild 2 Archiv: © Burgenland Tourismus
	Bild 3 Archiv: © Burgenland Tourismus
	Bild 4 Archiv: © Burgenland Tourismus
	Bild 5 Archiv: © Burgenland Tourismus
S. 8	Weinreben Burgenland, Archiv: © Burgenland Tourismus
S. 8	Weinglas: © Ulrike Köb
S. 10/11	Archiv: © Burgenland Tourismus
S. 14	Pfefferkörner: © Ulrike Köb
S. 21	Person Archiv: Eselböck
S. 22	Personen Archiv: Inamera
S. 27	Person Archiv: Lagler
S. 28	Collage Wörthersee und Seengebiet:
	Bild 1: Panorama Velden © woerthersee.com
	Bild 2: Bildarchiv wtg © Wörthersee Tourismus
	Bild 3: Bildarchiv wtg © Wörthersee Tourismus
	Bild 4: Halbinsel Maria Wörth © woerthersee.com
S. 30	Gruppenfoto: © Peter Ehringer
S. 30	Fisch ©Ulrike Köb
S. 36	Collage Gurktal:
	Bild 1: © Domkustodie Salvatorianerkolleg Gurk
	Bild 2: © Domkustodie Salvatorianerkolleg Gurk
	Bild 3: © Domkustodie Salvatorianerkolleg Gurk
	Bild 4: © Domkustodie Salvatorianerkolleg Gurk
	Bild 5: © Domkustodie Salvatorianerkolleg Gurk
S. 38	Gruppenfoto: © Peter Ehringer
S. 41	Gruppenfoto Archiv: © Kärntner Spargelwirte
S. 41	Spargel: © Ulrike Köb
S. 48	Person Archiv: © Krainer
S. 49	Weizen: © Ulrike Köb
S. 52	Person Archiv: Loigge
S. 57	Erdäpfel: ©Ulrike Köb
S. 58	Collage Thermenregion · Wienerwald
	Bild 1: Gastgarten ©NÖW
	Bild 2: Pestsäule © NÖW
	Bild 3: In der Therme © NÖW/ K.M. Westermann
	Bild 4: Privatarchiv
S. 60	Gruppenfoto: © Peter Ehringer
S. 62/63	Weingarten © NÖW
S. 74	Collage Wachau · Kremstal · Kamptal:
	Bild 1: Ruine Aggstein © NÖW/ Catherine Stukhard
	Bild 2: Weinkeller im Nikolaihof © NÖW/ Lois Lammerhuber
	Bild 3: Stift Melk © NÖW/ Lois Lammerhuber
	Bild 4: Marillen © NÖW/ K.M. Westermann
	Bild 5: Krems-Stein © NÖW/ K.M. Westermann
S. 76	Dürnstein © Storto
S. 78/79	Herbst an der Donau © NÖW/ Helmut Lackinger
S. 78	Marillen: © Ulrike Köb
S. 85	Person Archiv: Mörwald
S. 90	Collage Waldviertel:
	Bild 1: Rosenburg © NÖW
	Bild 2: Ysperklamm © K.M. Westermann
	Bild 3: Stift Zwettl © NÖW
	Bild 4: Mohnblumen © K.M. Westermann
S. 92	Gruppenfoto: © Peter Ehringer
S. 98	Collage Mostviertel:
	Bild 1: © NÖW – Mostviertel
	Bild 2: © NÖW – Mostviertel
	Bild 3: © NÖW – Mostviertel
	Bild 4: © NÖW – Mostviertel
S. 100	Äpfel: ©Ulrike Köb
S. 102	Person Archiv: Mayrhofer
S. 106	Weinglas: ©Ulrike Köb
S. 112	Weinstraße Niederösterreich/ Krobath
S. 116	Collage Salzkammergut:
	Bild 1: Hallstatt Ortsansicht © OÖ Werbung/ Himsl
	Bild 2: Schloß Orth mit Traunstein © OÖ Werbung/Popp
	Bild 3: Hallstätter See © OÖ Werbung/ Himsl
	Bild 4: Kaiservilla – Bad Ischl © OÖ Tourismus/ Kunst
	Bild 5: Zillenfahrt © OÖ Tourismus/ Weissenbrunner
S. 118	Gruppenfoto: © Peter Ehringer
S. 120/121	Altmünster am Traunsee: Segelhafen mit Blick auf Traunstein © OÖ Werbung/ Popp
S. 122	Petersil: ©Ulrike Köb
S. 125	Fisch: ©Ulrike Köb
S. 126	Collage Mühlviertel und Umgebung
	Bild 1: Landschaft im Mühlviertel © OÖ Tourismus/Erber
	Bild 2: Granitsteine © OÖ Tourismus/ Kapfer
	Bild 3: Mühlviertler Bauernhof © OÖ Werbung/ Popp
	Bild 4: Mühlviertler Bauernhof © OÖ Werbung/ Schwager
	Bild 5: Hopfenanbau im Mühlviertel © OÖ Tourismus/ Rubra
S. 128	Gruppenfoto: © Peter Ehringer
S. 131	Thymian: ©Ulrike Köb
S. 132	Person Archiv: Stieglbräu
S. 134	Collage Innviertel:
	Bild 1: Donauschlingen mit Schiff © OÖ Tourismus/ Fersterer
	Bild 2: Schärding am Inn: Stadtpfarrkirche © TV Schärding
	Bild 3: Landschaft im Innviertel © OÖ Tourismus/ Schwager
	Bild 4: Schärding am Inn: Wassertor © TV Schärding
	Bild 5: Goldhauben/Innviertel © OÖ Tourismus/ Okolicsanyi
S. 136	Gruppenfoto: © Peter Ehringer
S. 138	Liebstöckl: ©Ulrike Köb
S. 140	Collage Traunviertel · Hausruck:
	Bild 1: Bauer vor Heumandl © OÖ Tourismus/ Wiesenhofer
	Bild 2: Landschaft im Rodltal © Tourismus/ Erber
	Bild 3: Fluß Steyr nähe Klaus © OÖ Werbung/ Himsl
	Bild 4: Steyr Ortsansicht © OÖ/ AUT
	Bild 5: Ansicht bei Molln © OÖ Werbung/ Himsl
S. 142	Gruppenfoto: © Peter Ehringer
S. 144	Person Archiv: Baumschlager
S. 145	Person Archiv: Klausner
S. 147	Sonnenuntergang bei Kirchdorf © Werbung/ Bohnacker
S. 148	Person Archiv: Koppler
S. 150	Collage Pongau · Pinzgau · Lungau:
	Bild 1: Schloss Moosham © Salzburger Land Bilddatenbank
	Bild 2: Troadkasten © C. M. Hutter
	Bild 3: Mandlwände/ Mühlbach © Salzburger Land Bilddatenbank
	Bild 4: Murtalbahn/ Tamsweg © Salzburger Land Bilddatenbank
	Bild 5: Liechtensteinklamm © Salzburger Land Bilddatenbank
S. 152	Gruppenfoto: © Peter Ehringer
S. 154/155	Kühe: © OÖ-Tourismus
S. 154	Rahmlöffel: ©Ulrike Köb
S. 159	Hochkönig – Riedingalm: © Salzburger Land Bilddatenbank
S. 164	Collage Salzburg und Umgebung:
	Bild 1: W. A. Mozart © Salzburger Land Bilddatenbank
	Bild 2: Wallersee – Flachgau © Salzburger Land Bilddatenbank
	Bild 3: Burg Werfen © Salzburger Land Bilddatenbank
	Bild 4: Burg Hohenwerfen © Salzburger Land Bilddatenbank
	Bild 5: Residenzplatz © Salzburger Land Bilddatenbank
S. 166	Gruppenfoto: © Ehringer
S. 170	Person Archiv: Löckner
S. 172	Gollinger Wasserfall: © Salzburger Land Bilddatenbank
S. 174	Collage Südsteiermark:
	Bild 1: Landschaft © Steiermark Tourismus/ Lamm
	Bild 2: Weinkeller © Steiermark Tourismus/ Maxum
	Bild 3: Weinrebenreihe © Steiermark Tourismus/Schiffer
	Bild 4: Klapotetz Südsteiermark © Österreich Werbung/ Pigneter
S. 176	Gruppenfoto: © Peter Ehringer
S. 178/179	Südsteirische Weinberge © Österreich Werbung/ Bohnacker
S. 178	Weinlese Südsteiermark © Österreich Werbung/ Wiesenhofer
S. 179	Kürbiskerne: © Ulrike Köb
S. 182	Person Archiv: Oswald
S. 183	Person Archiv: Mörwald
S. 184	Collage Vulkanland:
	Bild 1: Alter Mann © Steiermark Tourismus/ Ikarus
	Bild 2: Äpfel © Österreich Werbung
	Bild 3: Riegersburg © Steiermark Tourismus/ Mayer
	Bild 4: Kürbiskerne © Steiermark Tourismus/ Schiffer
	Bild 5: Landschaft + Sonne © Steiermark Tourismus/ Maxum
S. 186	Gruppenfoto: Peter Ehringer
S. 191	Person Archiv: Kowald
S. 192	Person Archiv: Paierl
S. 193	Personen Archiv: Kotzian
S. 194	Collage Graz und Umgebung:
	Bild 1: Lippizaner © Steiermark Tourismus/ Maxum
	Bild 2: Landhaus © Steiermark Tourismus
	Bild 3: Grazer Uhrturm © Österreich Werbung/ Bohnacker
	Bild 4: Kunsthaus Graz © Steiermark Tourismus/ Schiffer
S. 196/197	Innenstadt von Graz © Österreich Werbung/ Popp G.
S. 198	Person Archiv: Legenstein
S. 199	Person Archiv: Pusswald
S. 203	Person Archiv: Schwaiger
S. 203	Lorbeerblätter: © Ulrike Köb
S. 205	Zeughaus – Eingang © Österreich Werbung/ H. Wiesenhofer
S. 206	Collage Inntal:
	Bild 1: Karlskirche in Volders © 2004 Tirol Werbung/ Lechleitner
	Bild 2: Palmeselprozession in Thaur © 2004 Tirol Werbung
	Bild 3: Schloss Ambras © 2004 Tirol Werbung/ Matthias Michel
	Bild 4: Olympisches Feuer in Innsbruck © 2004 Tirol Werbung
	Bild 5: Goldenes Dachl © 2004 Tirol Werbung
S. 208	Gruppenfoto: © Peter Ehringer
S. 210	Person Archiv: Tirolerhof
S. 213	Stift Stams: © 2004 Tirol Werbung
S. 217	Person Archiv: Ebster
S. 220	Collage Alpenrhein · Bodensee
	Bild 1: Bregenzer Seebühne © Archiv Montafon Tourismus
	Bild 2: Bregenzer Bucht © Archiv Montafon Tourismus
	Bild 3: Wirtshaus am See © Archiv Montafon Tourismus
	Bild 4: Markt © Archiv Montafon Tourismus
S. 222	Gruppenfoto: © Peter Ehringer
S. 224	Person Archiv: Huber
S. 226	Person Archiv: Hehle
S. 229	Person Archiv: Herburger
S. 230	Person Archiv: Hirt
S. 230	Minze: © Ulrike Köb
S. 231	Person Archiv: Berthold
S. 232	Collage Montafon · Arlberg
	Bild 1: Kühe © OÖ Tourismus
	Bild 2: Wanderer © Archiv Montafon Tourismus
	Bild 3: Bergrücken © Archiv Montafon Tourismus
	Bild 4: genagelte Schuhe © Archiv Montafon Tourismus
	Bild 5: Bauernhaus© Archiv Montafon Tourismus
S. 234	Winterlandschaft © Archiv Montafon Tourismus
S. 236	Bergsee mit Kulisse © Archiv Montafon Tourismus
S. 236	Käserei nach alter Tradition © Archiv Montafon Tourismus
S. 242	Person Archiv: Moosbrugger
S. 245	Person Archiv: Metzler
S. 246	Collage Wien:
	Bild 1: Frühstückspavillon Tiergarten Schönbrunn © Schloss Schönbrunn Kultur- und BetriebsgmbH / Archiv Schönbrunn
	Bild 2: Schloss Schönbrunn © WienTourismus/ Maxum
	Bild 3: Riesenrad © WienTourismus/ Daniel Zupanc
	Bild 4: Kunsthistorisches Museum © WienTourismus/ Maxum
S. 248	Gruppenfoto: © Peter Ehringer
S. 251	Person Archiv: Mörwald
S. 258	Person Archiv: Stasta
S. 259	Restaurant im Kuppelsaal des Kunsthistorischen Museums © WienTourismus/ Popp & Hackner
S. 261	Person Archiv: Allegria

Stand 25.5.2006 · Angaben ohne Gewähr